도시로 읽는
사도행전

도시로 읽는
사도행전

지은이 | 신승철
펴낸이 | 원성삼
표지디자인 | 한영애
펴낸곳 | 예영커뮤니케이션
초판 1쇄 발행 | 2023년 11월 18일
등록일 | 1992년 3월 1일 제2-1349호
주소 | 03128 서울시 종로구 대학로3길 29, 313호(연지동, 한국교회100주년기념관)
전화 | (02)766-8931
팩스 | (02)766-8934
이메일 | jeyoung@chol.com

ISBN 979-11-89887-71-1 (03230)

값 23,000원

 모든 인간은 하나님의 형상을 닮은 존귀한 존재입니다. 사람은 인종, 민족, 피부색, 문화, 언어에 관계없이 모두 다 존귀합니다. 예영커뮤니케이션은 이러한 정신에 근거해 모든 인간이 존귀한 삶을 사는 데 필요한 지식과 문화를 예수 그리스도의 사랑으로 보급함으로써 우리가 속한 사회에 기여하고자 합니다.

도시로 읽는
사도행전

신승철 지음

Acts of the Apostles

복음은 내가 하는 일이 아니라, 하나님께서 우리를 위하여 하신 일, 하시고 계신 일, 앞으로 하실 일이다. 지금도 우리 안에 계신 성령께서 우리 삶의 시간 속에서 역사하셔서 우리를 복음으로 살게 하신다. 성령님의 역사하심에 순종으로 반응하며 살아갈 때 우리를 통한 하나님의 뜻과 계획을 경험하게 되고, 그 일의 증인으로 살아가게 된다.

예영

그동안에 묵상했던 글들이 세상에 나오게 되었다니 참으로 축하하며 환영합니다. 신승철 선교사님은 늘 하나님의 말씀 속에 사는 사람이니 하나님의 생명이 충만한 글이라고 믿습니다.

어서 귀한 생명의 글들을 대하게 될 것을 기대합니다. 진심으로 축하합니다. 많은 사람이 하나님의 생명을 접하게 되기를 기원합니다.

박보범 / 마천세계로교회 원로목사

신승철 선교사님을 소개받은 선배 목사님이 며칠 사귐을 갖더니 백 년에 한 번 나올까 말까 하는 사람이라며 아끼지 않은 칭찬 일색에 백 프로 공감으로 답을 보내드렸습니다. 해박한 지식과 아무나 근접할 수 없는 깊이 있는 묵상, 그리고 지칠 줄 모르는 열정이 신승철 선교사님을 만난 이들마다 느끼는 공통점이고, 저 역시도 그렇습니다.

몇 년 전부터 책을 기다리며 몇 번이고 재촉했었는데, 이제야 글로 표현되어 참 반갑고 더 오래 남겨지고 기억될 수 있어서 감사 또 감사할 뿐입니다.

송형석 / 더큰은혜교회 담임목사

신승철 선교사님을 처음 만났던 때가 생각납니다. 신승철 선교사님이 군에서 막 제대하고 단기 선교사로 사역하고 있을 때였습니다.

그때부터 지금까지 신승철 선교사님을 생각하면 항상 성경과 책을 가까이하고 있던 모습이 생각납니다. 말씀을 깊이 보는 삶, 그리고 많은 독서량으로 남다른 리더십과 통찰력을 보여주었습니다.

그러한 그의 삶과 메시지를 들으면서 제가 오래전부터 빨리 책을 냈으면 좋겠다고 여러 번 조언했는데 이제야 책이 나오게 되네요. 신승철 선교사님이 20대부터 쌓아온 지성과 영성, 무엇보다도 선교사로 오랫동안 사역한 선교지의 생생한 경험이 말씀과 함께 묻어 나옵니다.

우리는 모두 이 책을 읽는 순간 사도행전에서 막 튀어나온 말씀의 능력을 체험하게 될 것입니다.

이용남 / 선교 동원가

주님이 이 땅에 오셔서 하셨던 많은 일들을 성령께서 사랑과 능력으로 함께하셔서, 무너지고 깨어진 제자들을 통해 너무 멋있고 아름답게 펼쳐 나가시는 모습을 아주 생생하게 이 사도행전을 통해 표현해 주어 얼마나 감사한지 모릅니다.

성경 전체를 가지고 이 사도행전을 들여다보면, 성경에 적나라하게 드러나지 않은 제자들과 버려진 사람들의 숨겨진 마음까지 살펴 드러내고 있으며, 성령이 일하시는 드라마틱한 그 사건의 현장 속에 오늘 내가 함께 있는 것처럼 생생하게 표현해 주어 얼마나 좋은지 모릅니다. 그 현장 속에서 나도 모르게 가슴이 뜨거워짐을 느낍니다.

이 책을 읽는 모든 사람이 오늘도 우리의 현장 속에 살아 역사하시는 하나님을 경험하며, 세상을 살리는 주인공으로 세워지기를 소원하며, 이 책을 추천합니다.

김홍렬 / 러브스토리교회 담임목사

하나님은 자녀 된 우리를 이 땅에 보내시고 세상을 이기도록 날마다 교제하기를 원하십니다. 그 교제가 묵상입니다.

신승철 선교사님은 선교 현장에서 하나님의 말씀을 선교사님의 삶과 연결해 묵상하며 깨달음을 책으로 출간하였습니다. 이 책을 통하여 하나님과 교제하는 방법과 하나님을 더 깊이 알아갈 수 있을 것이라 확신하며, 이 책을 적극 추천합니다.

임석순 / 한국중앙교회 담임목사, 백석대학교 신학대학원 원장

존경하는 신승철 선교사를 만나고 그가 전하는 말씀들을 영상 메시지로 접하면서 늘 명쾌한 해석과 말씀이 깊은 울림이 되어 깨달음의 폭을 넓혀 주었습니다.

『도시로 읽는 사도행전』을 출간하니, 신승철 선교사와 함께 개혁 선교 탐방을 해본 터라, 이 책을 통해 사도들의 행적과 그 발자취의 도시들을 더 깊게 파악하는 데 큰 도움이 될 줄 믿으며, 이 책을 감히 백 번이라도 추천합니다.

김정수 / 여수 소제교회 담임목사

신승철 선교사님의 『도시로 읽는 사도행전』이 출판된 것을 진심으로 축하드립니다.

이 책은 성경을 이해하기 어려워하는 성도들에게도 하나님 나라의 관점으로 사도행전을 보다 생동감 있고 깊이 이해할 수 있게 이끌어 주며, 지식 정보 전달이 아닌 하나님의 마음을 읽어낼 수 있도록 인도합니다.

하나님의 마음으로 사도행전을 읽어 보기 원하는 모든 분께 이 책을 적극 추천합니다.

최문관 / 송탄 반석교회 담임목사, WCDF 공동체

30년 선교 사역의 결정체. 그간의 선교 경험과 비전을 바탕으로 목회적 관점이 아닌 선교적 관점에서 한 줄 한 줄 기록한 선교적 관점의 귀한 도서를 마음을 다해 추천드립니다.

이성우 / 바울의 교회 담임목사, 콜미션 대표

바울의 사도행전 기록은 28장으로 끝이 났다. 그렇다고 행전의 역사와 사역은 끝이 아니다. 『도시로 읽는 사도행전』은 사도행전 29장의 발걸음이 왜 우리를 통해야 하는지 정확한 목적과 목표를 제시해 주고 있다.

이 책을 통해 우리 모두에게 성령님이 임하시어, 하나님 나라를 소망하기를 꿈꾼다.

유경원 / 목포 벧엘교회 담임목사

귀한 서적을 통해 사도행전에서의 성령의 역사와 부흥의 현장을 묵상하는 것은 정말 소중하고 뜻깊습니다.

특별한 순간들을 생생하게 펼쳐 우리 손에 들려준 사랑하는 친구에게 감사하며 이 책을 추천합니다.

길종섭 / 영국 노팅엄 한인교회 담임목사

성경을 주제별 또는 인물별 등으로 접근하는 기존의 익숙한 시각을 넘어서 도시별로 살펴보는 참신함이 돋보이는 책입니다. 이는 선교의 다양한 현장들에서 뼈가 굵은 신승철 선교사의 경험이 만들어 낸 소중한 산물이라고 여겨집니다.

이를 통해 복음이 도시들의 상황에 맞추어 생명력 있게 전파된 역사들을 상고해 보는 것은, 복음 사역자들에게 매우 중요한 자원이 될 것입니다.

김성권 / 독일 함부르크 선교교회 담임목사

성경을 읽는 방식은 다양하다. 그러나 어떤 관점에서 읽느냐에 따라 해석은 하늘과 땅 차이다. 성경을 읽는 목적이 지식 증가에 있다면 바리새인이 될 가능성이 높다. 이런 점에서 『도시로 읽는 사도행전』은 삶과 현장이 생생히 살아 역동하게 하는 힘이 녹아 있다.

더구나 신승철 목사는 어쩔 수 없는 선교사다. 척박한 땅 필리핀 바세코에서 일생을 드려 헌신한 그의 삶 자체가 선교다. 따라서 그의 탁월한 영성과 복음의 깊은 이해가 맞물려 선교 현장의 경험이 녹아 있는 이 책은, 읽는 이들로 하여금 반드시 복음이 실제가 되는 축복에 이르게 하고야 말 것이다.

한은선 / 독일 베를린 선교교회 담임목사, 코스테 대표

하나님 나라로 시작된 사도행전이 하나님의 나라를 증언하며 마치고 있는 사도행전을 도시로 읽어 내려가는 저자의 의도가 새로웠다.

지금도 종교개혁자들의 발자취가 있다면 어디든 따라가고자 하는 저자이기에 도시와 도시를 옮겨가는 예수의 제자들과 사도 바울의 여정이 새롭게 다가온다. 오늘도 도시에서 살아가는 우리가 하나님이 주신 저자의 마음으로 읽어 내려간다면 놀라운 은혜를 누리게 될 것을 확신한다.

박동은 / 독일 프랑크푸르트 사랑의교회 담임목사

여행을 떠날 때 좋은 안내자를 만나는 것은 엄청난 축복이다. 이 책은 사도행전에 나타난 하나님 나라의 일을 보고 느끼고 경험하는 탁월한 안내서다.

저자는 안내자이며 동시에 영혼의 순례자이다. 그를 만나보면 사람을 끄는 묘한 영적 매력이 있음을 알게 된다. 손수 사도행전적 삶을 살아가고 있기 때문이다.

안광진 / 미국 샌디에이고 소망교회 담임목사

저자의 글은 사도행전의 깊은 묵상을 통하여 성경 전체와 그리고 지금의 시대를 같이 볼 수 있게 하는(두 시대를 이어주는) 망원경과 현미경을 가지고 있습니다. 예수님을 통해 사도들이 전한 하나님 나라의 복음이 무엇인지, 그리고 우리가 살고 있는 이 시대에 우리가 무엇을 어떻게 해야 하는지를 조금도 부족함 없이 보여주고 있습니다.

깊은 묵상과 함께 이 책을 읽어 나갈 때 두 세계가 함께 새롭게 보이는 놀라운 영적인 즐거움을 누리게 될 것입니다.

김영은 / 호주 시드니 코너스톤교회 담임목사

기독교가 종교로 전락한 시대에 복음과 하나님 나라가 무엇인지를 성경이 말하고자 하는 대로 성령에 이끌려 출간된 책을 독자들에게 적극 추천한다.

오종환 / 중국 심천한인교회 담임목사, WCDF 공동체

사도행전을 읽으며 말씀을 준비하는데, 그 이야기가 진행되는 본문을 예루살렘(1)에서 로마(30)까지 30개의 도시로 분류하고, 본문을 다시 세 가지 말씀으로 풀어나가는 신승철 선교사의 모범을 통해 더욱 실질적으로 말씀을 볼 수 있는 가이드가 되어줄 귀한 책입니다!

김광철 / 멕시코 세계를 품은 과달라하라교회 담임목사

'코로나 기간에 말씀을 깊게 묵상할 수 있는 시간이 되었다.'고 고백하는 신승철 목사님의 말씀의 은혜가 책으로 전달되게 하심에 감사를 드립니다.

어려운 강해서가 아닌 짧지만 강력한 메시지가, 지금 이 시대를 살아가는 모든 도시에서 성령의 역사로 동일하게 일어나기를 소망합니다.

박두희 / 일본 나고야 은혜와진리교회 담임목사

신승철 선교사님의 『도시로 읽는 사도행전』은 성령과 함께하는 여행안내서와 같습니다. 마치 도시를 걷는 듯한 여행자의 시각처럼, 혹은 화보처럼 도시를 눈으로 그리면서 성령의 발자취를 담고 있습니다. 선교사님의 묵상은 말씀이 실제적이며 구체적으로 다가서게 합니다.

이 책은 독자들이 사도행전의 도시들을 성령과 함께 걷도록, 그 길을 성령께서 여행의 동반자가 되어 은혜의 길로 안내하리라 생각합니다.

김낙경 / 필리핀 마닐라 한인감리교회 담임목사

사도행전의 역사를 성령의 삶으로 계속 써 내려 가시는 신승철 목사님의 삶의 행전을 추천합니다.

하나님만이 땅과 사람의 역사를 가지고 계신 유일신이신 것을 선교사님의 신간 서적을 통해 접할 수 있을 것입니다.

김성희 / 한인디아스포라 포럼

『도시로 읽는 사도행전』은 도시별로 구성되어 사도행전을 다른 관점과 시각으로 이해하기 쉽게 도움을 줍니다.

예수 그리스도의 복음이 예루살렘을 시작으로 각 도시를 거쳐 오늘날에 이르기까지 복음의 역사가 지속적으로 이루어지고 있음을 보여주고 있습니다.

선교사로 30여 년간 살아온 삶과 깊은 묵상이 묻어나는 절제된 어휘와 통찰력 있는 복음에 대한 이해가 돋보입니다.

이 책은 보는 이로 하여금 하나님의 사랑과 은혜가 지금 우리 삶에도 지속적으로 개입되고 있음을 느낄 수 있게 해줍니다.

신승철 선교사님의 첫 출간을 진심으로 축하드리며, 사도행전을 읽는 모든 분께 이 책을 추천드립니다.

김미나 / 케이웹미디어 대표, 포첼리카

잠시 들렀던 필리핀 바세코에서 쓰레기 더미 위의 배고픈 삶을 살아가는 아이들을 떠날 수 없었다는 한 사람의 순종에 하나님은 사람들을 연결시키셨고 바세코의 변화를 가져 왔습니다.

많은 선교 사역의 발목을 붙잡았던 펜데믹 3년을 『도시로 읽는 사도행전』 묵상이라는 또 다른 방법으로 순종의 밀도 있는 시간을 살아낸 발걸음에 감격하였고 아낌없는 응원을 보냅니다.

이 책을 통하여 믿음의 사람들이 이어서 써 내려가야 할 사도행전 29장의 통찰의 시각이 열리고 하나님이 일하실 것을 기대합니다.

김경식 / "바세코의 아이들" 다큐멘터리 감독, 청주대학교 교수

저자는 『도시로 읽는 사도행전』에서 사도들에게 임한 성령의 역사에 대해 지난 수십 년간 현장 사역을 통해서 생생하게 체득한 영감과, 당시 그 사역이 어떻게 오늘날도 유효한 원리인지 담담하면서도 명료한 필치로 현장감 있게 펼쳐 보여주고 있다.

더 나아가 그의 묵상의 초점은 자칫 진부해지기 쉬운 제자들의 영웅적 서사를 뛰어넘어 그들이 우리 시대에 남긴, 그리스도인의 사명, 즉 성령을 통한 '온전한 연합과 조화'(perfect unity and harmony)에 있음을 시사하고 있다.

성경은 하나님의 선교적 열망을 담은 책이다. 그중 사도행전은 성령의 행전이라 할 만큼 아버지의 모든 인류의 구속에 대한 열망이 절절히 담겨 있는 역사서다.

저자의 친절하고 해박한 지리적 해설과 영감 있는 메시지로 가득한 『도시로 읽는 사도행전』은 매일 아침 선교적 성경 읽기의 유익한 도구가 되리라 확신한다.

김성훈 / GBT 성경번역선교회

사도행전을 읽고 묵상하는 방법이 여러 가지일 수 있다.

인물 중심으로 읽을 수 있다. 하나님이 쓰시는 인물의 다양함을 통해서 하나님께서 얼마나 크고 은혜로우신가를 읽을 수 있다.

본 책의 저자 신승철 선교사는 사도행전을 도시로 읽고 있다. 이를 통해 하나님이 이루신 초대 교회 성령의 역사가 얼마나 역동적이고 살아 움직이고 있는지를 잘 드러내고 있다.

신승철 선교사는 젊은 나이에 필리핀으로 가서 30여 년 동안 필리핀 바세코에서 살아 계신 하나님의 역동의 역사를 경험하고 그 현장을 살아낸 역사의 증인이다. 그동안에도 그는 초대 교회와 종교개혁의 현장을 여러 번 방문하고 여러 그룹을 안내한 전문가이기도 하다. 그가 읽은 사도행전 묵상은 우리를 그 역사의 현장으로 안내한다.

우리는 이 책을 통해 살아 계시고 움직이시는 역동적인 성령의 역사가 오늘 우리가 이 지구에서 살아가는 그 땅과 밀접한 관계가 있는 것을 배울 수 있다고 믿는다. 신승철 선교사는 또한 지속 가능한 선교를 위해 NGO와 BAM을 활용한 삶의 선교를 지향하고 있다. 그의 탁월한 영성을 배우기 위해 이 책을 강추한다.

권누가 / 서남아교육연합 대표

첫 페이지부터 생생하게 볼 수 있는 하나님의 역사하심이 놀랍도록 펼쳐지고 있다. 역동적이고, 사실적이며, 탁월한 해설이 감탄을 불러일으키는 책이다.

4차 산업 시대에 교회가 직면하고 있는 혼란과 어려움을 향한 성령의 외침과도 같은 탁월한 이 『도시로 읽는 사도행전』이 기독교 회복을 위한 촉진제가 되기를 희망한다!

피터정 / GCLA 글로벌코칭리더십협회 국제대표, 미주장신대 코칭학과 학과장

호주 YWAM DTS 훈련에서 강사님으로 만났습니다.

선교사의 재정은 항상 어렵지만 학생들을 회식시켜 주셨고, 그 후 무소유 선교사라는 소문을 들었습니다. 항상 신간 서적을 가지고 다니셨고, 비전을 말할 때는 침을 튀기며 열정을 다하셨습니다.

필리핀 사역을 넘어 이제는 NGO 사역을 통하여 5대양 6대주로 나가고 있습니다. 기독교 유적지를 찾아 개신교 본원지를 골목골목 누비고, 복음 전파, 말씀 가르침, 사람과 지역 치유 등 예수님과 같이 사역합니다. 빈민 구제, 지역 개발, 제자 양성 등등 닥치는 대로 도전합니다. 원로목사이신 아버님께 효성도 대단하고, 가난한 선교사가 자녀도 많지만 다들 하나님께서 키워주십니다.

이번 묵상집을 통해 신승철 선교사와 꼭 만나보세요. 하나님의 사람, 21세기 사도 바울, 신승철 선교사의 성령행전입니다.

이의호 / 분당 할렐루야교회 장로

하나님 사랑은 차별이 없습니다. 신승철 선교사님은 차별없는 사랑을 가슴에 품고 필리핀 바세코 지역 아이들을 부모, 스승이자 친구로 30여 년 선교사로 자신의 삶을 드리며 섬겨 주셨습니다. 하나님을 사랑한다는 것은 이웃을 사랑하는 것과 일치한다는 것을 신승철 선교사님의 삶으로 잘 보여주셨습니다.

우리의 삶은 나의 열심으로 성취되어 지는 것이 아니라 하나님의 통치 안에 우리의 삶을 만지시며 돌보시며 이끄신다는 것을 이 책을 통해 잘 전해주고 있습니다. 우리는 마땅히 선하신 하나님의 섭리와 계획하심에 순종하며 따라야 할 것입니다.

이 책을 통해 독자분들이 우리의 삶에 동행하고 계시는 주님을 더욱 가까이 느끼는 은혜를 누리시길 바라며 이 책을 추천합니다.

홍승하 / 도도마회 대표

누가복음의 예수님이 하신 가르침과 치유의 일이 사도행전에서 열두 제자의 대표 베드로를 통해 연속되었고, 이방인 의사도 바울에 의해서도 이루어진 것은 오늘 우리를 통해서도 이루어지기를 기대하시기 때문입니다. 이 기대를 신승철 선교사님은 열방을 두루 다니며 살아내고 있고, 이번 도시로 읽는 사도행전도 가르침 사역의 일부라 생각됩니다.

이 책은 독자가 사도행전을 묵상할 수 있도록 도움을 줍니다. 도시에 대한 정보를 주고, 그 도시에서 예수의 영과 예수의 제자들이 또 다른 제자 공동체를 세워간 이야기를 들려줍니다. 그리고 종종 "하나님 편에 서서 살리는 자로 이 땅을 살게 하소서. 내 안에 계신 예수님만 드러내는 자로 살게 하소서."라고 툭 한마디 던집니다. 이는 그의 묵상이자, 독자가 묵상할 수 있는 방향을 제시하는 것입니다.

이 책과 함께 사도행전을 묵상해 보실 것을 추천합니다.

강두원 / 예수전도단 파주지부 대표간사

『도시로 읽는 사도행전』을 보면 성경에서 나오는 말씀에 비추어 도시를 보게 되고, 또한 그 도시에서 일어난 역사적인 사건들을 구약과 신약으로 풀어볼 수 있으며, 더 나아가 현재 우리들에게도 일어나는 신앙적 부분도 함께 돌아보고 체크하며, 이 땅에서 진정한 그리스도인의 모습으로 살아가도록 인도해 주는 책이다.

또한 이후 지역을 방문하였을 때에 좀 더 현장감을 느낄 수 있게 도와주며, 추측에서 끝날 수 있는 여행을 비디오처럼 내 눈앞에 펼쳐지는 것처럼 느낄 수 있는 은혜로운 묵상집이다.

이 책을 읽는 모든 분들이 묵상을 통하여 또 여행을 통하여 그 지역을 걸으며 하나님의 사랑과 예수님의 사랑을 느끼는 귀한 시간이 되길 소망한다.

이명재 / 브링업 인터내셔널 필리핀 사업본부장, WCDF 공동체

사도행전은 항상 우리에게 선교의 도전과 생명력을 불어넣어 주는 책이다.

선교의 동역자이자 존경하는 신승철 선교사의 수년간 선교 현장의 학습과 체험 그리고 말씀 연구를 통해 쌓인 경험을 바탕으로 바울의 행적과 신앙을 『도시로 읽는 사도행전』에서 생동감 있게 잘 정리해 주고 있다. 신앙인이면 누구든지 이 책을 읽으면 내용을 쉽게 이해하여 그들의 삶에 직접적으로 적용할 수 있는 지침서다.

우리는 이 책을 항상 나의 지침서로 간직하고 읽으면서 끝나지 않은 사도행전의 역사를 우리들의 선교 이야기로 이어 가기를 소망하면서, 말씀에 대한 간절함 그리고 선교에 대한 간절한 열정이 있다면, 이 책을 적극적으로 추천한다.

이 책을 읽을 때마다 하나님을 만나는 귀한 은혜와 그리고 성령께서 주시는 간절한 구원의 역사가 있기를 소망한다.

서진국 / 브링업 인터내셔널 영고 사업본부장

SOW(School On the Way)로 만난 신승철 선교사님을 통해 아침, 저녁 경건회 말씀과 기독교 흔적이 남아있는 역사의 땅을 밟고 다니며 들었던 말씀을 이제 한 권의 책으로 곁에 둘 수 있음에 기쁨과 감사를 드립니다.

금번 『도시로 읽는 사도행전』을 통하여 성경과 도시를 이어주는 그곳에서 말씀하셨던 예수님의 한마디 한마디가 벌써 생생하게 느껴집니다. 말씀에 목마른 저에게 성경을 쉽게, 때론 깊게 때때로 신박한 풀이는 나의 고개를 절로 끄덕이게 만듭니다.

본 도서를 통하여 성경을 사모하는 이들이나 독자들에게 기쁨이 배가 되는 책으로 읽혀지고 묵상 되어지기를 기대하며 또 소망합니다.

김진근 / 브링업 인터내셔널 이사

이 책은 사도행전의 문단마다 역사적 지리적 배경에 필요한 설명으로 우리가 보다 쉽고 잘 이해할 수 있게 안내한다. 특히 압축된 행간의 의미를 풀어낸 말씀은 복음의 본질을 선명하고 깊이 있게 우리의 심령을 터치한다. 결국은 이미 임한 하나님 나라를 살아가며 그 나라를 전하는 사도들의 삶을, 작가는 성령의 도우심을 받아 우리에게 투영시켜 준다.

이 책으로 홍수에 먹을 물이 없어 목말라 하는 그리스도인들이 해갈의 기쁨과 성령의 역사를 경험하게 되고 정체성을 회복하게 될 것이다.

이영우 / WCDF 공동체, SOW, 국영에스원 대표

사도행전 1장에서 28장까지는 성령님의 역사를 쓴 말씀입니다. 어쩌면 우리와도 중요한 관계가 있는 부분이지요. 유대인에게만이 아니라 이방인인 우리에게도 복음이 전해질 수 있는 역사적인 말씀입니다.

이 말씀을 선교사이자 전략가이신 신승철 선교사님이 지역을 중심으로 단락별로 잘 정리해 주셨습니다.

이제 다음 장은 우리가 써야 합니다. 신승철 선교사님과 함께했던 세네갈, 감비야 동행을 통해 그의 비전과 사역의 방향을 들었습니다. 사도바울이 적어 간 사도행전을 이제 그가 쓰고 있습니다.

김도현 / 선교기업 제이풀 대표 건축사

신승철 선교사님이 도시와 유적, 기독교의 역사에 관심을 가져온 것은 익히 알고 있다. 그의 역사 이야기는 성경과 성령님을 우리 안에서 되살아나게 한다. 사도행전을 묵상하되 텍스트에만 한정하지 않고 그 지역, 그 도시에 관심을 가지며 풀어가는 것은 지극히 그답다. 그중의 많은 도시는 직접 방문해 본 곳일 것이다. 그래서 『도시로 읽는 사도행전』은 더욱 기대가 된다.

정기환 / KCN 대표, 한인디아스포라 포럼

청년 선교사로 시작하여 30여 년을 살면서 하나님 만나는 일과 양육하는 일을 쉬지 않고 달려온 그와 대화하다 보면, 그분의 좋으심이 묻어난다. 하나님을 인격적으로 만난 그에게서 흘러나오는 하나님의 주옥들이 이 책에 구구절절 묻어난다.

조규보 / 음토토 아프리카 미션 대표, 케냐 선교사

『도시로 읽는 사도행전』을 이렇게 대하게 되었다.

오랫동안 선교지에서 함께한 신승철 선교사는 연구하는 설교가이며, 늘 행동 하는 선교사였다. 『도시로 읽는 사도행전』도 그의 연구와 함께 몇 번씩 그의 발로 밟아 본 성지 구석구석을 그만의 독특한 해석을 통해 세상에 내놓은 역작이라 하겠다.

지금도 땅끝까지 주의 복음을 전하기 위해 브링업 인터내셔널과 함께 동분서주하고 있는 신승철 선교사를 두 손 모아 응원한다.

임장순 / 한인디아스포라 포럼, 필리핀 선교사

『도시로 읽는 사도행전』의 집필 과정에서 우리를 사랑하신 그 하나님을 전하기 위해 해외 선교에 일생을 바치는 신승철 선교사님의 선교적 삶을 엿볼 수 있었다.

신희숙 / 포첼리카

하나님 일하심의 역사 현장을 함께 밟을 수 있어 너무 감사했고, 그 시간들 속에서 지금의 내가 있음에 감사합니다. 그리고 신승철 선교사님의 열정과 사랑이 앞으로도 계속 이어지기를 소원합니다.

김영란 / WCDF 공동체, 포첼리카

2023년 봄, 보름 동안 사도 바울의 2차 전도 여행 코스를 밟았다.

이 책의 저자 신승철 선교사의 인솔로 일곱 명의 우리 일행은 매일 아침저녁 이 책의 내용으로 묵상했다. 빌립보, 네압볼리, 아피볼리, 데살로니가, 베뢰아, 아테네, 고린도, 겐그레아 해변이 눈에 선하다.

이 책을 읽는 분들께 이 코스 여행을 추천한다. 바울의 발자취를 '도시로 읽는 사도행전'과 함께 밟았던 그 시간이 생명의 시간이요 흐르는 역사 속에서 나의 의미를 발견하는 시간이었기 때문이다.

박선이 / WCDF 공동체, 포첼리카

이 책은 사도들의 행적과 복음과 진리가 어떠한 과정으로 우리에게 전달되는지 성경의 행간을 보다 폭넓게 이해시켜 줍니다. 사도들이 복음을 전할 때의 역사적 배경과 특히 복음을 전한 관련 도시나 지역을 보다 통찰력 있게 설명함으로써 궁극적으로 말씀의 이해를 돕습니다.

특히 사도가 전하는 말씀의 본질을 성령의 도우심으로 밖에 설명되지 않는 통찰로 우리를 깊은 말씀으로 이끕니다.

김현정 / WCDF 공동체, 포첼리카

지금까지는 선지자들을 통하여 성령이 간간이 역사하셨으나 사도행전을 통하여 성령님이 구원과 부활에 보증으로 영원토록 역사하심에 저자에게 영적 조명하심에 독자로 하여금 『도시로 읽는 사도행전』을 통하여 성령의 은총이 임할 것으로 믿어 추천합니다.

신현기 / 문화교회 원로목사, 아버지

변화하는 세상 속에서 변하지 않는 것이 있습니다. 그것은 바로 우리
에게 주신 하나님의 말씀과 우리를 향하신 그분의 은혜와 사랑입니다. 우
리가 세상의 변화를 두려워하는 것은 이 땅의 변화하는 것에 마음을 두
고, 그것들을 붙들고 살아가기 때문입니다. 변화하는 세상 속에서 변하지
않는 하나님의 말씀을 묵상하며, 우리를 향한 그분의 사랑과 은혜 가운데
살아간다면 우리는 세상에 대한 두려움이 아닌 하나님에 대한 경외감으
로 이 땅을 살 수 있습니다.

갑작스럽게 시작된 코로나19로 인한 세계적인 팬데믹이 우리 모두를
혼란스럽게 하였습니다. 독일 사역을 위하여 탑승했던 항공편이 독일행
마지막 편이었고, 감염병이 악화 되어 모든 일정이 취소되었고, 업무협약
을 맺고 있던 독일 DMG 선교단체에서 자의 반 타의 반 안식년을 시작하
게 되었습니다. 바쁘게 살아왔던 삶과 사역의 쉼표가 찍히던 때, 도도마
회로부터 묵상글을 요청받고 매일 한 편씩 사도행전을 묵상했던 것을 책
으로 출간하게 되었습니다.

사도행전을 크게 세 가지 관점으로 묵상하였습니다. 첫째 하나님 나
라, 둘째 성령 행전, 셋째 증인의 삶입니다. 예수님께서 죽음에서 부활하

시어 승천하시기 전 "사십 일 동안 그들에게 보이시며 하나님 나라의 일을 말씀하시니라."(행 1:3)로 시작하여, 바울이 "하나님의 나라를 전파하며 주 예수 그리스도에 관한 모든 것을 담대하게 거침없이 가르치더라."(행 28:31)로 마칩니다. 즉 하나님 나라가 이 땅 가운데 어떻게 도래, 회복되는지를 보여줍니다.

예수님의 대위임 명령으로 이해하고 있던 "오직 성령이 너희에게 임하시면 너희가 권능을 받고 예루살렘과 온 유대와 사마리아와 땅끝까지 이르러 내 증인이 되리라 하시니라."(행 1:8)라는 말씀은 우리에게 주시는 책무라기보다는 예수님께서 성령을 통하여 천상에서 어떻게 일하실 것인가를 말씀하시는 '예언적 선포'라는 관점에서 묵상하였습니다. 예수님께서 성령을 통해 행하시는 일들의 증인이 되는 것이 당시 제자들과 우리의 역할이라는 것입니다.

종래 사도행전을 인물 중심으로 1-11장은 베드로의 행적, 그리고 12-28장은 바울의 행적으로 나누었습니다. 그러나 예수님께서는 승천하시기 전 제자들에게 "떠나지 말고 약속한 성령을 기다리라." 당부하시며 복음이 전파되는 과정을 인물 또는 시간의 개념이 아닌 "예루살렘과 온 유대와 사마리아와 땅끝까지"(행 1:8)라는 장소적 개념으로 말씀하셨습니다. 오순절을 지키기 위해 각 지역에서 예루살렘에 모였던 자들이 성령의 임하심을 체험합니다.

본서는 예루살렘에서 시작된 복음이 당시 땅끝이라고 할 수 있는 제국의 수도 로마까지 어떻게 전파되었는지를 묵상해 가는 30개 도시 이야기입니다. 사도행전의 역사가 일어난 지 2,000년이라는 시간이 지났고, 역사에 등장했던 당대 사람들을 우리가 직접 만나볼 수는 없지만, 그 땅 그 도시들은 역사의 흔적들을 가지고 지금도 우리 곁에 있습니다. 그 도시의 흔적을 찾아 하나님의 말씀을 묵상하며 걷기를 소망하는 분들을 위하여 책으로 출간합니다.

추천의 글을 부탁하면서 제가 세운 기준은 "나를 사랑해 주시는 분들, 내가 사랑하는 분들"로 정했습니다. 저의 첫 책이라 사랑하는 분들의 축복과 격려를 받고 싶어서 욕심을 조금 부렸습니다. 추천의 글을 써 주신 영적 아버지 박보범 목사님과 선교에 눈을 뜨게 해주신 이용남 목사님, 좋은 가르침을 주신 은사 임석순 목사님을 비롯한 많은 신앙의 선배들과 동시대를 사는 선교의 동지들, 사랑하는 친구들, 후배들, WCDF 공동체와 포첼리카에 감사를 드립니다.

제 사역의 터전이자 삶의 버팀목인 하나님이 사용하시는, 국제 NGO 사단법인 브링업 인터내셔널과 독일 선교단체 DMG 동역자들에게도 감사드립니다. 사랑의 울타리가 되어 주었던 사랑하는 가족들에게 감사를 드립니다. 육안으로 하나님을 볼 수 없지만, 제 삶에 보이는 하나님이 되어 주신 부모님의 신앙 유산으로 자족하며 살 수 있었습니다. 늘 부족한 남편이자 아버지를 사랑으로 격려해 준 아내와 네 자녀에게도 사랑을 전합니다.

2023년 10월 맑은 날
진스하임(Sinsheim) DMG에서
신승철 선교사

차례 • • •

1부

예루살렘 (사도행전 1-7장)

2부

유대와 사마리아 (사도행전 8-12장)

6부

로마와 땅끝 (사도행전 22-28장)

1부
·······

예루살렘
(사도행전 1-7장)

지중해

● 예루살렘

하나님 나라의 일

사도행전 1:1-5

3 그가 고난 받으신 후에 또한 그들에게 확실한 많은 증거로 친히 살아 계심을 나타내사 사십 일 동안 그들에게 보이시며 하나님 나라의 일을 말씀하시니라

    사도행전의 저자 누가는 먼저 쓴 글인 누가복음을 통하여 예수님께서 행하시며 가르치기 시작하심부터 사도들에게 성령으로 명하시고 승천하신 날까지의 일을 기록하였다. 예수님께서 십자가에서 죽으시고 부활하신 후 친히 살아 계심을 나타내사 40일 동안 제자들에게 보이시며 하나님 나라의 일을 가르치신다. 누가복음을 보면, 하나님께서 인류를 구원하시기 위하여 독생자 예수님을 이 땅에 보내시고, 십자가와 부활을 통하여 구원의 길인 복음을 완성하셨다. 또 예수님께서는 제자들에게 하나님의 비전이신 하나님 나라의 일을 가르치시고, 제자들에게 예루살렘을 떠나지 말고 약속하신 성령을 기다리라 분부하시고 승천하셨다.

사도행전은 예수 그리스도의 십자가와 부활로 완성된 복음이 예루살렘에서 시작되어 여러 지역들을 거쳐 당시 땅끝이라 할 수 있는 제국의 수도 로마에까지 전달되는 약 30여 년 동안의 여정을 기록하고 있다. 사도행전을 읽는 첫 번째 관점은 '하나님 나라'다. 하나님이 창조하시고 "보시기에 좋았더라."고 하셨던 '하나님의 나라'가 인간의 죄로 인해 그 나라됨을 상실한다. 하나님께서는 범죄한 인간이 다시 '하나님의 나라'를 회복하는 방법으로 예수 그리스도를 통한 구원의 복음을 계획하셨고, 약속대로 이 땅에 독생자 예수님을 보내 주셨다. 육신을 입고 이 땅에 오신 예수님은 자신의 뜻이 아닌 오직 아버지 하나님의 뜻인 '하나님 나라'의 회복에 관심을 가지셨다.

예수님의 공생애 시작 첫 외침이 "회개하라 천국이 가까웠느니라."이셨고, 부활 후 승천하시기 전 40일간 제자들에게 하신 마지막 가르침도 '하나님 나라'의 일이었다. 또한 기도를 가르쳐 달라는 요구에 "나라가 임하옵시며"를 기도의 중심에 두시고, 하나님 나라의 도래를 기도하도록 하셨다. 비유가 아니면 말씀하시지 않으셨던 예수님의 모든 비유는 '하나님 나라'였다. 또 마지막 때와 시기를 묻는 물음에 "이 천국복음이 모든 민족에게 증거되기 위하여 온 세상에 전파되리니 그제야 끝이 오리라"하시며 천국복음의 온세상 전파를 징조로 주셨다. 사도행전은 '하나님의 나라'가 이 땅에 어떻게 회복되고, 도래하며, 완성되어 가는지를 보여준다.

나의 기도 • • •
하나님 나라의 일을 말씀하시고, 그 말씀을 따라 살아가게 하소서!

오직 성령이 너희에게 임하시면

사도행전 1:6-11

8 오직 성령이 너희에게 임하시면 너희가 권능을 받고 예루살렘과 온 유대와 사마리아
와 땅끝까지 이르러 내 증인이 되리라 하시니라

'하나님 나라'는 하나님께서 통치하시고 다스리는 나라이다. 그 나라
를 하나님이 창조하셨고, 이루어 가신다. 사도행전을 '하나님 나라'의 관
점에서 읽어 갈 때, '하나님 나라'의 주체도 사도가 아니라 하나님이심을
알 수 있다. 하나님께서 성령님을 통하여 그의 나라를 회복하시는 이야기
가 사도행전이다. 그래서 사도행전에는 성령행전이라는 별칭이 있다. 사
도행전을 읽는 두 번째 관점은 바로 '성령'이다. 성령님께서 이 땅의 역사
속에서 제자들과 함께하시고 그들을 충만하게 하시어 일하심을 사도행전
을 통해 보여주신다. 성령으로 잉태되신 예수님도 성령으로 사역하셨듯
이 성령을 받은 제자들도 오직 성령님을 따라 사역한다.

예수님께서 승천하시기 전 제자들은 아직도 육의 나라인 이스라엘 나라의 회복의 때를 묻는다. 그러나 예수님은 때와 시기와 권한은 하나님 아버지의 권한에 두셨음을 말씀하시고, 오직 성령이 임하시면 권능을 받을 것과 예루살렘과 온 유대와 사마리아와 땅끝까지 이르러 증인이 될 것이라고 선포하신다. 사도행전 1장 8절은 '지상 대명령'이 아니다. 이 말씀은 우리에게 이루라고 과업으로 주신 명령이라기보다는 예수님께서 승천하시고, 성령님을 보내 주셔서 이루실 일에 대한 예언적 선포다. 사도행전의 주체이신 성령님께서 예루살렘에서 유대 그리고 사마리아와 땅끝에서 제자들을 충만하게 하시어 '하나님 나라'를 회복해 가신다.

예수님께서 제자들의 능력과 노력, 헌신을 기대하셨다면 성령을 기다리라 말씀하시지 않으셨을 것이다. 성령을 기다리라 하신 것은 성령님께서 제자들을 통하여 '하나님 나라'를 회복하시고자 함이다. 제자들의 의지나 뜻, 능력이 아닌 성령의 권능으로 '하나님 나라'를 회복시키신다. 제자들이 받은 권능이란 바로 하나님이 성령님을 통하여 하시는 일을 인지하는 능력이자, 예수님을 그리스도로 증거하는 능력이다. 성령님은 예수님을 증거하는 영이시기에 성령님이 아니면 그 누구도 예수님을 주로 시인할 수도, 증거할 수도 없다. 성령을 받은 우리가 그의 충만하심 속에 거하는 방법은 오로지 예수와 함께 죽고 예수로 사는 것이다.

나의 기도 • • •
성령의 권능을 힘입어 하루하루 살아가게 하소서!

오로지 기도하기에 힘쓰더라

사도행전 1:12-19

> 13-14 들어가 그들이 유하는 다락방으로 올라가니 베드로, 요한, 야고보, 안드레와 빌
> 립, 도마와 바돌로매, 마태와 및 알패오의 아들 야고보, 셀롯인 시몬, 야고보의 아들 유
> 다가 다 거기 있어 여자들과 예수의 어머니 마리아와 예수의 아우들과 더불어 마음을
> 같이하여 오로지 기도에 힘쓰더라

    사도행전은 예수 그리스도께서 십자가와 부활로 완성하신 복음이 성
령의 권능을 받은 제자들을 통하여 모든 민족과 종족 가운데 증거됨으로
써, '하나님 나라'가 이 땅 가운데 어떻게 도래하는지를 보여준다. '하나
님 나라' 회복에 있어 제자들의 역할은 삼위 하나님께서 행하신 일을 증
언하는 증인이다. 성령을 받은 자의 가장 큰 특징은 삶을 통하여 예수님
이 증거되는 것이다. 사도행전을 읽는 세 번째 관점은 '증인'된 제자의 삶
이다. 제자들은 사역의 주체가 아니라 하나님께서 행하신 일들의 증인이
다. 증인은 거짓 없이 자신이 경험한 사실만 말하는 자이다. 예수님께서
제자들에게 성령을 주시고 그 권능으로 행하라 하신 일이 증인의 삶이다.

베다니 근처 감람산은 안식일에도 걸을 수 있는 2,000규빗, 예루살렘에서 약 1.2km 떨어진 곳이다. 감람산은 상징적인 장소이다. 구약성경에 메시아가 오시면 예루살렘 동쪽 감람산에서 예루살렘으로 입성해 이스라엘을 회복시킬 것이라고 스가랴 선지자를 통해 예언되었다(슥 14:4). 제자들은 이곳을 방문한 적이 있다. 예수께서 50일쯤 전에 감람산에서 출발해 예루살렘에 입성하셨고, 그 주 금요일 아침 제자들이 기도하기 위해 겟세마네 동산에 모였던 곳이다. 바로 그곳에서 예수님은 제자들을 축복하시고 승천하신 것이다(눅 24:50-53). 감람산에서 예수께서 승천하시는 것을 본 제자들은 흩어지지 않고 예루살렘으로 돌아온다.

다락방에 120명이나 되는 큰 무리가 함께 했다. 열한 사도와 함께 막달라 마리아와 요안나, 수산나, 글로바의 아내 마리아와 예수의 이모, 그리고 부활의 증인이자 야고보의 어머니인 마리아, 여자들과 예수의 어머니 마리아와 예수의 아우들과 더불어 마음을 같이하여 오로지 기도에 힘쓴다. 그때 베드로가 일어나 설교한다. 베드로의 설교는 시편 69편 25절과 109편 8절을 인용한 것으로, 다윗이 그의 원수들에 대하여 말한 내용으로 가룟유다의 죽음으로 구약에 예언된 말씀이 이루어졌음을 설교한다. 즉 가룟 유다가 자신이 얼마나 엄청난 짓을 저질렀는지 깨닫고 스스로 목숨을 끊었기 때문에 유다를 대신할 사도를 뽑아야 한다는 것이다.

나의 기도 • • •
예수님이 증거되는 삶이 되도록 기도에 힘쓰며 살아가게 하소서!

예루살렘(Jerusalem) 1-4

부활하심을 증언할 사람

사도행전 1:20-26

22 항상 우리와 함께 다니던 사람 중에 하나를 세워 우리와 더불어 예수께서 부활하심을
증언할 사람이 되게 하여야 하리라 하거늘

다락방에 모인 사도들이 베드로의 설교 이후에 유다를 대신할 사람을
뽑으려 한다. 두 명의 후보가 있다. 한 사람은 맛디아, 다른 한 사람은 바
사바라고도 하고 유스도라고도 하는 요셉이다. 사도들은 자격 요건에 대
해 이렇게 언급한다. "요한의 세례로부터 우리 가운데서 올려져 가신 날
까지 주 예수께서 우리 가운데 출입하실 때에 항상 우리와 함께 다니던
사람 중에 하나를 세워 우리와 더불어 예수께서 부활하심을 증언할 사람
이 되게 하여야 하리라." 사도들이 유다를 대신하여 다른 사도를 뽑는 기
준을 정한다. 그래서 예수님의 제자 열둘의 수를 채우려 한다. 그런데 꼭
수를 채워야 하는가? 또 사도들이 제시한 자격요건을 예수님도 동의하실
까?

예수님의 제자들은 예수님이 직접 뽑으셨다. 예수님은 제자들을 뽑으면서 그들의 자격이나 조건, 능력 등을 따지지 않으셨다. 열두 제자 모두 자격이 되어서 제자가 된 자는 하나도 없다. 예수님께서 그들을 제자 삼으셨기에 제자가 된 것이다. 또 죽기까지 주님을 따르겠다던 제자들이었지만 주님이 잡혀 십자가에 달리실 때는 한 명도 남지 않고 다 도망했다. 그렇지만 도망한 제자들을 찾아가신 예수님은 그들에게 "왜 나를 떠났느냐?" 묻지 않으셨다.오로지 사랑만을 확인하신다. "네가 나를 사랑하느냐?" 예수님께서 승천하시기 전, 제자들과 40일간 함께하시면서, 그 수를 채우려 하지 않으셨다. 예수님이 생각하시는 제자의 기준은 무엇일까?

'사도들은 자신들이 세운 기준으로 제비뽑아 맛디아를 열두 사도의 수에 넣었다. 제비뽑기는 유대 전통 관습이다. 잠언은 제비뽑기를 분쟁 해결 방식으로 제시하면서 하나님의 뜻과 관련지어 생각한다(잠 16:33, 18:18). 그러나 그후 성경이나 초기 교회 역사는 맛디아에 대하여 침묵한다. 베드로는 악인에 대한 복수를 부르짖는 시편 109편을 가룟유다에 대한 예언으로 보았고, 아직도 유대 메시아 사상으로 하나님의 나라를 이해했기에 열둘이라는 제자의 수를 채우려 한다. 그러나 후에 야고보가 참수형을 당했을 때는 그를 대신할 사도를 뽑지 않았다. 예수님의 제자는 약속하신 성령을 선물로 받은 자이다. 그래서 우리도 자격 없지만 예수님의 제자다.

자격 없는 자를 제자 삼아주심에 감사하게 하소서!

각 사람 위에 하나씩 임하여

사도행전 2:1-13

> 3-4 마치 불의 혀처럼 갈라지는 것들이 그들에게 보여 각 사람 위에 하나씩 임하여 있더니 그들이 다 성령의 충만함을 받고 성령이 말하게 하심을 따라 다른 언어들로 말하기를 시작하니라

예수님은 부활 후 40일간 제자들과 거하시면서 하나님 나라의 일을 말씀하셨다. 또 이르시기를 예루살렘을 떠나지 말고 아버지께서 약속한 것을 기다리라 몇 날이 못되어 성령으로 세례를 받으리라 하시고, 제자들이 바라보는 앞에서 승천하신다. 예수님이 승천하신 후 제자들은 약속하신 성령을 기다리며 함께 모여 오로지 기도에 힘썼다. '오순절 날이 이미 이르매' 제자들에게 약속하신 성령님이 임하셨다. 하나님의 역사는 하나님의 시간과 때에 하나님이 이루신다. 오순절 성령강림도 예수님의 약속이 하나님의 때에 이루어진 것이다. 제자들의 간절한 기도가 성령님을 오시게 한 것이 아니라, 예수님께서 약속하신 하나님의 일이 성취된 것이다.

성령님은 태초부터 예수님 때까지도 함께하셨다. 구약에는 제사장과 사사들과 선지자들 그리고 왕에게 성령께서 함께하셨고, 예수님 때에도 세례 요한이나 그의 부모에게 성령이 충만하였음을 성경은 기록하고 있다. 예수님의 어머니 마리아에게 성령님이 임하신 것과 예수님의 탄생으로부터 세례 받으심, 복음 전하심, 병 고치심, 귀신을 쫓으심, 부활과 승천 모두 성령을 힘입어 하신 일이다. 그렇다면 오순절 날 제자들에게 임하신 성령님과 구약의 성령님과 차이가 무엇인가? 이미 역사하고 계셨던 구약의 성령님과 오순절 날 제자들에게 임하신 성령님은 같은 분이다. 구약의 성령님은 직임에 임하셔서 하나님의 일을 행하셨고, 순종하지 않을 때 떠나셨다.

그러나 신약의 오순절에 임하신 성령님은 각 사람 위에 예수님께서 이루신 완성된 구원과 하나님의 비전을 가지고 세상 끝날까지 우리와 함께하신다. 오순절 성령강림이 우리에게 주는 의미는 예수님의 약속 성취로 우리의 구원이 확증되었고, 예수님을 증거하는 영이신 성령님께서는 우리가 증인의 삶을 살 수 있도록 권능을 주셨다는 것이다. 예수님의 예언적 선포인 사도행전 1장 8절 말씀이 가시적으로 16개국에서 온 유대인들에게 이루어졌고, 성령님을 받은 자들이 자기 지역으로 돌아가 증인의 삶을 살아감으로 교회가 시작 된다. 하나님이 꿈꾸시는 성령으로 이루어지는 교회의 출발이다. 우리에게 성령님을 부어 주셔서 하나님 나라를 꿈꾸게 하심에 감사한다.

나의 기도 • • •
완성된 구원을 받은 자로서 하나님 나라를 꿈꾸며 살아가게 하소서!

요엘을 통하여

사도행전 2:14-21

16-17 이는 곧 선지자 요엘을 통하여 말씀하신 것이니 일렀으되 하나님이 말씀하시기를 말세에 내가 내 영을 모든 육체에 부어 주리니 너희의 자녀들은 예언할 것이요 너희의 젊은이들은 환상을 보고 너희의 늙은이들은 꿈을 꾸리라

성령님께서 강림하신 이후 놀라고 당황하여 "어찌 된 일이냐?" 하는 자들을 향해 베드로는 요엘 선지자의 말씀(욜 2:28-32)을 인용하여 하나님께서 행하신 큰 일을 설교한다. 그날 경험한 사건이 성경에 예언되어 있으며, 이는 곧 성경이 약속한 시대가 왔다는 의미다. 성령강림은 하나님의 나라가 이 땅에 도래했다는 예표다. 성령님은 순수 혈통의 유대인이나 학식이 깊은 엘리트와 랍비같이 선택된 소수만을 위한 선물이 아니라, 남녀노소 모두를 위한 하나님의 선물이다. "하나님이 말씀하시기를 말세에 내가 내 영을 모든 육체에 부어 주리니." 성령강림은 하나님의 계획이자 예수님의 약속이다. 하나님께서 꿈꾸시는 세상은 성령으로 하나되는 것이다.

성령강림을 통한 하나님 나라의 회복은 새로운 교회의 출발이다. 당시 성전 중심, 제사 중심, 율법 중심의 구약 교회에서 성령강림으로 예수 중심의 신약 교회로 전환된다. 교회가 하나님의 성령을 통해서 새롭게 회복되었음을 유대인들에게 알리고, 유대 민족의 벽을 넘어 모든 민족이 성령으로 하나 되어 국가와 인종을 초월하는 하나님의 크신 구원 역사가 시작됐다. 교회는 하나님이 성령을 부어 주셔야만 회복될 수 있다. "내가 내 영"을 부어 주신다는 말씀은 결코 다함이 없는 유일한 샘에서 그의 영으로부터 무한한 각양 은사들을 사람들에게 부어 주신다는 의미다(존 칼빈). 성령의 은혜는 하나님이 우리에게 주신 가장 큰 가치이자 특별한 은총이다.

성령님을 주심은 우리가 모든 영적 축복의 보고에 들어가며 하나님 나라까지 이르는 문을 여는 열쇠와 같다. 성령강림의 결과인 예언과 환상과 꿈은 특정한 사람들의 전유물이 아니라 성령 받은 모든 자녀와 젊은이와 늙은이에게 부어주시는 하나님의 선물이다. 구약에서 기름부음 받은 특별한 직임을 맡은 자들이 오실 예수님과 회복될 하나님의 나라에 대하여 예언하였다면, 성령강림 이후에는 성령으로 기름부음 받은 자들이 이미 오신 예수님과 그를 통해 도래한 하나님의 나라를 예언과 환상과 꿈을 통하여 증거하는 것이다. 성령님으로 말미암아 하나님의 남종과 여종된 자는, 주님의 이름을 부르는 예수의 증인 되어 그분의 구원을 이 땅에 이루며 살아가는 것이다.

나의 기도 • • •
예언의 성취로 이루어진 성령의 임재를 누리며 살아가게 하소서!

다윗이 그를 가리켜

사도행전 2:22-29

25-26 다윗이 그를 가리켜 이르되 내가 항상 내 앞에 계신 주를 뵈었음이여 나로 요동
하지 않게 하기 위하여 그가 내 우편에 계시도다 그러므로 내 마음이 기뻐하였고 내
혀도 즐거워하였으며 육체도 희망에 거하리니

베드로는 오순절 성령강림의 역사를 설명하면서 하나님께서 예수 그
리스도를 통하여 이루신 구원의 큰 일을 선포한다. 하나님께서 나사렛 예
수로 큰 권능과 기사와 표적을 사람들에게 베푸사 증언하셨고, 하나님께
서 정하신 뜻과 미리 아신 대로 내어 주시어 무법자들의 손, 즉 로마인의
손에 의해 십자가에 못 박혀 죽으셨으나, 예수님의 죽으심은 하나님이 세
우신 구원 계획의 일부이고 하나님은 그를 죽음의 고통에서 풀어서 살리
셨다. 베드로는 예수님의 십자가에서의 죽으심이 우연이 아니며 하나님
의 예지와 섭리의 계획이었음을 말한다. 또한 예수님의 부활을 그가 메시
아라는 증거로 제시한다. 하나님은 그의 뜻을 따라 만물을 지배하시고 다
스리는 분이시다.

베드로는 요엘 선지자의 예언에 이어 다윗의 시를 통하여 예수님의 부활이라는 핵심 주제에 초점을 맞추어 말씀을 전한다. "내가 여호와를 항상 내 앞에 모심이여 그가 나의 오른쪽에 계시므로 내가 흔들리지 아니하리로다 이러므로 나의 마음이 기쁘고 나의 영도 즐거워하며 내 육체도 안전히 살리니 이는 주께서 내 영혼을 스올에 버리지 아니하시며 주의 거룩한 자를 멸망시키지 않으실 것임이니이다 주께서 생명의 길을 내게 보이시리니 주의 앞에는 충만한 기쁨이 있고 주의 오른쪽에는 영원한 즐거움이 있나이다"(시 16:8-11). 이스라엘의 조상 다윗도 예수님께서 보여주신 생명의 길을 바라보며 부활의 충만한 기쁨과 영원한 즐거움을 노래했다.

예수님의 부활은 단지 자기 자신만을 위한 것이 아니었다. 또한 예수님 스스로 부활하신 것이 아니라 하나님께서 '살리신 이의 영'이신 성령으로 예수님을 죽은 자 가운데서 살리신 것이다(롬 8:11). 성령으로 다시 사신 예수님께서는 제자들에게 아버지께서 약속하신 성령을 기다리라 말씀하시고 승천하셨다. 약속하신 성령님은 오순절 마가의 다락방에 임하셨다. 하나님께서는 성령을 부어주심으로써 교회 전체를 예수 그리스도의 생명의 길에 동참하도록 하셨다. 하나님의 은혜로 죽음에서 생명으로 회복되었고, 하나님의 특별한 은총인 성령님을 우리에게 부어주심으로 세상을 초월하며 내 안에 계신 성령님의 다스림과 통치함을 따라 살게 하셨다.

나의 기도 • • •
예수께서 보이신 생명의 길을 따라 살아가게 하소서!

주와 그리스도

사도행전 2:30-36

36 그런즉 이스라엘 온 집은 확실히 알지니 너희가 십자가에 못 박은 이 예수를 하나님
이 주와 그리스도가 되게 하셨느니라 하니라

베드로는 다윗을 선지자라 칭한다. 이유는 다윗이 하나님과 교통하며
하나님의 말씀을 듣고 순종할 뿐 아니라 하나님이 행하실 구원의 큰 일인
예수 그리스도에 관한 계획을 알고 있었기 때문이다. 선지자는 사람들의
미래를 예견하거나 점을 쳐주는 사람이 아니라, 하나님이 행하실 구원의
일을 선포하고 하나님의 말씀을 받아 오실 메시아를 예언하는 자이다. 다
윗 선지자가 "한 사람을 그 위에 앉게 하리라."고 예언했던 '한 사람'이신
예수 그리스도가 죽었으나 하나님께서 살리셨다. 부활하신 예수님이 친
히 찾아오셔서 베드로를 만나 주셨고, 이후 40일간 함께하였다. 또한 구
약성경에 선지자들을 통해 예언된 말씀을 보고 확실하게 믿게 되었다.

그러므로 베드로는 자신이 예수 그리스도의 부활의 증인이라 선언한다. 예수 그리스도의 부활은 분명하고 확실한 예언에 의하여 증언되었으며, 예언된 메시아이신 예수 그리스도께서 부활하신 것이라는 사실을 다윗의 시편을 근거로 증거한다. 베드로는 성경의 다윗부터 예수님까지 역사적 사실과 선지자들의 입을 통해 예언된 성령에 대한 약속을 근거하여 오순절 성령강림 사건을 설교하고 그 일의 증인으로 선다. 기름부음 받은 선지자들이 오실 메시아를 예언하였고, 기름부음 받은 왕들이 메시아를 예표하며, 기름부음 받은 제사장들이 오실 메시아를 예배하였듯이, 성령으로 기름부음 받은 베드로가 오신 메시아이신 예수 그리스도의 증인이 된다.

예수 그리스도는 육신으로는 다윗의 자손이라 일컬어지지만 그의 본질은 하나님의 아들이다. 다윗이 그리스도에 대하여 예언한 것이 나사렛 예수에게서 성취되었기에 그분이 우리의 죄를 대속하신 하나님이시다. 하나님이신 예수님은 성령을 약속하셨고, 그 약속하신 성령이 임하신 것이다. 성령강림의 사건은 돌발적이거나 우연히 일어난 사건이 아니라 다윗의 예언을 확증하고 예수님의 약속이 성취된 것이다. 다윗의 왕국은 잠정적이고 한시적이었으나, 그리스도의 왕국은 예수 그리스도께서 하나님 우편에 앉아 통치하시기에 영원한 나라이고, 그가 하늘과 땅의 주와 그리스도가 되신다. 그러므로 이스라엘 집은 예수를 주와 그리스도로 믿어야 한다.

나의 기도 • • •
성령의 기름부음으로 예수를 증거하며 살아가게 하소서!

우리가 어찌할꼬

사도행전 2:37-47

37-38 그들이 이 말을 듣고 마음에 찔려 베드로와 다른 사도들에게 물어 이르되 형제들
아 우리가 어찌할꼬 하거늘 베드로가 이르되 너희가 회개하여 각각 예수 그리스도의
이름으로 세례를 받고 죄 사함을 받으라 그리하면 성령의 선물을 받으리니

베드로의 설교를 듣고 "마음에 찔려 어찌할꼬?" 하는 자들에게 "너희
가 십자가에 못 박은 이 예수를 하나님이 주와 그리스도가 되게 하였으니
너희가 회개하여 예수 그리스도의 이름으로 세례를 받고 죄 사함을 받으
라 그리하면 성령의 선물을 받으리라."고 선포한다. 진리의 성령님께서
베드로와 함께하시기에 예수님의 십자가와 부활을 증거하고, 예수 이름
으로 얻는 죄사함을 담대히 전한다. 그러나 죄사함의 주체는 베드로가 아
니라 성령 하나님이시다. 또한 성령을 부어주신다는 약속은 제자들에게
만 국한된 것이 아니라 '너희와 너희 자녀', 즉 모든 세대와, '모든 먼 데
사람', 즉 땅의 모든 지역의 경계를 넘어 우리 하나님이 부르는 자들에게
하신 것이라 선포한다.

그 말을 받은 사람들은 세례를 받았고, 이날에 믿는 자의 수가 삼천이나 더해진다. 그들은 사도의 가르침을 받는 말씀의 공동체다. 서로 교제하고 떡을 떼며 기도하기를 힘쓰는 기도의 공동체이다. 사도들로 말미암아 기사와 표적이 많이 나타나는 기적의 공동체다. 믿는 사람이 다 함께 있어 모든 물건을 서로 통용하는 사랑의 공동체다. 또 하나님을 찬미하는 찬양 공동체다. 온 백성에게 칭송을 받는 예수 공동체에 주께서 구원받는 사람을 날마다 더하신다. 하나님께서 약속하신 성령 안에서 예수 중심의 교회가 세워진다. 성령의 하나 되게 하심을 통하여 예수님을 머리로 고백하고 서로가 지체임을 인정하는 아름다운 예수 공동체가 탄생하게 된 것이다.

성령강림 이후 예루살렘에서 벌어진 제자들의 큰 변화는 자기 부인과 자기 포기다. 예수님을 자기의 성공의 도구로 삼으려 했던 제자들이었고, 예수님을 따르는 것이 위협으로 여겨질 때는 가차없이 예수님을 부인하고 도망했던 자들이었다. 그런데 그들이 담대히 예수님을 선포하고, 모든 물건을 통용하고, 재산과 소유를 팔아 각 사람의 필요를 따라 나눠 주는 일을 한다. 그것은 그동안 주인으로 살아왔던 자아는 죽고, 예수와 함께 다시 태어났기 때문이다. 성령님이 그들 가운데 임하여 계시기에, 이제 자기 자신의 의지가 아닌 성령의 다스림과 통치로 살아가게 된다. 또한 성령님은 예수님을 인지하게 하고, 증거하시는 영이기에 제자들이 증인의 삶을 살게 하신다.

나의 기도 • • •
성령의 하나 되게 하심을 따라 늘 아름다운 예수 공동체를 이루며 살아가게 하소서!

성전 미문에서

사도행전 3:1-10

6 베드로가 이르되 은과 금은 내게 없거니와 내게 있는 이것을 네게 주노니 나사렛 예수
그리스도의 이름으로 일어나 걸으라 하고

베드로와 요한은 제 구시 기도 시간에 성전에 올라가고 있다. 지금 시
간으로 오후 3시 기도 시간이다. 나면서 못 걷게 된 자가 성전에 들어가
는 사람들에게 구걸하기 위하여 날마다 미문이라는 성전 문에 있다. 그가
베드로와 요한이 성전에 들어가는 것을 보고 구걸할 때 베드로가 "은과
금은 내게 없거니와 내게 있는 이것을 내게 주노니 나사렛 예수 그리스도
의 이름으로 일어나 걸으라." 하며 그를 일으킨다. 걷지 못하던 자가 걷
는 일은 단순히 육신의 질병을 고친 것을 의미하는 것이 아니다. 성전 미
문 밖의 사람이 성전 안의 사람이 되었음을 의미한다. 그는 매일 성전 미
문 앞에 앉아 있지만, 성전에 기도하러 들어가는 사람을 늘 바라볼 뿐, 율
법에 의해 성전에 들어가지 못하고 그들을 향하여 구걸할 수밖에 없는 자
였다(레 21:16-20).

그러나 나사렛 예수 이름으로 일어나 걸음으로 성전에 들어갈 수 있게 되었다. 베드로가 걷지 못하는 자를 일으킨 것은 단순히 성전 앞에서 구걸하는 불쌍한 걸인 한 사람의 병을 고친 치유의 사역이기보다 그가 가진 '예수 그리스도의 이름'을 주어 그 삶을 회복시킨 것이다. 예수님의 이름은 그를 참 성전이신 예수님을 따르는 자로 그의 삶을 변화시킨 것이다. 나면서부터 걷지 못했기에 한 번도 들어가지 못했던 성전을 예수님의 이름으로 걷기도 하고, 뛰기도 하며 하나님을 찬양하며 들어간다. 걷지 못하던 그는 율법을 따라 공동체 예배에 한 번도 참석하지 못했다. 그러므로 그에게 육체의 회복은 부활이라 할 수 있다. 예수님의 이름이 그를 온전히 회복시키고 다시 살리셨다. 육신이 회복되고, 경제력이 회복되고, 예배가 회복되었다.

그러니 기뻐 뛰는 것이 당연하며 격하게 기뻐하는 것도 놀라운 일이 아니다. 그는 성전 문 앞에 40년이나 앉아 있었다. 그러나 이제 처음으로 성전 안으로 당당히 걸어 들어간다. 율법으로는 나면서부터 이방인이기에 성전에 들어갈 수 없는 우리가, '예수 그리스도의 이름'으로 주님의 몸 된 성전이 되었다. "감사함으로 그의 문에 들어가며 찬송함으로 그의 궁정에 들어가서 그에게 감사하며 그의 이름을 송축할지어다"(시 100:4). 우리를 구원해 주신 하나님의 은혜, 우리를 그의 몸 된 성전 삼아 주신 예수님의 사랑, 우리를 처소 삼아주셔서 늘 함께 계시는 성령님께 감사하며, 항상 찬양하며 살기를 소망한다. 영적으로 걷지 못하고 구걸하던, 성전 미문 앞의 나를, 일으켜 주셔서 성전되게 하시고 나와 함께하시는 주님께 기뻐 뛰며 찬양하며 감사한다.

나의 기도 • • •
예수 그리스도의 이름으로 이루어지는 회복을 경험하며 살아가게 하소서!

솔로몬 행각에서

사도행전 3:11-16

14-15 너희가 거룩하고 의로운 이를 거부하고 도리어 살인한 사람을 놓아 주기를 구하여 생명의 주를 죽였도다 그러나 하나님이 죽은 자 가운데서 그를 살리셨으니 우리가 이 일에 증인이라

성전 미문 밖, 나면서 못 걷게 된 이가 걷게 되면서 사람들이 심히 놀랐다. 성전 안 사람들이 늘 무관심하게 스쳐 지나갔던 구걸하던 그로 인하여 베드로가 솔로몬 행각에서 예수님에 대하여 전할 기회를 가진다. 베드로의 설교의 초점은 걷지 못하는 자에게 일어난 기적이 아니라 예수 그리스도였다. 그 기적의 중심에 있던 베드로 자신을 철저히 부인하고, 이스라엘 백성들이 거부하고 죽인 예수님을 살리신 일의 증인이 된다. 하나님이 살리신 생명의 주 예수 그리스도의 이름을 믿으므로 그 이름이 그 사람을 걷게 하였다고 증언한다. 현장에 있던 사람들은 베드로를 주목하지만 베드로는 예수의 이름으로 말미암은 믿음이 낫게 했다고 증거한다.

신앙이란 내가 믿어 행하여 변화된 상황이나 환경이 아니라, 하나님이 행하신 일을 믿음으로 변화되는 나 자신이 그 내용이다. 즉 철저히 자기 자신은 부인되고, 그 일을 행하신 하나님과 예수 그리스도만 드러나는 것이 성령의 권능이다. 사도들의 권능이 초점이 아니라 성령님으로 인한 사도들의 변화다. 주인 되신 성령님이 함께하시기에 오로지 주님이 하신 일의 증인으로만 선다. 사도행전을 이끌어가는 주체도 사도들이 아니다. 예수님께서 약속하셨던 그들 가운데 내주 하시는 다른 보혜사 성령님이시다. 세상 사람들은 벌어지는 현상과 상황과 환경에 반응한다. 그러나 성도들은 그 모든 역사를 주관하시는 하나님만을 바라보아야 한다.

마지막 때에 많은 자들이 기적과 신비로 우리를 미혹한다. 그러나 그것을 분별하는 것은 쉽다. 기적과 신비를 통하여 무엇이 드러나는가를 보면 참과 거짓을 알 수 있다. 자기 자신이 부인되지 않고 기적을 일으킨 자가 드러난다면 그것은 성령님의 역사가 아니다. 성령님은 예수님을 증거하는 영이기 때문에 그분의 행하신 일을 통하여 예수 그리스도가 증거된다. 또한 성령의 은사는 은사를 일으키는 개인이 아니라 공동체의 유익을 위하여 주어진다. 성령님은 기사와 이적을 통해서 교회와 공동체를 견고하게 세워 가신다. 만약 은사를 빙자하여 교회의 불신을 조장하거나 분열을 가져온다면 성령의 역사가 아니다. 성령은 하나 되게 하시는 영이기 때문이다.

나의 기도 • • •
내 안에 계신 예수만 드러내는 자로 살아가게 하소서!

땅 위의 모든 족속이

사도행전 3:17-26

25-26 너희는 선지자들의 자손이요 또 하나님이 너희 조상과 더불어 세우신 언약의 자
손이라 아브라함에게 이르시기를 땅 위의 모든 족속이 너의 씨로 말미암아 복을 받으
리라 하셨으니 하나님이 그 종을 세워 복 주시려고 너희에게 먼저 보내사 너희로 하여
금 돌이켜 각각 그 악함을 버리게 하셨느니라

베드로는 예수 그리스도를 죽인 것에 대해 "너희가 알지 못하여서 그
리하였으며"라고 설교를 이어간다. 그들의 영적 무지가 예수를 십자가
에 못박은 것이다. 그러나 하나님께서 선지자의 입을 통하여 그리스도께
서 고난 받으실 일을 미리 알게 하셨다. 즉 하나님의 말씀이 이루어진 것
이다. 그들은 무지하였지만 하나님은 그것을 선으로 바꾸시고, 그들에게
회개하고 돌이켜 죄 없이 함을 받으라 하신다. 죄가 없어야 "새롭게 되는
날"이 주님으로부터 온다. 죄란 인간이 범하는 윤리적, 도덕적 범죄가 아
니라 인간이 주인이 되어 하나님 노릇함을 의미한다. 회개란 하나님을 떠
났던 자가 그리스도의 은혜로 하나님께 돌이키는 것이다.

베드로는 유대인들이 자랑하는 모세의 글을 인용하여 예수님을 증거한다. "네 하나님 여호와께서 너희 가운데 네 형제 중에서 너를 위하여 나와 같은 선지자 하나를 일으키시리니 너희는 그의 말을 들을지니라"(신 18:15). 하나님께서 모세와 같은 선지자 하나를 세우시겠다 하시고, 그의 모든 말을 들을 것이라 말씀하신다. 누구든지 그 선지자의 말을 듣지 아니하는 자는 백성 중에서 멸망 받는다 하셨다. 또 사무엘 때부터 이어 말한 모든 선지자도 이때를 가리켜 말하였다. 즉 베드로는 구약성경 메시아에 대한 예언들의 성취가 예수 그리스도임을 증거한다. "모든 선지자와 및 율법의 예언한 것이 요한까지니"(마 11:13)라는 바로 이 말씀과 일치한다.

베드로는 그들을 "선지자의 자손"이자 "언약의 자손"이라 칭한다. 그들의 조상 아브라함과 하나님께서 언약을 세우시어 말씀하시기를 "땅 위의 모든 족속이 너의 씨로 말미암아 복을 받으리라." 하셨다. 하나님께서 아브라함에게 너희 씨로 말미암아 땅 위에 있는 모든 족속들에게 복을 주신다는 언약이다. 이스라엘에게 복을 주시는 것은 모든 민족을 위한 것이다. 이스라엘 백성이 언약의 자손인 것은 그의 조상 아브라함과 이 씨에 대한 약속, 복에 대한 약속을 하셨기 때문이다. '아브라함의 씨'이신 예수 그리스도께서 이스라엘에 먼저 오셨는데, 그가 하신 일이 바로 이스라엘 백성에게 "회개하고 악함을 버리라."고 말씀하신 것이다.

나의 기도 • • •
언약 자손으로 회개하고 악함을 버리고 살아가게 하소서!

집 모퉁이의 머릿돌

사도행전 4:1-12

11-12 이 예수는 너희 건축자들의 버린 돌로서 집 모퉁이의 머릿돌이 되었느니라 다른
이로써는 구원을 받을 수 없나니 천하 사람 중에 구원을 받을 만한 다른 이름을 우리
에게 주신 일이 없음이라 하였더라

대제사장들이 보기에 예수님의 제자들은 신학 교육도 제대로 받지 못
한 무식한 자들이다. 그런데 그들이 예수 안에 죽은 자의 부활이 있다고
백성들을 가르치고 전한다. 사두개인들은 부활을 믿지 않았기에 싫어하
였다. 종교적 기득권을 가지고 있는 자들에게 예수님의 부활과 성령의 임
재 그리고 회복의 역사는 그들이 누려왔던 이권에 대한 도전에 불과했다.
성전을 중심으로 제도화된 종교와 성령으로 하나된 교회의 대립이다. 하
나님이 꿈꾸시는 교회는 성령으로 세워진다. 예수님께서 성전에 대해 질
타하셨던 것은 바로 이런 성전 귀족, 즉 종교를 도구 삼아 부를 누리던 자
들을 향하여 도적의 소굴이라 책망하신 것이다.

사도들을 잡아 이튿날까지 가두었으나 말씀을 들은 사람 중에 믿는 자가 남자의 수만 오 천이나 되었다. 밤이 깊어 어두울 때 밤 하늘의 별이 더욱 빛나는 것처럼, 핍박이 있을때 기독교의 진리는 별과 같이 빛난다. 성전 중심의 기득권자들은 "무슨 권세와 누구의 이름으로 이 일을 행하였느냐?" 묻는다. 성전의 기득권자들에게는 한 영혼이 회복되고 주 앞에 돌아오는 것보다 자기들의 권세와 이름이 더 중요하다. 베드로는 성령이 충만하여 "너희가 십자가에 못 박고 하나님이 죽은 자 가운데서 살리신 나사렛 예수 그리스도의 이름으로" 행하였음을 증언한다. 병자에게 줄 수 있는 가장 착한 일은 병을 치료해 주는 것이다. 그 착한 일을 행하신 이는 예수님이시다.

"이 예수는 너희 건축자들의 버린 돌로서 집 모퉁이의 머릿돌이 되었느니라." 시편 118편 22절 말씀이 이렇게 성취된 것이다. 당시 종교 지도자들은 예수님을 쓸모 없는 돌이라 판단하여 버렸다. 그러나 '예수 그리스도'는 집 모퉁이의 머릿돌이 되셨다. 하나님이 꿈꾸시는 교회는 반석 되시는 '예수 이름' 위에 쌓는다. 예수님이 성전의 기초이자 본체시다. 또 그가 착한 일을 성도들 가운데 친히 행하신다. 구약시대에 제사장들에게 기름을 부어 성전을 이루었다면, 이제 하나님께서 예수님이 약속하신 성령을 부어 교회를 이루어 가신다. 성령으로 시작된 초대 교회의 출발이다. 다른 이로서는 구원을 받을 수 없다. 오직 예수 그리스도의 이름으로만 구원을 얻는다.

나의 기도 • • •
모퉁이의 머릿돌 되시는 예수 이름으로 교회를 이루며 살아가게 하소서!

예수의 이름으로

사도행전 4:13-22

18-19 그들을 불러 경고하여 도무지 예수의 이름으로 말하지도 말고 가르치지도 말라 하니 베드로와 요한이 대답하여 이르되 하나님 앞에서 너희의 말을 듣는 것이 하나님의 말씀을 듣는 것보다 옳은가 판단하라

베드로와 요한이 담대하게 말하는 것을 보고 있지만, 그들은 배운 것이 없고 무식한 갈릴리 사람이었기에 당시 이상하게 여겨졌다. 그들은 단지 전에 예수와 함께 있었던 사람들이었다는 것이다. 그런데 그들의 담대함 안에는 인간 이상의 무슨 힘이 있다는 것을 인정하고 감탄할 수밖에 없었다. 성전 기득권자들은 궁지에 몰렸다. 목격자가 많으니 치유의 기적이 일어난 사실을 부정할 수도 없고, 베드로와 요한을 죽일 수도 없었다. 로마 지배를 받고 있어 그들에게 사형을 집행할 법적 권한이 없었다. 명하여 공회에서 나가라 하고 서로 의논한다. 나타난 표적이 예루살렘에 사는 모든 사람에게 다 알려진 일이라 부인할 수도 없다. 그들은 하나님께서 하신 일이 아니라 사람들에게만 관심을 갖고 있다.

그들은 민간에 이 표적이 더 퍼지지 못하게 "예수의 이름으로 말하지 말라."고 경고한다. 그러나 베드로와 요한은 담대하게 대답한다. "하나님의 말씀을 듣는 것보다, 당신들의 말을 듣는 것이, 하나님 보시기에 옳은 일인가를 판단하라. 우리는 보고 들은 것을 말하지 않을 수 없다." 보고 들은 것을 말하는 것이 증인의 삶이다. 어떤 위협에도 굴하지 않는 것은 그들 가운데 성령이 함께하시고, 마땅히 말할 바를 알려주시기 때문이다. 그들은 대제사장 앞에서 조금도 두려워하지 않고, 성전 권력자들에게조차 부활을 전했다. "너희가 죽인 예수님이 다시 살아나셨다." 성령으로 시작된 신약 교회 대표인 베드로가 구약교회 대표인 대제사장에게 예수를 증거한다.

부활은 정치적 메시지다. 베드로와 요한은 성전 기득권자들에게 예수 그리스도의 부활을 전하고 있다. 너희들이 죽인 분이 죽은 자 가운데서 다시 살아나셨다는 것이다. 부활은 희망을 준다. 로마제국에서 십자가 사형은 최종 형벌 수단이다. 로마는 죽음에 대한 공포를 조성해 나라들을 복속시키고 노예들을 복종시켰다. 그러나 만약 죽은 사람이 되살아난다면 권력자들이 어떻게 되겠는가? 최종 수단이 먹히지 않는다면 무슨 일이 벌어지겠는가? 성전 기득권자들도 그것이 무엇을 의미하는지 알고 있다. 성전 기득권자들은 사도들을 처벌할 방도를 찾지 못했다. 겁을 준 다음 놓아주는 게 전부다. 모든 사람들은 그 일로 인하여 하나님께 영광을 돌린다.

나의 기도 • • •
세상 앞에서 부활을 증거하며 당당하게 살아가게 하소서!

무리가 다 성령이 충만하여

사도행전 4:23-31

30-31 손을 내밀어 병을 낫게 하시옵고 표적과 기사가 거룩한 종 예수의 이름으로 이루
어지게 하옵소서 하더라 빌기를 다하매 모인 곳이 진동하더니 무리가 다 성령이 충만
하여 담대히 하나님의 말씀을 전하니라

사도들은 풀려났다. 그러나 사도들은 세상에 매인 자가 아니라 성령에
매인 자이다. 세상이 그들의 육신은 속박할 수 있을지 몰라도 그들의 영
혼은 자유롭다. 진정한 자유는 성령에 매어 살아갈 때 누릴 수 있는 것이
다. 연이 연줄에 매어 있을 때 하늘을 날아 오를 수 있듯이, 성도는 성령
에 매여 그의 다스림과 통치 가운데 살아가는 것이 세상을 자유롭게 살아
갈 수 있는 비결이다. 더이상 세상이 아닌 하나님을 상대하는 자로서 세
상의 그 어떤 위협도 그들을 구속하지 못한다. 사도들은 동역자들에게 가
서 하나님께서 그들 가운데 행하신 위대한 일들을 함께 나눈다. 하나님의
은혜가 그들을 더욱더 담대하고 용기있게 하고, 대적의 위협에 기도로 무
장하게 한다.

함께한 자들이 한마음으로 하나님께 소리를 높여 찬양한다. "대주재여 천지와 바다와 그 가운데 만물을 지은 이시요" 그들이 상대하는 것은 세상 권력을 가진 자들이 아니라, 천지 만물의 주인이시고 주관하시는 창조주 하나님이다. 하나님의 능력과 하나님의 약속에 근거하여 부르짖고 구하는 것을 얻을 것이라는 믿음으로 하는 기도는 정당하고, 그런 기도가 하나님이 받으실 만하다. 성도의 기도는 하나님께서 약속하신 것을 구하는 것이기에 확실하고 안전하다. 하나님의 약속은 그의 의지와 능력과 결부되어 있다. 하나님께서 그의 나라 백성들을 지키시고 보호하실 뿐 아니라 책임져 주신다는 약속을 주셨다. 그 약속이 우리가 하나님께 기도하는 근거다.

다윗의 시편 2편을 근거로 다윗의 왕국은 그리스도의 왕국의 모형으로 그 나라가 그림자 속에 머물러 있지 않고 그리스도를 통하여 그 실체가 드러났음을 고백한다. 구약의 언약이 신약 교회 가운데 성취된 것이다. 다윗의 입을 통하여 성령께서 이 세상의 어리석은 생각을 책망하셨다. 세상의 군왕과 관리들은 주와 그리스도, 즉 기름부으신 거룩한 종 예수를 대적했다. 그것은 시편 예언에 대한 성취임을 확신하기에 하나님의 도우심을 구한다. 그들이 구하는 것은 담대히 하나님의 말씀을 전하는 것과, 손을 내밀어 병을 낫게 하는 것, 예수의 이름으로 표적과 기사를 이루는 것이다. 빌기를 다하자 모인 곳이 진동하고 무리가 다 성령이 충만하여 하나님의 말씀을 전한다.

나의 기도 • • •
성령이 충만하여 하나님의 말씀을 온전히 전하며 살아가게 하소서!

가난한 사람이 없으니

사도행전 4:32-36

33-35 사도들이 큰 권능으로 주 예수의 부활을 증언하니 무리가 큰 은혜를 받아 그중에
가난한 사람이 없으니 이는 밭과 집 있는 자는 팔아 그 판 것의 값을 가져다가 사도들
의 발 앞에 두매 그들이 각 사람의 필요를 따라 나누어 줌이라

성령님은 세상을 변화시키는 것이 아니라, 성도를 변화시킨다. 성령님
은 세상 속에서 역사하시는 분이 아니라, 교회 가운데서 역사하신다. 성
령님으로 인하여 변화된 성도들의 삶과 교회 가운데 역사하시는 성령님
을 통하여 세상에 예수 그리스도가 증거된다. 성령님은 하나님이 사용하
도록 우리를 훈련시키는 것이 아니라, 우리 가운데 일하시는 분이다. 성
령님의 활동하시는 무대가 성도이다. 그래서 성도를 성령님이 거하시는
처소(성전)라고 한다. 인간은 하나님 사역의 도구가 아니라 대상이다. 성
령님이 우리 주인이 되실 때 우리의 자아는 죽고, 하나님의 주권적 통치
가 이루어진다. 하나님의 주권적 통치는 독재가 아니라 하나님의 책임을
강조한다.

믿는 무리가 한마음 한뜻이 된 것도 성도들이 마음과 뜻을 합한 것이 아니다. 하나 되게 하시는 성령님께서 성도들의 마음과 뜻을 모으셨다. 에스겔 선지자를 통하여 말씀하신 새 마음과 새 영을 부어주신다는 약속이 성취된 것이다(겔 36:26). 예루살렘 가운데 성령님이 임하심으로 새로운 공동체가 생겨났는데, 그것이 바로 교회다. 제도화된 종교와 성전 중심의 공동체가 아닌 성령님의 임재를 통하여 세워진 예수 그리스도 중심의 신약 교회가 예루살렘에서 시작된다. 이 교회는 진리의 영이신 성령님이 직접 인도하시기에 예수님의 부활과 그리스도되심 그리고 교회의 머리 되심이 증거 된다. 예수님을 주인으로 고백하기에 주님의 뜻을 따라 순종한다.

자기 재물을 조금이라도 자기 것이라 하는 이가 하나도 없는 것은 성령님이 임하시므로 모두가 주인되기를 포기했기 때문이다. 주님 앞에서 모두가 청지기이기에 주인의 뜻을 물어 사용한다. 사람의 능력이나 힘으로 얻은 소유가 아니라, 하나님의 공급하심으로 얻어진 삶이기에 서로의 필요를 따라 공유할 수 있다. 가난, 빈곤, 기아의 문제는 생산의 문제가 아니라 분배의 문제다. 하나님께서 인류 가운데 주시는 일용할 양식은 부족함이 없다. 그런데늘 부족을 느끼는 것은 주인의 뜻대로 분배되지 못하기 때문이다. 예루살렘 공동체는 성령님이 역사하시기에 그중에 가난한 사람이 한 사람도 없었다. 하나님의 통치가 교회에 회복되었기에 천국을 누린 것이다.

나의 기도 ···
하나님의 다스림과 통치 속에서 주님의 청기지로 살아가게 하소서!

크게 두려워하니라

사도행전 5:1-11

11 온 교회와 이 일을 듣는 사람들이 다 크게 두려워하니라

사도행전 5장에 '교회'라는 단어가 처음 등장한다. "온 교회와 이 일을 듣는 사람들이 다 크게 두려워하니라"(행 5:11). 아나니아와 삽비라 사건 이후 '온 교회가 두려워했다'는 표현 속에서, 교회가 더 이상 건물 중심의 공동체가 아니라 성령님으로 인한 공동체임을 알 수 있다. 당시 종교 기득권 세력이었던 사두개인들과 대제사장의 성전 중심의 신앙생활에서 성령 중심의 신앙생활로 변화가 이루어졌다. 예식만 있고 성령의 능력이 없는 종교적 기득권자들의 모습 속에서 화석화된 신앙의 단면을 본다. 하나님의 계획과 일하심과는 관계없이 그들이 누리는 기득권을 지키기 위한 노력과 사람이 기준이 되는 인본주의의 모습이다.

교회는 사람이 하나님을 위하여 세운 것이 아니라, 하나님께서 사람을 위하여 세운 것이다. 하나님은 교회를 이루기 위하여 사람을 부르신 것이 아니라 사람들을 구원하여서 하나님의 백성 삼으시고, 자녀 삼으시기 위하여 성령님을 통하여 교회를 세우신다. 하나님의 초점은 외형적 교회에 있는 것이 아니라, 교회된 하나님의 사람들에게 있다. 그러기에 성령강림 이후 예배와 신앙 생활은 장소와 관계가 없다. "두세 사람이 내 이름으로 모인 곳에는 나도 그들 중에 있느니라"(마 18:20). 주님의 약속의 말씀 같이, 예수님을 주인으로 고백하는 무리가 교회가 된다. 그들이 성전의 솔로몬 행각에서 모이든, 집에서 모이든 그곳이 교회당이다.

교회를 위하여 성도가 희생하는 것이 아니라, 교회가 성도를 위하여 존재한다. 교회에서 성도가 치유되고, 교회 때문에 성도가 회복되며, 교회를 통하여 성도가 살아난다. 예루살렘교회에 일어났던 기사과 이적은, 성전 중심의 생명력 없는 종교 지도자들과 대조적으로, 성령님께서 역사하심으로 회복되는 성도들의 삶과 그들의 변화된 모습을 통하여 하나님의 나라가 이 땅에 선포됨을 보여준다. 사도들의 능력과 수고를 통하여 하나님의 교회가 세워지는 것이 아니라 성령님의 일하심으로 사도들을 세우시고, 교회를 이루어 가신다. 하나님 나라에 자격 없는자, 합당하지 못한 자들을 고치시고, 치유하시어 교회 되게 하셨다.

나의 기도 ● ● ●
자격없는 나를 교회 되게 하심에 감사하며 살아가게 하소서!

백성이 칭송하더라

사도행전 5:12-16

12-14 사도들의 손을 통하여 민간에 표적과 기사가 많이 일어나매 믿는 사람이 다 마음을 같이하여 솔로몬 행각에 모이고 그 나머지는 감히 그들과 상종하는 사람이 없으나 백성이 칭송하더라 믿고 주께로 나아오는 자가 더 많으니 남녀의 큰 무리더라

사도들의 표적과 기사, 기적, 질병의 놀라운 치유가 일어나고, 사람들이 베드로의 그림자라도 닿길 바라며 거리에 누워 있었다. 특히 병자들과 더러운 영에 사로잡힌 자들이 예루살렘 주변 여러 마을에서 와서 나음을 얻었다. 치유와 관련된 초대 교회 말씀은 야고보가 쓴 편지에 매우 단순하게 말한다. "너희 중에 병든 자가 있느냐 그는 교회의 장로들을 청할 것이요 그들은 주의 이름으로 기름을 바르며 그를 위하여 기도할지니라 믿음의 기도는 병든 자를 구원하리니 주께서 그를 일으키시리라 혹시 죄를 범하였을지라도 사하심을 받으리라 그러므로 너희 죄를 서로 고백하며 병이 낫기를 위하여 서로 기도하라 의인의 간구는 역사하는 힘이 큼이니라"(약 5:14-16).

치유는 사도들의 전유물이 아니다. 어느 교회든, 어느 교회 지도자든 성령님이 함께하실 때 치유의 역사가 일어난다. 치유 사건이 외부인에게는 놀라움과 경이로움이지만, 초대 교회 안에서는 평범한 일이었다. 사람들이 기적에 이끌려 신앙을 갖게 되었고, 백성이 칭송하였다. 후에 바울은 기적이 사도의 표라 증거했다. "사도의 표가 된 것은 내가 너희 가운데서 모든 참음과 표적과 기사와 능력을 행한 것이라"(고후 12:12). 초대 교회 성도들은 기적을 목격하며 살았기에 성령님의 역사를 당연하게 받아들였다. 초대 교회의 확산은 성령님의 역사를 믿고 주께로 나오는 남녀의 큰 무리들에 의해 이루어졌다. 성령의 능력으로 치유를 받아 힘을 얻은 자들이 초대 교회 성도들이었다.

이러한 표적과 기사는 예수님께서 승천하시기 전 제자들에게 "너희는 온천하에 다니며 만민에게 복음을 전파하라."(막 16:15) 하시며 약속하셨던 바로 그 믿는 자들의 표적이다. "믿는 자들에게는 이런 표적이 따르리니 곧 그들이 내 이름으로 귀신을 쫓아내며 새 방언을 말하며 뱀을 집어 올리며 무슨 독을 마실지라도 해를 받지 아니하며 병든 사람에게 손을 얹은즉 나으리라"(막 16:17-18). 즉 제자들에게 나타났던 기사와 이적은 그 자체가 목적이 아니라 복음 전파를 위한 도구이다. 또 그 기사와 이적의 주체도 제자들이 아니라 그들과 함께하셨던 성령님이시다. 예수님께서는 부활 승천하셨지만 약속하신 성령을 받은 자들을 통하여 지금도 친히 역사하시고 구원을 이루어 가신다.

• • •
믿는 자들에게 따르는 표적을 드러내며 살아가게 하소서!

생명의 말씀

사도행전 5:17-28

19-21 주의 사자가 밤에 옥문을 열고 끌어내어 이르되 가서 성전에 서서 이 생명의 말씀을 다 백성에게 말하라 하매 그들이 듣고 새벽에 성전에 들어가서 가르치더니

    하나님께서는 그의 교회를 영적 은혜로 채워주시기를 원하시는데, 그럼에도 불구하고 악한 자들에 의하여 교회가 괴롭힘 당하는 일도 허용하신다는 사실을 인정해야 한다(존 칼빈). 예수님께서 부활 승천하시고, 성령님이 강림하시어 예루살렘 곳곳에서 제자들을 통하여 기사과 이적이 일어나도, 하나님을 믿는다 하는 종교 지도자들은 마음에 시기가 가득하여 일어나 성령님의 역사를 인정하지 않고 베드로와 요한을 옥에 가둔다. 그들이 두려워하는 것은 하나님이 아니라 그들이 누리고 있는 기득권을 잃을까 하는 것과 예수님을 십자가에 못 박아 죽인 것에 대한 책임을 지게 될까 하는 것이었다.

그러나 주님의 사자는 옥문을 열어 사도들을 끌어내어, "성전에 서서 생명의 말씀을 백성에게 가르치라." 하고, 제자들은 새벽에 성전에 들어가 말씀을 가르친다. 공회와 이스라엘 족속의 원로들이 다 모여 사도들을 다시 잡아 공회 앞에 세운다. 공회가 제자들을 추궁하는 것은 '예수님의 이름'으로 사람들을 가르쳤다는 것이다. 이것이 제도적 종교와 영적 종교의 차이점이다. 제도적 종교는 그들이 지금까지 지켜왔던 전통과 관습에 권위를 둔다. 그러나 예수님의 약속을 따라 성령의 임재로 세워진 교회는 오로지 예수님의 이름만을 증거하고 말씀에 권위를 둔다. 성도는 예수님을 전하는 증인일 뿐이다.

사두개인은 성전 중심이고 사도들은 교회 공동체 중심이다. 대제사장과 사두개인에게는 예식은 있지만 능력이 없고, 사도들은 성전 제사를 드리지 않았지만 강력한 기적과 이적, 병 고침, 귀신 쫓음의 성령의 역사가 나타났다. 성령의 역사를 통하여 오직 예수의 이름만을 전한다. 종교 지도자들은 사람들을 두려워했고, 하나님을 두려워하지 않았다. 그들이 하나님을 두려워하지 않는 것은 영적으로 무지했기 때문이다. 그들은 이미 하나님과 무관한 자들이었다. 하나님께서 이 땅 가운데 행하시는 구원사역에 관심을 갖는 것이 아니라 오히려 자신들의 기득권과 안위 때문에 예수 이름으로 가르치지 말라고 하는 것이다.

나의 기도 • • •
성령의 역사를 통하여 오직 예수의 이름만 증거하며 살아가게 하소서!

이 일의 증인이요

사도행전 5:29-32

31-32 이스라엘에게 회개함과 죄 사함을 주시려고 그를 오른손으로 높이사 임금과 구
주로 삼으셨느니라 우리는 이 일에 증인이요 하나님이 자기에게 순종하는 사람들에게
주신 성령도 그러하니라 하더라

베드로와 사도들이 대답한다. "사람보다 하나님께 순종하는 것이 마
땅하니라." 이미 베드로와 사도들은 사람이 아닌 하나님을 상대하는 자
들이다. 오순절에 강림하신 성령님께서 그들을 주관하고 계시기에 담대
할 수 있다. 천지의 주제이신 하나님을 아는 자는 세상과 타협하지도 사
람의 말을 따라 행하지도 않는다. 베드로는 신명기 21장 23절 말씀을 인
용한다. "나무에 달린 자는 하나님께 저주를 받았음이니라." 대제사장과
유대인들의 무리가 주님을 십자가에 달아 죽이는 일을 했지만, 우리 조상
의 하나님께서는 우리를 대신하여 저주 받아 죽으신 예수님을 다시 살리
셨다. 다시 사신 예수님을 믿음으로 구원에 이르는 진리는 언약에 기초한
것이다.

하나님께서 예수 그리스도를 다시 살리시고, 임금과 구주로 삼으신 것은 회개함과 죄 사함을 주시기 위함이다. 지금까지 성전에서 수 없는 희생의 제사를 드렸지만 죄 사함을 얻지 못했다. 그러나 우리의 죽을 죗값을 다 치르시고 사망의 저주를 모두 이기시고 부활하신 예수님께서 우리의 임금과 구원주가 되셨기에 우리가 회개를 통한 죄 사함을 얻게 되었다. 회개란 죄의 값을 치르고 죄악의 길에서 예수님께로 돌아서는 것이다. 그러나 어느 누구도 자신의 죗값을 치를 수 없다. 그래서 죄 없으신 하나님의 독생자 예수를 우리의 죗값으로 내어주시고, 그분을 믿고 그에게로 돌이키는 자에게 죄 사함을 주셨다. 예수 그리스도께로 돌이킨 삶이 구원의 삶이다.

"우리는 이 일에 증인이요." 제자들은 담대하게 선포한다. "오직 성령이 너희에게 임하시면 너희가 권능을 받고 예루살렘과 온 유대와 사마리아와 땅끝까지 이르러 내 증인이 되리라."(행 1:8) 하신 주님의 말씀에 대한 확증이다. 오순절에 임하신 성령께서 그들과 함께하시기에 담대하게 증인을 자처한다. 성령은 예수를 증거하는 영이다. 성령의 권능은 하나님께서 하신 일을 증거하는 능력이다. 제자들은 성령에 의하여 증인으로 세워진 것이기에 그것을 부정하는 것은 하나님을 거부하는 것이다. 성령의 조명은 신앙의 원천이 된다. 우리 가운데 계신 성령님께 우리의 삶을 맡기고 순종할 때 하나님께서는 성령의 큰 은사로 우리의 삶을 풍성하게 하신다.

나의 기도 • • •
사람이 아닌 하나님을 상대하며 순종하는 자로 살아가게 하소서!

예루살렘(Jerusalem) 1-21

능욕 받는 일에 합당한 자

사도행전 5:33-42

41-42 사도들은 그 이름을 위하여 능욕 받는 일에 합당한 자로 여기심을 기뻐하면서 공
회 앞을 떠나니라 그들이 날마다 성전에 있든지 집에 있든지 예수는 그리스도라고 가
르치기와 전도하기를 그치지 아니하니라

공회 앞에 끌려와 대제사장의 심문을 받은 베드로와 사도들의 대답은
그들을 크게 노하게 한다. 베드로와 사도들이 자신들의 명령이 아닌 하
나님께 순종하겠다는 선언을 함과 동시에 예수를 나무에 달아 죽인 그들
의 악행을 고발하고, 하나님께서 예수를 다시 살리시고 임금과 구주로 삼
으신 일에 증인 됨을 자처하였기 때문이다. 그것은 그들의 종교적 권위에
대한 도전이었다. 그들이 종교 지도자들이라 할지라도 하나님께서 그들
에게 성령을 부어 말씀하지 않는다면 외적 가르침이 그들을 변화시키는
일에 조금도 영향을 주지 못한다. 오히려 그들이 자신들이 누리는 기득권
을 지키기 위하여 사도들을 죽이려 할 때, 존경받는 바리새인 율법교사
가말리엘이 나서 중재한다.

지금까지 대제사장을 중심으로 한 사두개파 사람들이 사도들을 핍박하였다. 사두개인들은 부활을 믿지 않았다. 그러나 바리새인들은 부활도 천사도 믿는다. 가말리엘은 바리새인 율법교사요 바울의 스승이다(행 22:3). 가말리엘은 사도들을 재판하는 데 조심할 것을 종용한다. 드다가 자신을 메시아라 할 때 하나님의 뜻이 아닌 일에 일어나 400명이나 따르던 일이 어떻게 무너지고 흩어져 없어졌는지, 또 갈릴리의 유다가 백성을 꾀어 따르게 하다가 망하고 흩어진 역사적 사건을 들어 하나님의 섭리를 설명한다. 즉 사상과 소행이 사람으로부터 나온 것이면 무너질 것이요 하나님으로부터 나왔으면 무너뜨릴 수 없겠고 도리어 하나님을 대적하는 자가 될 수 있다는 것이다.

산헤드린 공회의 대제사장과 사두개인과 바리새인들은 가말리엘의 말을 옳게 여겨 사도들을 채찍질하고 예수의 이름으로 말하는 것을 금하고 놓아준다. 고난과 죽음이 두려워 예수님을 부인하고 저주했던 베드로가 담대할 수 있고, 사도들이 그 이름을 위하여 능욕 받는 일에 합당한 자로 여기심을 기뻐할 수 있던 것은 그들 가운데 성령님께서 함께하시기 때문이다. 성령님께서 제자들을 진리를 아는 자로, 복음을 전하는 자로 변화시켜 주셨다. 제자들은 날마다 성전이든, 집이든 예수가 그리스도라고 가르치고 전도한다. 예수의 증인으로 살아가지 않는다면 제자도,성령의 사람도 아니다. 예수 그리스도의 증인된 삶, 그것이 교회와 성도의 정체성이자 본질이다.

나의 기도 • • •
예수의 이름으로 살고, 가르치고, 전하는 자로 살아가게 하소서!

일곱을 택하라

사도행전 6:1-7

3-4 형제들아 너희 가운데서 성령과 지혜가 충만하여 칭찬 받는 사람 일곱을 택하라 우리가 이 일을 그들에게 맡기고 우리는 오로지 기도하는 일과 말씀 사역에 힘쓰리라 하니

하나님의 말씀이 더욱 왕성하여 예루살렘교회에 제자의 수가 심히 많아졌다. 심지어 당시 제도권 성전 중심의종교에 있던 허다한 제사장의 무리도 십자가의 도에 복종하였다. 성령으로 세워진 교회 가운데 직분이 세워진다. 당시 직분을 본다면 12사도 그리고 제자가 있고, 또 교회 사역도 말씀을 전하는 일과 기도하는 일 그리고 구제와 접대의 일이 있다. 사도들은 집사를 세워서 교회 사역을 분담하고자 한다. 12사도는 기도하는 일과 말씀 사역에 힘쓰고, 구제와 접대의 일은 집사들에게 맡긴다는 계획이다. 집사의 선출 기준은 제자들 가운데 성령과 지혜가 충만하여 칭찬받는 사람이다.

교회를 조직하고 직분을 세우는 일은 참 중요한 일이다. '인사가 만사'란 말이 있듯이 어떤 일꾼을 세우는가는 그 조직의 가장 중요한 일이다. 그러나 생각해 보아야 할 것은 그 조직이 어떤 목적으로 누구에 의하여 세워졌으며 어떻게 운영되는가이다. 세상의 조직들과 교회가 다른 이유는 세상 조직은 사람이 만들어 사람이 운영하지만 교회는 하나님이 세우시고, 하나님이 움직이신다는 것이다. 구약의 선지자들을 통하여 말씀하셨던 성령으로 세워진 교회는 하나님이 친히 운영 하신다. 교회를 헬라어로 '에클레시아'라 한다. 교회는 부르심을 받은 자들의 모임이라 할때 부르신 분이 있다는 것을 기억해야 한다.

교회를 하나님이 세우시고 하나님이 직접 운영하신다면, 직분의 자격은 성령으로 부르심을 받은 자면된다. 중요한 것은 특별한 자격이나 스펙(spec)이 아니라, 하나님과 영적 교제가 있으며 말씀에 순종하는 자다. 하나님께서 직분을 주신다면 그 직분을 이룰 능력도 더불어 주시기 때문이다. 또한 받는 직분은 계급이 아니라 역할이다. 교회를 그리스도의 몸으로 비유한다면 몸의 지체는 높고 낮음의 계급이 없다. 역할이 다를 뿐이다. 그렇기에 교회의 직분자를 세우는 기준은 세상과는 다르다. 하나님께서 우리 교회 가운데 이 시기에 어떤 자들을 세우시기 원하시는가에 초점이 맞추어져야 한다.

나의 기도 • • •
부르신 분께 민감하게 반응하며 살아가게 하소서!

지혜와 성령으로

사도행전 6:8-15

10-11 스데반이 지혜와 성령으로 말함을 그들이 능히 당하지 못하여 사람들을 매수하
여 말하게 하되 이 사람이 모세와 하나님을 모독하는 말을 하는 것을 우리가 들었노라
하게 하고

예수님 승천 이후 제자들이 한 일이 사도의 수를 채우는 일이었다. 예
수님을 판 유다를 대신하여 맛디아를 제비뽑기로 선출했다. 그런데 성경
은 맛디아에 대하여 더 이상 언급하지 않는다. 예수님의 모든 제자는 예
수님이 직접 부르셨다. 만약 열두 명의 숫자를 채우는 일이 중요한 일이
라면, 부활 후 사십일간 제자들과 머무실 때 예수님께서 직접 조직을 정
비하시고, 한 명 더 제자를 부르시지 않았을까도 생각된다. 또한 열두 사
도들은 구제와 접대를 위하여 일곱 집사를 뽑는다. 그런데 성경은 일곱
집사들이 구제와 접대의 일이 아닌, 스데반 집사의 설교와 순교, 빌립 집
사의 전도 등을 기록한다. 하나님의 생각은 사람의 생각과 다르다.

교회가 조직되고 직분자를 세워가는 일을 세상의 기준이나 논리로 해서는 안된다. 세상은 상식을 바탕으로 사람의 업무 능력과 사회적 지위, 즉 스펙으로 사람을 뽑는다. 조직의 효율성과 생산성, 사람의 업무 능력과 가능성이 중요하기 때문이다. 그러나 교회는 다르다. 교회는 사람의 힘으로 세워지는 것이 아니라, 하나님의 능력으로 이루어진다. 그러기에 개개인의 능력이 아닌 그 사람이 하나님께서 부르신 성령의 사람인가를 살펴야 한다. 교회는 경제적 논리가 아니라 생명의 논리, 믿음의 논리로 움직여져야 한다. 성령님으로 세워진 교회는 부르신 분께 민감하게 반응하고 순종해야 한다. 교회는 조직체가 아니라 유기적 생명체다.

일곱 집사 중 한 사람인 스데반이 은혜와 권능이 충만하여 큰 기사와 표적을 행한다. 아시아에서 온 자유민들이 회당에서 스데반과 논쟁한다. 스데반이 지혜와 성령으로 말함을 듣고 능히 당하지 못한다. 그러자 사람을 매수하여 스데반이 모세와 하나님을 모독하는 말을 하였다고 모함하여 공회로 잡아 들인다. 거짓 증인들을 세워 스데반이 거룩한 곳을 거스르고 율법을 어겼다고 고발한다. 스데반이 예수님께서 하신 말씀을 인용한 것을 문제 삼았다. "너희가 이 성전을 헐라 내가 사흘 동안에 일으키리라"(요 2:19). 이 성전은 예수님을 가리키는 것이며, 그 말씀대로 사흘 만에 부활하셨다. 스데반은 부활하신 예수님을 증거한 것이다.

나의 기도 • • •

조직이 아닌 예수님의 생명체로 살아가게 하소서!

할례의 언약

사도행전 7:1-8

8 할례의 언약을 아브라함에게 주셨더니 그가 이삭을 낳아 여드레 만에 할례를 행하고 이삭이 야곱을, 야곱이 우리 열두 조상을 낳으니라

스데반이 은혜와 권능이 충만하여 큰 기사와 표적을 민간에 행하고, 지혜와 성령으로 말함을 그들이 능히 당하지 못하자 사람들을 매수하고, 거짓 증인을 세워 공회에 고소한다. 고소의 내용은 스데반이 성전과 율법을 모독한다는 것이다. 대제사장이 "이것이 사실이냐"는 질문에 스데반이 자기 자신을 변론하는 내용이 사도행전 7장 2-53절의 긴 내용이다. 고소의 쟁점이 성전에 관한 것이기에 변론의 내용도 성전에 관한 것이다. 성전 중심의 제도적 종교의 기득권자들에게 참 교회의 의미를 이스라엘 역사를 통해 변증한다. 그는 사도도 제자도 아닌 봉사와 섬김의 일을 위하여 뽑은 집사였다. 그러나 그가 성령의 사람이었기에 하나님의 마음을 변증할 수 있었다.

스데반은 자신을 고소하는 대제사장과 공회에 있는 모든 사람들의 조상과 자신의 조상이 같은 아브라함이라 한다. 하나님은 아브라함을 찾아오셨고 아브라함에게 땅과 자손을 약속하시고, 할례의 언약을 주셨다. 스데반은 계속해서 이삭과 야곱, 요셉 이야기 그리고 모세와 출애굽 사건, 금송아지 사건, 여호수아와 또 다윗과 솔로몬의 성전 이야기를 이어간다. 스데반이 공회 앞에 변론한 내용의 핵심은 성전이 있기 전부터 하나님은 우리 조상들을 부르시어 언약교회와 광야 교회를 이루어 가셨다는 것이다. 이스라엘 백성이 다른 땅에서 나그네가 된 것도, 그들이 400년 동안 종으로 산 것도, 하나님께서 그 나라를 심판하신 것도, 모두 하나님을 올바르게 섬기게 하기 위함이다.

성전과 율법이 없던 시대, 하나님은 할례언약을 아브라함에게 주셨고, 요셉은 애굽에 종으로 팔려가지만 임마누엘 하나님이 함께하심으로 이스라엘을 기근 가운데 구하고, 이방 땅에서 큰 민족을 이루어 이끌어 내셨던 하나님의 신실하심을 설교한다. 하나님께서 할례언약으로 인치시고 언약을 주셔서 이스라엘을 자기 민족 삼으셨듯, 하나님께서 약속하신 성령을 부으시고 그들을 언약백성인 교회로 삼으신 것이다. 스데반은 하나님과의 직접적인 교제 없이 의식과 조직만 남아 있는 성전 중심의 제도적 교회를 비판한다. 교회는 생명체로 성령님의 충만하게 하심을 따라 하나님의 음성을 듣고, 말씀에 반응하는 유기적 존재다. 교회는 참 성전 되신 예수님의 몸이다.

나의 기도 • • •
성령의 충만하게 하심으로 하나님을 영으로 예배하며, 예수의 몸으로 살아가게 하소서!

하나님이 그와 함께 계셔

사도행전 7:9-16

9-10 여러 조상이 요셉을 시기하여 애굽에 팔았더니 하나님이 그와 함께 계셔 그 모든 환난에서 건져내사 애굽 왕 바로 앞에서 은총과 지혜를 주시매 바로가 그를 애굽과 자기 온 집의 통치자로 세웠느니라

요셉 이야기는 노예로 팔려간 소년이 이국 땅에서 어떻게 총리가 되는가를 설명하는 것이 아니다. 요셉 이야기는 예수 그리스도의 예표이자 교회 모습을 드러낸다. 아브라함을 언약 백성 삼으신 하나님은 요셉에게 임마누엘로 함께하신다. 한 사람 아브라함을 택하신 하나님은 약속의 자녀 이삭에게서 야곱을 취하시어 이스라엘이라 하시고 자기 백성으로 세워가신다. 하나님이 이스라엘을 나라로 번성하게 하시는 방법으로 당대 최대 강국이었던 애굽을 사용하신다. 하나님께서 요셉을 먼저 이집트에 보내신 일에는 이스라엘 자손의 생명을 기근과 열강들 속에서 보존하시고, 아브라함과의 언약대로 400년 후 다시 이끌어 내시려는 하나님의 계획이 숨어있다.

아버지 편애의 피해자 야곱이 요셉을 편애함으로 생겨난 형제 간의 시기와 질투가 요셉을 죽음의 웅덩이로 몰아 넣었다. 평생을 눈속임으로 살았던 야곱이 자식들에게 속아 낙담하며 살아 가고, 팔려간 요셉은 형제들에게 버림받은 고통으로 살아야 했다. 형제들은 동생을 팔아 넘긴 것과 아버지를 속인 죄책감 속에 살아야 했다. 그런 인간의 배신과 상처 속에서도 하나님은 요셉과 함께하시고 모든 환난에서 건져내신다. 또한 요셉을 애굽 왕 바로 앞에서 은총과 지혜를 주시어 애굽과 온 집의 통치자로 세우셨다. 그때 애굽과 가나안 온 땅에 흉년이 들어 큰 환난이 있을 때 요셉은 아버지 야곱과 온 친족 일흔다섯 사람을 애굽으로 불러들여 민족의 생명을 구원한다.

인간의 배신과 가정의 비극으로 얼룩진 요셉의 일생을 민족 구원이라는 소망으로 이루어 내시는 하나님의 큰 일을 본다. 인간의 어리석음이 자초한 고통과 상처를 하나님의 지혜의 경륜을 통하여 회복하시고 구원하신다. 요셉이 형제들에게 버림받아 팔려 가듯이 예수 그리스도께서도 제자 유다에게 은 삼십에 팔리고, 베드로의 부인과 저주라는 배신을 당하고 십자가를 지시지만 그의 죽음과 부활은 인류를 살리는 부활의 소망이 되었다. 성경은 요셉이 노예로 있을 때나 죄수로 있을 때나 그의 신분과 관계 없이 그를 형통(성공)한 자라 칭한다. 그 이유가 하나님이 함께하심, 즉 임마누엘하시기 때문이다. 임마누엘이신 주님의 몸 된 교회가 형통한 이유다.

나의 기도 • • •
임마누엘로 함께하시는 예수님을 의지하며 형통한 삶 살아가게 하소서!

약속하신 때

사도행전 7:17-29

17-18 하나님이 아브라함에게 약속하신 때가 가까우매 이스라엘 백성이 애굽에서 번성하여 많아졌더니 요셉을 알지 못하는 새 임금이 애굽 왕위에 오르매

아브라함에게 할례언약을 주시고 이스라엘을 언약백성 삼으신 하나님께서는, 아브라함에게 약속하신 대로 이스라엘을 번성케 하신다. 또 정하신 때가 이르매 요셉을 알지 못하는 왕이 나타나고, 그들의 악행 속에서 이스라엘을 구원하실 역사를 이루어 가신다. 역사의 주관자는 하나님이시다. 하나님께서는 백성 삼으신 자들을 구원하시고 온전하게 하여 약속의 땅에 이르게 하시기 위하여 역사의 현장 속에서 신실하게 구원을 이루어 가신다. 우리의 삶의 자리는 하나님께서 역사하시는 터전이고, 우리는 날마다 그분이 이루시는 구원을 누리며 살아가는 것이다. 하나님의 때는 우리에게 지나가는 시간이 아니라 다가오는 시간이다.

자기 아들을 죽여야 하는 참혹한 핍박 속에서 태어난 모세를 스데반은 "하나님 보시기에 아름답다."라고 표현한다. 석달을 길렀지만 부모의 손에 의해 강에 버려진 모세를 하나님께서는 바로의 딸을 통해 건져내시어 아들 삼게 하신다. 모세가 애굽 사람의 모든 지혜를 배워 그의 말과 하는 일들이 능하게 하신 이도 하나님이시다. 그런데 나이 사십이 되며 그 형제 이스라엘 자손을 돌볼 생각을 하고 원통한 일을 당함을 보고 압제 받는 자를 위하여 사람을 쳐 죽인다. 성경은 이 사건을 '하나님의 때'라 하지 않고, 육신의 '나이가 사십이 되매'라고 표현한다. 또 하나님의 말씀이 아닌 모세가 이스라엘 자손을 돌볼 생각이 났다고 말한다.

　　하나님의 때를 분별하는 것이 지혜다. 또 사람의 생각이 아니라 하나님의 말씀을 따르는 것이 진정한 용기다. 신앙은 일의 옳고 그름의 판단 기준이 하나님이시다. 도덕적 윤리적으로 또 세상의 가치 기준을 따라 살아가는 것이 아니라 '하나님의 때'인지 '하나님의 뜻'인가를 우리의 주인 되신 하나님께 묻고 살아가는 것이 신앙생활이다. 민족을 보호하고 구원하겠다는 자신의 생각과 일의 당위성보다, 그 일이 하나님의 뜻인지, 하나님께서 그 일을 내게 지시하셨는지, 또 하나님의 때가 되었는지를 살펴야 한다. 그 일이 주님께서 주신 사명이라면 그 방법도 내 능력이나 노력이 아닌, 하나님의 방법을 따라 순종함으로 이루어야 한다.

나의 기도 • • •
하나님의 때를 분별하며 살아가게 하소서!

광야 교회

사도행전 7:30-38

37-38 이스라엘 자손에 대하여 하나님이 너희 형제 가운데서 나와 같은 선지자를 세우
리라 하던 자가 곧 이 모세라 시내산에서 말하던 그 천사와 우리 조상들과 함께 광야
교회에 있었고 또 살아 있는 말씀을 받아 우리에게 주던 자가 이 사람이라

　　이스라엘 민족이 자랑하는 것 가운데 하나가 율법을 가진 민족이라는
것이다. 그래서 율법서를 기록한 모세가유대인들의 자랑이자 추앙의 대
상이기도 하다. 모세를 가나안까지 들어가게 하지 못한 것도, 그의 무덤
을 아는 이가 없는 것도 이유가 있다. 만약에 모세가 약속의 땅에 들어가
죽어 무덤을 남겼다면, 모세는 민족의 구원자로 추앙되고, 유대교는 모세
교가 되었을 것이다. 스데반은 유대인들이 존경하는 모세를 이야기하면
서, 모세에게 초점을 맞추는 것이 아니라 그를 만들어 가시는 하나님께
초점을 둔다. 모세의 삶을 이야기하며 그 시점을 모세의 계획과 열심과
준비가 아닌 하나님의 시간으로 설명한다.

모세가 다시 출현하는 시기도 '40년이 차매', 즉 하나님의 계획된 시간이 되었을 때 그를 무대 위로 올리신다. 즉 역사의 연출자가 하나님이시다. 모세의 결단과 각오, 준비와 생각이 아니라 하나님께서 계획하시는 모세의 시간이 있다. 시내산 광야 가시나무 떨기 불꽃으로 보이시고, 모세는 주님의 소리를 듣는다. "나는 네 조상의 하나님이다." "네 발의 신을 벗으라 네가 선 곳은 거룩한 땅이다." 모세가 지금 서 있는 곳이 거룩한 땅인 것은 장소나 사람의 상태 때문이 아니라, 거룩하신 하나님의 임재가 있는 곳이기 때문이다. 스데반은 율법에 사로잡혀 있어 성전 제사에 집착하는 자들에게, 거룩한 교회를 소개하고 있다.

거룩한 교회의 주체도 하나님이시다. 하나님께서 불러내시어 함께하시는 공동체가 거룩한 것이다. 하나님의 부르심을 받은 자들의 모임, 즉 에클레시아가 거룩한 교회. 하나님께서는 자기 백성의 괴로움을 보고, 그 탄식의 소리를 듣고, 구원하시기 위하여 "누가 너를 우리의 관리자로 세웠느냐" 하며 백성들이 거절했던 모세를 보내시어 애굽, 홍해, 광야에서 40년 기사와 표적을 행하게 하셨다. 이스라엘 백성을 애굽에서 불러내어 광야 교회를 세우셨다. 광야, 그곳이 약속의 땅은 아니지만 하나님의 다스림과 통치함이 있고, 하나님의 공급하심과 인도하심이 있고, 살아 있는 말씀이 선포되었기에 거룩한 광야 교회다.

나의 기도 • • •
하나님께서 불러내신 에클레시아, 거룩한 교회 됨에 감사하며 살아가게 하소서!

증거의 장막

사도행전 7:39-45

44 광야에서 우리 조상들에게 증거의 장막이 있었으니 이것은 모세에게 말씀하신 이가 명하사 그가 본 그 양식대로 만들게 하신 것이라

이방 종교의 대표적 특징은 형상화, 형식화, 제도화다. 사람은 손으로 형상을 만들고, 형상을 두기 위한 신전을 짓고, 그것을 관리하기 위해 조직과 형식을 제도화한다. 생명력 없는 신이기에 외형적인 위험과 신비감, 장엄함을 표현하기 위해 노력한다. 이방 종교의 주체와 목적은 인간이다. 인간이 신의 이름을 부르고 있지만 인간의 한계를 넘겠다는 인간을 위한 종교다. 스데반은 우리 조상들이 모세에게 불순종하고 그 마음을 이미 떠나온 애굽에 두고 이방 종교의 행태를 따랐음을 지적한다. 우리 조상은 너희가 그렇게 자랑하는 모세를 거절하고 자신을 위한 신을 손으로 만들어 제사하고 기뻐하였고, 40년간 희생과 제물을 드렸지만 하나님은 철저히 외면하셨다.

"이스라엘 족속아 너희가 사십 년 동안 광야에서 희생과 소제물을 내게 드렸느냐 너희가 너희 왕 식굿과 기윤과 너희 우상들과 너희가 너희를 위하여 만든 신들의 별 형상을 지고 가리라 내가 너희를 다메섹 밖으로 사로잡혀 가게 하리라 그의 이름이 만군의 하나님이라 불리우는 여호와께서 말씀하셨느니라"(암 5:25-27). 광야 교회 후 세대인 아모스 선지자가 하나님의 음성을 듣고 한 예언을 인용하며, 아모스 시대 사람들의 제사와 광야 교회 제사를 책망한다. 광야 교회 성도들의 자손들이 약속의 땅인 가나안에 살면서도, 앗수르에서 들여온 별을 숭배하고, 몰록을 섬기기 위하여 몰록의 장막을 만든다. 또 사탄의 별인 '레판', 즉 '기윤'을 절하여 섬기기 위한 신으로 만들었다.

스데반은 광야 교회와 아모스 시대 제사는 실패하였는데, 지금 이 시대는 제대로 된 제사를 드리고 있느냐고 질문한다. 광야 교회는 하나님이 모세에게 말씀하신 양식대로 만든 하나님을 섬기게 하신 증거의 장막이 있었다. '회막', 즉 하나님께 받은 집이다. 회막은 여호수아와 함께 가나안에 들어가 수백년 후 다윗이 왕위에 있을 때까지 있었다. 그러나 이스라엘 백성들은 모세가 하나님께 받은 집, 증거의 장막을 철저히 외면하고 우상 숭배했다. 이스라엘 백성들은 광야 교회에서도, 가나안 땅에 들어와서도 우상을 섬겼다. 다신주의에 빠져 하나님과 더불어 우상을 섬기는 온전치 못한 이스라엘, 그러나 하나님의 신실하심은 자기 백성을 끝까지 버리지 않으시고 붙드신다.

나의 기도 • • •
거짓 우상을 버리고 증거 장막이 되어주신 예수님만을 믿고 살아가게 하소서!

하나님의 처소

사도행전 7:46-53

46-47 다윗이 하나님 앞에서 은혜를 받아 야곱의 집을 위하여 하나님의 처소를 준비하게 하여 달라고 하더니 솔로몬이 그를 위하여 집을 지었느니라 그러나 지극히 높으신 이는 손으로 지은 곳에 계시지 아니하시나니

스데반은 이스라엘 백성에게 충격적인 말을 한다. 하나님은 "손으로 지은 성전에 계시지 않는다."는 것이다. 성전은 다윗이 준비하고 솔로몬이 지었다. 그리고 무너졌던 성전을 회복하여 지금 이스라엘 백성들은 성전에 예물을 드리고 있다. 예루살렘에는 성전 때문에 먹고 사는 사람이 많았다. 대제사장은 성전을 차지하고 하나님을 독점하려 하지만 스데반은 인간이 만든 건물에 하나님이 계시지 않는다고 말한다. 즉 성전 중심의 형상화, 형식화, 제도화된 종교를 부정한다. 성전보다 하나님이 크시다. 하나님은 이 땅의 성전에 보좌가 있는 것이 아니라 하늘에 보좌가 있다고 하셨다. 예수님은 자신을 "성전보다 더 큰 이"라고 하셨다(마 12:6).

육의 할례는 받았으나 마음과 귀의 할례를 모르는 자들은, 성령을 거스르고 하나님과 반대의 길을 걷고 있다. 아무리 성전을 관리하고 수많은 제사를 드리고, 짐승을 태운 연기가 하늘을 덮어도, 또 대제사장과 수많은 제사장, 장로들, 서기관들이 있어도 성령의 뜻을 전혀 모르고 오히려 하나님의 뜻과 반대로 가고 있다. 그들은 하나님을 자랑하고 성전을 자랑하지만 결국 하나님이 보내신 선지자를 핍박하였다. 스데반의 이야기를 들은 종교 권력자들은 오히려 그 마음이 더 완악해졌다. 스데반의 외침은 오늘을 사는 우리에게도 동일하게 적용된다. 하나님 앞의 예배가 영과 진리로 드려지는가? 삶의 중심에 성령님이 주시는 생명력이 있는가?

유대인들이 자랑하는 것은 아브라함의 자손으로 할례를 받은 자라는 혈통과, 하나님께 받은 율법의 소유자라는 것, 또 하나님을 모신 성전이다. 그런 이유로 사람을 구분할 때 유대인과 이방인으로 나눈다. 철학과 학문을 자랑하던 그리스인들은 지혜자와 야만인으로, 또 로마인들은 시민권자와 노예로 나눈다. 인간은 자기 자신이 기준이 되어 사람을 판단하고 정죄하며 구분지으려 한다. 자신의 근거를 자랑의 기준으로 삼고 있기에, 그것이 무너지는 것을 수치와 모욕으로 여기고 견디지 못한다. 그러나 기독교는 인간의 자랑거리가 아니라, 자기 자신은 포기되고 우리 안에 계신 생명되신 예수 그리스도를 근거로 살아가는 것이다.

나의 기도 • • •
헛된 자랑을 버리게 하시고 성령이 주시는 생명력으로 살아가게 하소서!

마음에 찔려

사도행전 7:54-60

54-56 그들이 이 말을 듣고 마음에 찔려 그를 향하여 이를 갈거늘 스데반이 성령 충만
하여 하늘을 우러러 주목하여 하나님의 영광과 및 예수께서 하나님 우편에 서신 것을
보고 말하되 보라 하늘이 열리고 인자가 하나님 우편에 서신 것을 보노라 한대

    스데반의 설교는 성령 충만함 속에서 성령이 행하신 일이다. 우리가
설교를 통해, 목회를 통해 얼마의 열매를 맺었는가 하는 질량의 값으로
사역의 승패를 가늠할 수 없다. 왜냐하면 모든 사역은 하나님이 행하시고
그 결과를 우리에게 주시기 때문이다. 스데반은 설교를 통해 회심자를 얻
은 것이 아니라, 참 교회가 무엇이며, 참 복음이 무엇인가를 전하고 신약
교회 첫 번째 순교자가 된다. 종교가 타락하게 되면 자기 부인과 자기 포
기는 사라지고 이합집산으로 변질된다. 스데반의 순교는 종교란 이름으
로 자신들이 가지고 누리는 것들을 지키려는 자들에 의한 교회에 대한 핍
박이요, 도전이었고, 스데반은 죽음으로 '신앙이란 무엇인가?'를 더욱더
선명히 말하였다.

스데반이 바라보고 있는 것은 육신의 권력이나 눈에 보이는 부귀 영화와 안일함이 아니라, 하늘 보좌 우편에 서신 예수 그리스도다. 스데반이 그분을 바라본 것이 아니라 예수 그리스도께서 세상의 것을 가리시고 그에게 보이신 것이다. 또한 스데반은 자신의 영혼을 종교적 관습이나 제도에 맡기는 것이 아니라, 부활 승천하신 주님의 손에 의탁한다. 그리고 자신을 핍박하는 자들을 향하여 저주하는 것이 아니라, "그들의 죄를 그들에게 돌리지 마옵소서." 하며 잠든다. 그가 그럴 수 있는 것은 주님이 주님만 보여주셨기 때문이다. 스데반의 마지막에서 예수님께서 고난 받으실 때의 모습을 연상하게 되는 것은, 예수님께서 본이 되어 주시고, 성령님을 통하여 역사 하셨기 때문이다.

기독교는 인간의 노력과 열심의 결과로 만들어진 종교가 아니다. 인간의 공로, 고행으로 신의 경지에 이르는 종교도 아니다. 인간의 참선이나 깨달음이 하나님을 발견하여 경배하는 종교는 더더욱 아니다. 세상 종교의 준거의 틀과 원리로는 설명할 수 없는 하나님의 지혜요 신비다. 스데반의 설교를 성공 유무로 평가할 수 없으며, 성령께서 새롭게 시작하는 공동체 가운데, 교회가 무엇인가를 드러내는 사건이다. 교회는 물리적 팽창, 양적 부흥만으로 점철되는 것이 아니라, 고난과 핍박 속에도 불멸하는 생명체다. 스데반은 설교 후 단 한 사람의 회심자도 얻지 못하고 돌에 맞아 죽는다. 그 이유는 종교 기득권자들의 근거인 성전 중심 종교를 부정했기 때문이었다.

나의 기도 • • •
고난과 핍박 속에서도 불멸의 생명체인 교회로 살아가게 하소서!

2부

유대와 사마리아

(사도행전 8-12장)

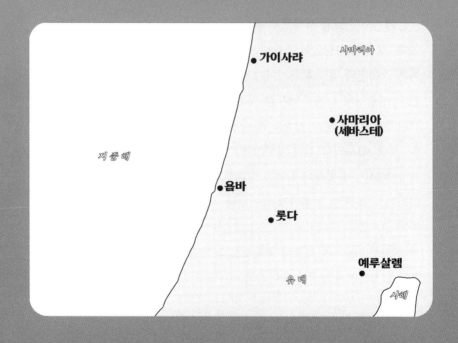

사마리아(Samaria) 2-1

흩어진 사람들

사도행전 8:1-8

4-6 그 흩어진 사람들이 두루 다니며 복음의 말씀을 전할새 빌립이 사마리아 성에 내려가 그리스도를 백성에게 전파하니 무리가 빌립의 말도 듣고 행하는 표적도 보고 한마음으로 그가 하는 말을 따르더라

스데반의 순교를 시작으로 예루살렘교회에 무시무시한 박해가 시작되었다. "경건한 사람들이 스데반을 장사하고 위하여 울더라." 예루살렘교회는 스데반의 일로 눈물지어야 했다. 또 사도 외에는 흩어질 수밖에 없었다. 성령님의 강권적 역사를 통하여 세워진 예루살렘 공동체이기에, 어쩌면 현실로 받아들이기 어려운 상황이었다. 성령님이 시작하신 예배, 기도, 사랑, 봉사와 섬김의 예루살렘교회 공동체가 무엇 때문에 고통의 눈물을 흘리며, 흩어져야 하는지 이해할 수 없었다. 사도 외에는 유대와 사마리아로 혹은 더 멀리까지 흩어졌다. 박해를 피해 떠났던 사람들 중 헬라파 성도들은 페니키아, 키프로스, 안디옥까지 갔고, 많은 사람들은 각자의 고향에서 디아스포라 공동체로 되돌아갔다. 그러나 흩어진 자들이 복음을 전하면서 눈물과 흩어짐의 이유를 알게 되었다.

스데반 집사가 교회의 첫 순교자라면, 빌립 집사는 첫 번째 선교사다. 에티오피아 내시에게 복음을 전하고, 해안 도시를 따라 여행했으며, 가이 사랴에 정착한다(행 21:8-9). 빌립 집사는 사마리아로 갔다. 사마리아에는 유대인이 바빌론 포로 생활을 마치고 돌아왔을 때 사마리아인이 이미 거주하고 있었다. 유대인들은 그리심 산에 있는 사마리아 성전을 완전히 불태웠다. 진정한 성전은 오직 예루살렘에 있다고 생각하는 유대인들에게는 가증스러운 것이기 때문이었다. 예루살렘 유대인들과 사마리아 사람들 간의 계속되는 증오와 끊임없는 분노는 공격으로 돌변하였고, 유대인의 눈에 비친 사마리아인은 거짓말을 퍼트리고 속임수를 쓰는 영원히 부정한 이단자들이었다. 그러나 그 성의 백성들은 빌립 집사가 전파하는 그리스도를 받아들이고 그 말을 따른다.

병자가 고침을 받고, 귀신 들린 많은 자에게서 악한 귀신이 떠나고, 중풍 병자와 다리를 저는 자가 치유되는 큰 기쁨을 맛본다. 예수님의 복음은 경계가 없이 지역, 민족, 이념, 신분, 빈부를 넘어 역사한다. 성전 중심의 유대교 안에 머물러 있던 신앙이 성령님이 각 사람에게 임하여 교회된 성도들이 흩어져서 경계를 넘어 생명의 역사를 쓰게 하신다. "그 성에 큰 기쁨이 있더라." 예루살렘 공동체가 흘렸던 눈물이 사마리아 성에 큰 기쁨이 되어 열매 맺는다. 인생을 살며 이해할 수 없던 나의 고통과 고난은 타인을 위한 백신이다. 하나님은 나보다 지혜로우시며, 내가 이해할 수 없는 상황에서 은혜로 인도하신다. 병자가 고침을 받고, 귀신이 떠나는 것이 기적이 아니라, 자기 중심으로 살던 자가 성령으로 인해 하나님 중심으로 사는 것이 큰 기적이자 기쁨이다.

나의 기도 • • •
흩어진 자로 자기 중심이 아닌 성령에 의한 하나님 중심의 삶을 살아가게 하소서!

사마리아(Samaria) 2-2

성령 받기를 기도하니

사도행전 8:9-17

15-17 그들이 내려가서 그들을 위하여 성령 받기를 기도하니 이는 아직 한 사람에게도 성령 내리신 일이 없고 오직 주 예수의 이름으로 세례만 받을 뿐이더라 이에 두 사도가 그들에게 안수하매 성령을 받는지라

예수님께서 사마리아 여인을 만나셨던 야곱의 우물이 있는 세겜과 그리심산, 에발산이 사마리아 지역이다. 현재도 소수의 사마리아인들이 살고 있지만 고대 사마리아인들과는 차이가 있다. 그들은 지금도 유월절 절기 때 양을 잡는 퍼포먼스를 행한다. 또 다른 지역은 사마리아 성이 있던 세바스티안(세바스찬)이다. 아합 왕과 여러 북 왕국 왕들이 이 성에서 생활했고, 헤롯은 이곳에 아우구스투스 신전을 세우기도 했다. 로마 황제의 이름을 따서 세바스찬이라고 했다. 유대인들이 사마리아 성이나 사마리아 지역을 지나가지 않는 이유는 정결 예식(코셔) 때문이었다. 우상의 지역과 이방인의 지역을 지나가지 않는 종교적 신념에서 나오는 생활 문화이다(한주환).

사마리아 지역에서 사도가 아닌 빌립 집사가 하나님의 나라와 예수 그리스도의 이름에 관하여 전도하는 내용을 그들이 믿고 남녀 모두 세례를 받았다. 예루살렘에 있는 사도들은 믿지 못할 소식이다. 사마리아 지역에서 하나님의 말씀을 받았다는 것은 유대인들 특히 사도들에게는 상상하기 어려운 일이다. 철저하게 그들의 종교적 의식과 생활 속에서 부정한 자들로 외면하던 자들이 사마리아 사람들이기 때문이다. 사도들은 베드로와 요한을 보낸다. 베드로와 요한은 그들이 성령 받기를 기도한다. 이는 아직 한 사람에게도 성령 내리신 일이 없고 오직 주 예수의 이름으로 세례만 받았기 때문이다. 이것은 초대 교회의 표징이 성령의 임재가 있는 공동체임을 의미한다.

두 사도가 그들에게 안수하매 성령을 받는다. 성령께서 사마리아 땅에 하나님의 나라와 주님의 구원이 임하였음을 확증시켜 주신다. 그 땅은 더 이상 부정한 곳이 아니다. 예수 그리스도의 피로 깨끗게 되어 하나님의 교회가 되었다. 복음이 민족과 지역의 경계를 넘었다. 사마리아인의 개종은 이방인 구원의 첫 열매다. 유대인과 이방인을 갈라 놓았던 '막힌 담'이 무너지기 시작했다(엡 2:14). 예수님께서 사마리아에서 "아버지께 참되게 예배하는 자들은 영과 진리로 예배할 때가 오나니 곧 이때라 아버지께서는 자기에게 이렇게 예배하는 자들을 찾으시느니라 하나님은 영이시니 예배하는 자가 영과 진리로 예배할지니라."(요 4:22-24) 하신 말씀이 성취된다.

성령 받은 자로 복음으로 민족과 지역의 경계를 넘으며 살아가게 하소서!

사마리아(Samaria) 2-3
하나님의 선물
사도행전 8:18-25

25 두 사도가 주의 말씀을 증언하여 말한 후 예루살렘으로 돌아갈새 사마리아인의 여러
  마을에서 복음을 전하니라

사마리아 성에는 시몬이라는 자가 있었다. 자칭 큰 자라 하며 마술을
행하여 신분고하를 막론하고 사람들을 놀라게 했으며, 따르는 자들은 그
의 마술에 미혹되어 하나님의 능력이라 했던 자다. 그 시몬도 믿고 세례
를 받은 후에 전심으로 빌립을 따라다니며 그 나타나는 표적과 능력을 보
고 놀랐다. 그런데 시몬은 사도들의 안수로 성령 받는 것을 보고 성령의
권능을 돈으로 사려 한다. 성령님의 역사 속에서도 인간이 버리지 못하는
인간의 악함과 악독을 드러내는 것이다. 신앙은 인간이 취한 자기 신념과
하나님이 주신 믿음으로 구분할 수 있다. 인간이 취한 신앙의 특징은 자
기 부정 없이 자신의 유익을 취하기 위하여 믿는다는 것이다.

성령의 능력을 돈으로 사려했다는 것은 자기 부정을 통한 하나님의 주인됨을 인정하기 보다 성령의 능력을 자신이 가진 것과 바꾸어 소유하려는 인간의 패역함이다. 즉 자신이 주인되어 성령을 부리려하는 죄악이며 이방 종교가 가지고 있는 전형적인 미신의 특징이다. 지금도 기독교 내에 무분별한 은사자들이 자신이 성령을 움직여 능력을 내리고, 병을 고치며, 귀신을 쫓아낸다고 설치며 사람들을 미혹하는 자들이 있다. 그러나 성령님은 우리의 조정이나 지시를 받아 움직이시는 분이 아니라 우리 안에서 우리를 다스리고 통치하시는 하나님이시다. 그분은 우리 안에 거하시며 우리의 인격을 변화시켜 성령의 열매를 우리 안에 맺게 하신다.

베드로는 하나님의 선물을 돈으로 사려는 자가 망할 것과 그가 그리스도의 도와 관계 없음을 선언한다. 하나님의 영이신 성령님의 능력을 매매의 대상으로 생각하고 상품화하여 돈의 가치로 사려고 한 것은 성령님에 대한 모독이다. 성령님의 여러 은사는 돈으로 얻어지는 것이 아니라 하나님이 순전하게 거저 베푸시는 자비에 의해서 주시는 선물이다. 하나님의 선물은 하나님께서 허용하시는 범위 내에서 각 사람에게 주시어 교회와 공동체의 유익을 위하여 주신 것이다. 그 누구도 성령님의 능력을 자신의 이익이나 능력을 드러내는 도구로 사용할 수 없으며, 만일 그 능력으로 사람이 드러나고, 사익을 취한다면 그것은 성령의 능력과는 아무 관계가 없다.

나의 기도 • • •
내가 취한 신념이 아닌 하나님이 부어주신 믿음으로 살아가게 하소서!

가사로 내려가는 길

사도행전 8:26-35

35-36 빌립이 입을 열어 이 글에서 시작하여 예수를 가르쳐 복음을 전하니 길 가다가
물 있는 곳에 이르러 그 내시가 말하되 보라 물이 있으니 내가 세례를 받음에 무슨 거
리낌이 있느냐

사도들이 제자들 가운데서 성령과 지혜가 충만하여 칭찬받는 사람 일
곱을 택하여 구제와 접대의 일을 맡기겠다고 뽑았던 집사 중, 스데반 집
사는 복음 전하다가 첫 순교자가 되었고, 빌립 집사는 첫 선교사가 되어
지역과 민족의 경계를 넘어 사마리아 땅에서 종횡무진하며 전도 활동을
한다. 주의 사자는 빌립 집사를 예루살렘 남쪽 가사로 내려가는 길까지
보내신다. 그곳에서 빌립 집사는 에티오피아 여왕 간다게의 고관으로 그
여왕의 모든 재정을 관리하는 내시를 만난다. 간다게는 이름이 아닌 애굽
의 '바로', 로마의 '가이사'와 같은 에티오피아 왕의 존칭이다. 내시는 여
왕의 국고를 맡은 상당한 권력과 재력을 가진 이방 사람이다. 에티오피아
또는 누비아는 남쪽으로 이집트와 국경을 맞대고 있는 나라로, 구약성경
에서는 구스로 알려져 있다.

"고관들은 애굽에서 나오고 구스인은 하나님을 향하여 그 손을 신속히 들리로다."(시 68:31) 하였다. 그는 하나님을 믿었고 예배하러 예루살렘에 왔다가 에티오피아로 돌아가는 길이었다. 수레에 앉아서 선지자 이사야의 글을 읽고 있었다. "그가 곤욕을 당하여 괴로울 때에도 그의 입을 열지 아니하였음이여 마치 도수장으로 끌려 가는 어린 양과 털 깎는 자 앞에서 잠잠한 양 같이 그의 입을 열지 아니하였도다 그는 곤욕과 심문을 당하고 끌려 갔으나 그 세대 중에 누가 생각하기를 그가 살아 있는 자들의 땅에서 끊어짐은 마땅히 형벌 받을 내 백성의 허물 때문이라 하였으리요"(사 53:7-8). 성령님은 빌립 집사에게 수레로 가까이 가라 지시하시고, 그가 이해 못하던 선지자 이사야의 말씀을 통하여 예수 그리스도를 가르쳐 복음을 전하게 하신다.

성경의 모든 하나님의 말씀은 오실 예수 그리스도를 가리키고 있으며, 성령의 감동하심으로 기록되었기에 인간의 지혜나 노력으로 이해 할 수 없다. 오직 성령의 조명하심으로만 깨달을 수 있다. 성령님께서는 이방인 에티오피아 내시에게 빌립 집사를 보내시는 선교의 영이시자, 성경을 풀어 깨닫게 하심으로 예수를 증거하시는 영이다. 빌립 집사의 의지나 계획이 아닌 성령님의 권능으로 보내시고, 에티오피아 내시의 지혜나 열심이 아닌 깨닫게 하시는 성령님의 은혜로 복음이 이방인에게 증거된다. 선교의 주체는 성령 하나님이시다. 사도행전은 성령의 권능을 입은자들의 순종함을 통하여 복음 증거와 전파되는 성령행전이다.

나의 기도 • • •
성령의 권능에 순종하는 복음 전도자가 되게 하소서!

세례를 베풀고

사도행전 8:36-40

> 38-39 이에 명하여 수레를 멈추고 빌립과 내시가 둘 다 물에 내려가 빌립이 세례를 베
> 풀고 둘이 물에서 올라올새 주의 영이 빌립을 이끌어간지라 내시는 기쁘게 길을 가므
> 로 그를 다시 보지 못하니라

빌립 집사가 예수를 가르쳐 복음을 전하니 에티오피아 내시는 물이 있
는 것을 보고 즉시 세례 받기를 청한다. 내시가 세례를 요청한 것은 빌립
집사가 소개한 예수 그리스도께 자기 자신을 맡기고 굴복함을 고백한 것
이다. 세례의 의미는 연합이다. 예수 그리스도와 연합하여 그와 함께 죽
고, 그와 함께 다시 살아남을 의미한다. 빌립 집사는 내시에게 물로 세례
를 베푼다. 예수는 그리스도시며, 세상의 구속주요, 하나님의 아들이심을
믿는 믿음의 고백이다. 내시의 세례는 새 생명에 대한 상징이요, 복음이
유대인의 경계를 넘어 이방인에게도 허락되었음을 드러낸다. 둘이 물에
서 올라오고 주의 영이 빌립을 이끌어간다. 세례를 통해 예수 그리스도와
연합한 내시는 기쁘게 길을 가고, 빌립은 성령님께 이끌리어 아소도에 나
타나 여러 성을 다니며 복음을 전하고 가이사랴에 이른다.

복음은 어느 민족 누구에게나 동일하게 주시는 하나님의 은혜이며 기쁜 소식이다. 여왕의 국고를 맡은 자요, 나라의 경계를 넘어 여행을 할 만큼 권력과 부를 가졌고, 수레에서 책을 읽을 정도로 지성을 겸비한 사람이지만, 성경은 그의 이름을 기록하지 않고, '내시'로 소개한다. 여왕의 내시라도 어쩌면 사람들에게 소외되고, 경멸의 시선을 받았을 것이다. 또한 율법에는 경건해도 절대로 하나님의 언약 백성에 들 수 없는 자다(신 23:1). 그런데 복음은 그에게 희망의 빛을 비춘다. 성령께서는 이방인이라도 주님께로 온 사람은 차별하지 않으시고, 고자라는 신체적 결함이 있더라도 그들의 이름을 잊지 않겠다 하신(사 56:3-7) 약속을 빌립 집사의 전도를 통하여 성취시킨다. 예수님께서 십자가에서 이루신 복음은 모든 인류를 비추는 빛이요, 유일한 소망이다.

"여호와께 연합한 이방인은 말하기를 여호와께서 나를 그의 백성 중에서 반드시 갈라내시리라 하지 말며 고자도 말하기를 나는 마른 나무라 하지 말라 여호와께서 이와 같이 말씀하시기를 나의 안식일을 지키며 내가 기뻐하는 일을 선택하며 나의 언약을 굳게 잡는 고자들에게는 내가 내 집에서, 내 성 안에서 아들이나 딸보다 나은 기념물과 이름을 그들에게 주며 영원한 이름을 주어 끊어지지 아니하게 할 것이며 또 여호와와 연합하여 그를 섬기며 여호와의 이름을 사랑하며 그의 종이 되며 안식일을 지켜 더럽히지 아니하며 나의 언약을 굳게 지키는 이방인마다 내가 곧 그들을 나의 성산으로 인도하여 기도하는 내 집에서 그들을 기쁘게 할 것이며 그들의 번제와 희생을 나의 제단에서 기꺼이 받게 되리니 이는 내 집은 만민이 기도하는 집이라 일컬음이 될 것임이라"(사 56:3-7).

나의 기도 • • •
예수와 연합한 자로 예수와 함께 죽고 예수와 함께 살아가게 하소서!

다메섹(Damascus) 3-1

다메섹에 가까이 이르더니

사도행전 9:1–9

3-5 사울이 길을 가다가 다메섹에 가까이 이르더니 홀연히 하늘로부터 빛이 그를 둘러 비추는지라 땅에 엎드러져 들으매 소리가 있어 이르시되 사울아 사울아 네가 어찌하여 나를 박해하느냐 하시거늘 대답하되 주여 누구시니이까 이르시되 나는 네가 박해하는 예수라

　　사울은 '스데반 집사 순교사건'에서 처음 등장한다. "성 밖으로 내치고 돌로 칠새 증인들이 옷을 벗어 사울이라 하는 청년의 발 앞에 두니라"(행 7:78). 스데반이 순교한 후 "사울은 그가 죽임 당함을 마땅히 여기더라 그 날에 예루살렘에 있는 교회에 큰 박해가 있어 사도 외에는 다 유대와 사마리아 모든 땅으로 흩어지니라"(행 8:1), "사울이 교회를 잔멸할새 각 집에 들어가 남녀를 끌어다가 옥에 넘기니라"(행 8:3). 그리고 여전히 위협과 살기가 등등하여 그 도를 따르는 사람을 결박하여 예루살렘으로 잡아오겠다 다짐하고 길을 떠나 다메섹으로 향한다. 다메섹은 예루살렘 북쪽에 있는 도시로 그곳에는 스데반 순교 이후 피신한 성도들이 많았다. 사울이 흩어진 성도들의 뒤를 쫓는 이유는 그의 신앙적 열심이었고, 대제사장에게 제가를 얻었다는 것은 그의 출정이 신적 권위를 가지고 하는 일이었다는 것을 의미한다.

하나님의 이름으로 이단을 척결하겠다는 신앙적 열심이 왜곡될 때 나타나는 현상이 나만 옳다는 영적 교만이다. 지난 2,000년 기독교 역사 속에 일어났던 수많은 종교 분쟁과 전쟁은 자기가 기준이 되어, 하나님을 빙자한 신적 권위로 진리를 증명하고자 함에서 비롯되었다. 모든 진리의 본질은 하나님이시며, 하나님의 뜻과 의지와 원리다. 진리는 인간이 아닌 하나님 편에서 생각하는 것이다. 하나님이 하신 일 만이 의로운 일이요, 진리다. 우리가 하나님을 돕는 것이 신앙이 아니라, 하나님이 행하신 일의 결과로 사는 것이 신앙이다. 예수님은 단 한 번도 무력으로 세상을 굴복하려 하지 않으셨다. 그러나 인간들이 늘 하나님의 이름으로 칼을 들고 힘으로 하나님의 뜻을 이루려 한다. 그것이 바로 영적 교만이요, 하나님의 이름을 망령되게 하는 것이다.

"사울아 사울아 네가 어찌하여 나를 박해하느냐." 사울은 하나님의 이름으로 성도들을 처단하였지만 예수님은 자신을 박해한다고 말씀하신다. 성도란 예수님과 하나된 자로 부르심을 받은 자이며 성도의 머리가 예수님이시다. 사울의 회심은 그를 찾아오신 예수님이 이루신다. 영적 무지로 내가 기준이 되어 옳고 그름을 판단하고, 칼을 들던 나의 삶을 눈 멀게 하시고, 주님의 시선으로 다시 눈을 뜨고 세상을 바라보게 하는 진정한 회심을 주신다. 주님은 우리가 주님의 마음과 기준으로 바라보며 살게 하신다. 성도는 혼자가 아니라 주님과 연합된 자이기에 주님께서 우리의 모든 삶을 살아 주신다. 주님은 지금도 우리와 함께 고난을 받고 계시며, 마치 복음의 원수들이 그의 옆구리에 상처를 낸 것과 같은 아픔을 받고 있다는 점을 우리들이 실제로 확인하기를 바라신다(존 칼빈).

나의 기도 • • •
주의 몸 된 교회와 성도를 아프게 하는 것이 주님을 아프게 하는 것임을 알게 하소서!

다메섹(Damascus) 3-2

직가라 하는 거리

사도행전 9:10-19

15-16 주께서 이르시되 가라 이 사람은 내 이름을 이방인과 임금들과 이스라엘 자손들
에게 전하기 위하여 택한 나의 그릇이라 그가 내 이름을 위하여 얼마나 고난을 받아야
할 것을 내가 그에게 보이리라 하시니

    다메섹은 오래된 도시다. 아브라함 시대, 즉 아테네와 로마가 생겨나
기 이전부터 있었다. 이집트의 투트모세 3세부터 마게도냐의 알렉산더
대왕까지 수많은 왕과 황제가 다메섹을 차지하려고 싸웠다. 또한 많은 유
대인이 다메섹에 살고 있었다. 사울은 도심으로 인도되었는데 중심가 끝
에 있는 삼중문을 지났을 것이다. 중심가는 비쿠스 렉투스(vicus rectus),
직가 즉 곧은 길이라 불렀다. 지금도 타렉 에스 술탄(Tareek es Sultan)이란
이름으로 남아 있으며 옛 도심의 동쪽 지역을 동서로 관통한다. 당시 이
길은 1.6km 정도로, 많은 기둥으로 장식된 세 구역으로 나뉘어 있었다(닉
페이지). 사울은 그 지역에 있는 유다의 집으로 인도된다.

사울은 유다의 집에서 사흘 동안 보지도 먹지도 마시지도 못하고 기도하고 있었다. 마치 구약성경의 요나 이야기를 연상하게 한다. 대부분의 사람은 누군가에 의해 핍박과 고난을 당했다면 복수를 하려고 할 것이다. 당시 다메섹에 있던 핍박받던 성도들에게 이 소식이 전해졌다면 "할렐루야!"를 외치면서 사울을 치신 주님께 감사하며, 그를 어떻게 처벌하실 것인가를 관심을 가질 것이다. 그렇다면 사울은 지금 처벌을 기다리는 시간을 보내고 있는 것이다. 그런데 주님께서는 환상 중에 제자 아나니아를 부르시고, 그를 설득하여 사울에게 보내 안수하여 성령으로 회복시킨다. 주님이 사울을 부르심은 핍박으로 인한 처벌이 아니라, 복수를 뛰어넘는 주님의 십자가 사랑이었다.

베드로가 예수님을 부인하고 저주하고 떠났을 때도 부활하신 주님은 그를 찾아가 책망이나 복수가 아닌 사랑만을 확인하고 그를 회복시켜 주셨다. 그때 베드로는 그 사랑에 힘 입어 평생을 주님만 증거하며 살다 순교한다. 진정한 회심과 회복은 사랑의 산물이다. 주님은 자신을 핍박 했던 사울에게 사명을 주신 것이 아니라, 십자가의 사랑을 주셨다. 주님을 핍박했다는 약점이나 허물에 사로잡혀 사역한 것이 아니라, 사울이라는 한 영혼을 향하신 주님의 사랑에 감복하여 그는 죽기까지 충성한다. '그 이름'으로 가르치는 것을 반대하기 위해 칼을 들었던 자가, 위대한 '그 이름'을 이방인과 임금들과 이스라엘 자손들에게 전하기 위한 택하신 그릇으로 사용된다.

나의 기도 • • •
십자가의 사랑으로 세상을 회복하며 살아가게 하소서!

다메섹(Damascus) 3-3

유대인들을 당혹하게

사도행전 9:20-25

21-22 즉시로 각 회당에서 예수가 하나님의 아들이심을 전파하니 듣는 사람이 다 놀라 말하되 이 사람이 예루살렘에서 이 이름을 부르는 사람을 멸하려던 자가 아니냐 여기 온 것도 그들을 결박하여 대제사장들에게 끌어 가고자 함이 아니냐 하더라 사울은 힘을 더 얻어 예수를 그리스도라 증언하여 다메섹에 사는 유대인들을 당혹하게 하니라

　　회심은 결단이 아니다. 우리가 복음을 전할 때 전도 대상에게 결단을 촉구하곤 한다. 또 성도들 중에서 자신의 잘못된 행실을 개선하겠다는 의지를 보이며 '나는 한다면 한다.' 식의 결심을 내비치는 것도 흔히 목격하곤 한다. 그런데 죄 지은 인간 스스로 인간 자신을 바꿀수 있을까? 스스로의 의지로 자신을 바꾸겠다는 생각은 기독교 신앙과는 거리가 멀다. 사울이 주님을 찾아 그의 삶이 변화된 것이 아니라, 주님이 그를 찾아와서 변화시켜 주셨다. 그의 변화는 성령님께서 하신 일이다. 그러기에 그는 3일 금식 후 강건하게 되어, 즉시 각 회당에서 예수가 하나님의 아들이심을 전파한다.

유대인의 회당제도는 바벨론 포로기간(BC 606-536년)중에 생겼다는 것이 학자들의 일반적인 견해다. 유대인들이 고국에서 정상적으로 살 때는 예루살렘 성전에서 제사행위를 하며 예배를 드렸었다. 그러나 바벨론에 의해 성전은 파괴되었고, 유대 민족은 각처로 흩어져서 예루살렘에서 제사하는 것이 불가능하게 되었다. 이러한 상황에서 포로생활을 하는 유대인들은 성전을 대신해 회당에서 모여 율법을 강론하고 시편을 낭독했다. 이 무렵에 유대교의 틀을 갖추게 되었고, 포로 후에는 이스라엘로 돌아왔지만 성전과 함께 회당제도가 각 동리마다 보편화하게 되었다(감리교 교육마당).

사울은 다메섹 각 회당에서 복음을 전한다. "예수가 하나님의 아들이다." "예수가 그리스도시다." 그것이 전도의 요점이다. 당시 유대인들은 메시아에 대한 약속을 기다리고 있었기에, 그들에게 모든 것이 예수 안에서 드러났다고 전한다. 성령님은 예수를 증거하는 영이다. 사울 가운데 성령님이 역사하시기에 그가 회심 후 바로 예수를 증거할 수 있었다. 그 이야기를 받은 유대인들은 사울을 죽이려고 공모한다. 인간 종교의 악순환이자 영적무지가 종교 폭력을 자극한다. 예수 믿는 자를 죽이러 왔다가 예수 때문에 죽게 되었다. 기독교 신앙은 죽이는 일이 아니라 성령으로 살리는 일이다.

나의 기도 ● ● ●
성령으로 변화시켜 주시고, 성령으로 살리는 일을 하며 살아가게 하소서!

예루살렘(Jerusalem) 1-31

수가 더 많아지니라

사도행전 9:26-31

29-31 또 주 예수의 이름으로 담대히 말하고 헬라파 유대인들과 함께 말하며 변론하니 그 사람들이 죽이려고 힘쓰거늘 형제들이 알고 가이사랴로 데리고 내려가서 다소로 보내니라 그리하여 온 유대와 갈릴리와 사마리아 교회가 평안하여 든든히 서 가고 주를 경외함과 성령의 위로로 진행하여 수가 더 많아지니라

사울이 다시 예루살렘으로 돌아왔다. 예루살렘을 떠날 때의 사울과 다메섹에서 돌아온 사울의 모습은 확연히 다르다. 사울은 변화되었지만 제자들이 가지고 있던 사울에 대한 선입관은 좀처럼 바뀌지 않는다. 한 사람을 규정짓는 그 사람에 대한 고정관념은 쉽게 고쳐지지 않는다. 또 때로는 그 사람에 대하여 단정지어 말하기도 한다. "그 사람은 이런저런 이유로 안된다." 그러나 잊지 말아야 하는 것은 사람을 바꾸는 것은 사람이 아니라 하나님이다. 모든 사람을 대할 때 하나님이 일하시기를 기대하고 대해야 한다. 아나니아가 그랬듯이 제자들의 생각 속에는 하나님의 일하심보다는 그가 저지른 행동이 더 깊이 자리하고 있었다.

그러나 사역의 주체는 사람이 아니라 하나님이시다. 하나님께서 일할 만한 사람을 고르고 뽑으셔서 그들에게 사명을 주어 하나님 나라의 과업을 이루어 가시는 것이 아니라, 하나님의 일하심을 통하여 사도들을 변화시키고 하나님을 더욱더 깊이 경험하게 하는 것이 사도행전이다. 아나니아도 망설이고, 제자들은 두려워했던 사울을 예루살렘의 사도도 집사도 아닌 바나바는 편견 없이 하나님이 그에게 행하신 일을 전한다. 바나바가 사울을 제자들에게 소개하는 내용도 사울의 스펙이나 가능성이 아니라 하나님이 그에게 행하신 일이다. 하나님의 사역의 결과물이 인간이기에 내 생각이나 경험으로 사람을 포기하지 말아야 한다.

신앙이란 하나님의 능력을 신뢰하는 것이다. 내 고정관념이나 경험 그리고 상식 너머에서 일하시는 나보다 능력이 있으시고 지혜로우신 하나님을 믿는 일이다. 그 믿음 또한 하나님께서 주시며 주신 믿음 때문에 그를 기대하게 된다. "그리하여 온 유대와 갈릴리와 사마리아 교회가 평안하여 든든히 서 가고 주를 경외함과 성령의 위로로 진행하여 수가 더 많아지니라"(행 9:31). 사도행전 1장 8절 예수님의 예언적 선포가 제자들의 노력으로 성취되는 것이 아니라 하나님의 일하심으로 제자들 가운데 경험된다. 기독교는 하나님이 예수님을 통하여 완성된 복음과 하나님이 행하신 일들을 예수님의 증인이 되어 담대히 선포하는 것이다.

나의 기도 • • •
나의 고정관념이 아닌 하나님의 일하심을 기대하며 살아가게 하소서!

롯다(Lydda) 4-1

주께로 돌아오니라

사도행전 9:32-35

34-35 베드로가 이르되 애니아야 예수 그리스도께서 너를 낫게 하시니 일어나 네 자리
를 정돈하라 한대 곧 일어나니 룻다와 사론에 사는 사람들이 다 그를 보고 주께로 돌
아오니라

　　유대 지역의 상황이 달라졌다. 빌라도는 사마리아 시위를 지나칠 정도
로 잔혹하게 진압해 로마로 소환되었고, 바울은 회심 이후에 예루살렘과
가이샤라를 거쳐 다소로 보내진다(행 9:30). 교회를 핍박하는 자들이 잠시
사라졌다. 스데반의 순교 후 살벌한 큰 박해에도 예루살렘을 떠나지 않았
던 사도들 중 베드로와 요한이 사마리아도 하나님의 말씀을 받았다 함을
듣고 방문한다(행 8:14). 그 후 베드로는 지역의 경계를 넘어 룻다, 욥바,
가이사랴로 간다. 룻다(구약의 로드)는 지역의 중심지로 예루살렘에서 북
서쪽으로 50km 거리에 있다. 주민 가운데 이방인도 있었으나 유대인이
대다수였다(닉 페이지).

베드로는 룻다에서 중풍으로 8년을 누워 지내는 '애니아'라는 남자를 고쳐준다. 이 일로 룻다와 사론에 사는 사람들이 다 그를 보고 주께로 돌아온다. '돌아온다.'라는 말은 본래의 자리가 있었다는 것을 전제로 한 표현이다. 떠나온 곳이 있기에 그곳으로 돌아가는 것이다. 우리 인간이 있어야 할 본래의 자리는 주님의 품이며, 죄로 그 품을 떠났던 자들이 주님이 부르심으로 다시 제자리로 돌아가는 것이 구원이다. 구원은 우리의 죄를 용서하시는 하나님의 은혜와 죗값으로 자신을 내어주신 예수님의 사랑, 그리고 성령님을 부어 주셔서 부르심을 듣게 하심으로 성취되는 하나님의 일이다.

제자의 역할은 자신의 능력을 드러내는 것이 아니라 주님의 백성을 주님께로 돌이키는 일이다. 그 일의 주체 또한 성령님이시다. "애니아야 예수 그리스도께서 너를 낫게 하시니." 베드로 자신의 의지나 능력이 아니라 예수님의 뜻에 의존하여 병자에게 선포한다. 그 안에 계신 성령께서 그 순간 그의 혀를 조종하시어 은밀한 영감을 그의 마음에 불어넣어 주셨다(존 칼빈). 베드로는 자신이 기적을 일으키는 주체가 아니라 대리인에 불과하고, 그리스도의 능력의 통로일뿐이라는 것을 드러낸다. 도시와 인물은 바뀌어도 역사하시는 분은 동일하시다. 성령님께서 각 사람들에게 임하시고 능력을 드러내신다.

나의 기도 • • •
주님의 제자로 주님의 백성을 주님께로 돌이키며 살아가게 하소서!

다비다야 일어나라

사도행전 9:36-43

40-42 베드로가 사람을 다 내보내고 무릎을 꿇고 기도하고 돌이켜 시체를 향하여 이르되 다비다야 일어나라 하니 그가 눈을 떠 베드로를 보고 일어나 앉는지라 베드로가 손을 내밀어 일으키고 성도들과 과부들을 불러들여 그가 살아난 것을 보이니 온 욥바 사람이 알고 많은 사람이 주를 믿더라

욥바는 지중해에 접한 항구 도시로 현재의 지명은 야포(Yafo)로 이스라엘 행정수도인 텔아비브(TEL Aviv) 남쪽의 작은 지역이다. 구약시대 솔로몬 왕이 성전 건축을 할 때, 두로 왕 하람이 건축 재료가 되는 나무들을 레바논에서 욥바 항구로 실어 보내 왔다(대하 2:16). 또 성전을 재건할 때도 바사 왕 고레스의 명령대로 백향목을 레바논에서 욥바 해변까지 운송하여 왔다(스 3:7). 그리고 선지자 요나가 여호와의 얼굴을 피하여 다시스로 도망가기 위해 배를 탄 항구 도시가 욥바이다(욘 1:3). 그로부터 800여 년이 지나 여제자 도르가가 죽으매 욥바에서 가까운 룻다에 베드로가 있음을 듣고 간청하여 오게 한다.

다비다 혹은 도르가라 하는 여제자는 병에 들어 죽었고, 제자들은 시체를 씻어 다락방에 누였다. 베드로가 무릎을 꿇고 기도하고 돌이켜 시체를 향하여 이르되 "다비다야 일어나라." 한다. 생명이 떠난 시체를 상대로 말씀을 선포한다. 에스겔 선지자는 부활의 상징을 통해 백성의 해방을 이야기할 때 "너희 마른 뼈들아 여호와의 말씀을 들을지어다."(겔 37:4) 했고, 예수님께서도 "죽은 자들이 하나님의 아들의 음성을 들을 때가 오나니"(요 5:25)라고 말씀하셨다. 베드로의 입에서 나와 다비다의 몸에 영혼을 회복시켜 준 것은 그리스도의 말씀이다(존 칼빈). 그 일을 온 욥바 사람이 알고, 많은 사람이 믿게 된다.

다비다, 선행과 구제의 일을 많이 했던 여제자가 살아난 기적은 죽었던 그녀만을 위한 일이 아니라, 교회 공동체를 위한 일이었다. 다비다가 죽음에서 다시 살아남으로써 교회 성도들이 더 큰 부활의 확신을 가지고 부활을 소망할 수 있었다. 또 다비다의 선행과 구제의 삶은 헐벗고 소외받는 사람들에게 큰 위로와 도움이 되었고, 교회 공동체에는 성도의 좋은 삶의 본이 되었다. 선행과 구제는 행동으로 하는 기도이자 신앙고백이다. 하나님을 경외하는 마음으로 이웃에게 선행과 구제를 하는 일은 주님께 하는 것이다. 그는 행위로 구원받은 것이 아니라 행위로 하나님을 사랑한 것이다. 그 상도 하나님께서 주신다.

나의 기도 ・・・
선행과 구제로, 행동하는 기도로 신앙을 고백하며 살아가게 하소서!

가이사랴(Caesarea) 6-1

환상 중에 밝히 보매

사도행전 10:1-8

3-5 하루는 제 구 시쯤 되어 환상 중에 밝히 보매 하나님의 사자가 들어와 이르되 고넬료야 하니 고넬료가 주목하여 보고 두려워 이르되 주여 무슨 일이니이까 천사가 이르되 네 기도와 구제가 하나님 앞에 상달되어 기억하신 바가 되었으니 네가 지금 사람들을 욥바에 보내어 베드로라 하는 시몬을 청하라

하나님의 큰 그림을 본다. 하나님께서는 유대인들이 가지고 있던 유대 의식과 종교적 관습을 무너뜨리기 위해 할례 받지 않은 이방인을 사용하신다. 또한 이방인 고넬료의 가정을 구원하시기 위하여 베드로를 욥바에서 가이사랴로 데려 오신다. 예수님과 공생애를 함께하였고, 십자가와 부활 그리고 승천을 목격하였고, 성령강림의 현장에서 성령충만하여 설교하고, 기적을 베풀고 죽은 자를 살렸던 베드로조차도 이방인에 대한 편견을 가지고 있었다. 경건하여 온 집안과 더불어 하나님을 경외하여 백성을 많이 구제하고 하나님께 항상 기도하던 고넬료는 아직 십자가의 도와 성령에 대하여 알지 못하고 있다.

하나님의 사자가 유대인 베드로를 먼저 찾지 않으시고, 이방인 고넬료를 먼저 찾으시고 환상 중에 말씀하신다. "네 기도와 구제가 하나님 앞에 상달되어 기억하신 바 되었다." 구제는 하나님이 기억하시는 행동하는 기도이다. 고넬료는 믿음과 행동이 하나되는 참된 신앙의 소유자였다. "내가 진실로 너희에게 이르노니 너희가 여기 내 형제 중에 지극히 작은 자 하나에게 한 것이 곧 내게 한 것이니라"(마 25:40). 예수님은 마지막 심판 때에 작은 자와 자신을 동일시하신다. 하나님을 경외함으로 작은 자들에게 베푼 구제를 주님이 받으시고 기억하신다. 구제는 우리의 구원이나 상급의 수단이 아니라 삶의 기도다.

고넬료가 구원받을 준비 된 자이기에 하나님께서 사자를 보내어 구원하신 것이 아니다. 아브라함을 찾아 믿음의 조상으로 삼으셨던 하나님, 모세를 부르셔서 이스라엘을 구원하셨던 하나님, 다윗을 불러서 이스라엘의 왕으로 삼으신 하나님께서 고넬료를 구원하시고 베드로가 가지고 있었던 이방인에 대한 편견을 버리게 함으로 하나님의 큰 일을 보게 하신다. 구원의 주체도 하나님이시요, 큰 일을 행하시는 이도 하나님이시다. 하나님의 일은 하나님이 하신다. 인간은 하나님이 행하신 일의 결과의 수혜자일 뿐이다. 기독교가 타 종교와 다른 이유가 적어도 구원을 위해서만은 구원받은 우리에게 주어지는 책무가 없다는 사실이다.

나의 기도 • • •
하나님의 큰 일을 밝히 보며 살아가게 하소서!

욥바(Joppa) 5-2

하늘이 열리며

사도행전 10:9-16

11-13 하늘이 열리며 한 그릇이 내려오는 것을 보니 큰 보자기 같고 네 귀를 매어 땅에
드리웠더라 그 안에는 땅에 있는 각종 네 발 가진 짐승과 기는 것과 공중에 나는 것들
이 있더라 또 소리가 있으되 베드로야 일어나 잡아 먹어라 하거늘

고넬료에게 나타나셨던 성령님께서 베드로에게 환상 가운데 나타나
말씀하신다. "베드로야 일어나 잡아 먹어라." 그러나 베드로는 "주여 그
럴 수 없나이다 속되고 깨끗하지 아니한 것을 내가 결코 먹지 아니하였
나이다."라고 대답한다. 다시 소리가 있어 "하나님께서 깨끗하게 하신 것을
네가 속되다 하지 말라." 하신다. 이런 일이 세 번 있은 후 그 그릇이 곧
하늘로 올려진다. 베드로가 잡아 먹지 못한 이유는 유대인들은 먹는 것조
차도 그들이 지켜오던 율법과 장로들의 유전, 종교적 관습에 근거하기 때
문이다. 예수님의 제자이고 약속하신 성령을 받은 베드로이지만 아직도
유대 종교의 관습과 의식이 하나님의 말씀보다 우선되어 반응한다.

먹는 것에 대한 성경의 규례는 아담과 하와에게 식물을(창 1:29), 홍수 이후 노아의 가족에게 모든 산 동물을(창 9:3), 그리고 모세를 통해 레위기 11장에 정한 것과 부정한 것을 나누었다. 하나님께서 인간에게 주신 선악과 언약으로부터 십계명과 율법의 모든 말씀은 하나님의 사랑에 근거해 있다. 성경의 모든 규례는 하나님께서 인간에게 그 모든 율법을 지켜서 구원을 이루라고 주신 명령이 아니라, 하나님과의 언약을 지킬 수 없는 자, 율법을 어겨 하나님과 분리된 자, 하나님의 도우심이 단절되어 불의, 부정, 타락한 자, 하나님을 상실하고 자신이 주인이 되어 살아가는 자들을 하나님께서 그 허물을 덮어 주시고 용서하시는 사랑 이야기다.

인간의 연약함, 죄성을 아시는 하나님께서는 선악과 무지개 언약으로, 십계명으로, 율법으로 경계를 삼아 인간을 보호하신다. 율법과 규례를 주신 것은 죄로부터 보호하시려는 하나님의 사랑이다. 우리 신앙의 근거는 하나님의 은혜와 사랑이지 우리가 지킨 종교적 관습이나 행위가 아니다. 성령님께서는 환상을 통하여 의도적으로 베드로가 가진 복음이 아닌 유대의식을 부정함으로써 유대인과 동일하게 이방인을 사랑하시는 하나님의 큰 그림을 보여주신다. 예수님께서도 안식일에 병을 고치시고, 사마리아 여인을 만나시고, 세리와 죄인들의 친구가 되어 주신 것은 그들이 지켜오던 율법과 규례가 하나님의 사랑에 근거하고 있음을 보여주기 위함이었던 것이다.

나의 기도 • • •
하나님의 은혜와 사랑으로 허물을 덮어 주고 용서하며 살아가게 하소서!

함께 가라

사도행전 10:17-23

22-23 그들이 대답하되 백부장 고넬료는 의인이요 하나님을 경외하는 사람이라 유대 온 족속이 칭찬하더니 그가 거룩한 천사의 지시를 받아 당신을 그 집으로 청하여 말을 들으려 하느니라 한대 베드로가 불러들여 유숙하게 하니라 이튿날 일어나 그들과 함께 갈새 욥바에서 온 어떤 형제들도 함께 가니라

이방인 백부장 고넬료는 말씀에 순종하여 사람을 보내었는데, 유대인 사도 베드로는 성령님의 말씀에 반론한다. 베드로는 환상뿐 아니라 직접 하나님의 말씀을 통해 가르침을 받았지만 성령께서 설명해 주시기까지 그가 본 것을 이해하지 못한다. 그러나 베드로가 환상을 소홀하게 여기지 않고 그 뜻을 상고할 때 고넬료가 보낸 사람이 시몬의 집에 도착해 베드로를 찾는다. 성령께서 베드로에게 말씀하신다. "두 사람이 너를 찾으니 일어나 내려가 의심하지 말고 함께 가라 내가 그들을 보내었느니라." 베드로를 찾아온 사람은 고넬료가 아닌 성령께서 보낸 사람들이다. 성령님께서는 베드로에게 하나님께서 행하실 큰 일을 보이시고자 의심하지 말고 순종할 것을 요구하신다.

하나님은 이방인 구원의 큰 일을 시작하시고 그 일을 주관하시는 분이시다. 우리는 하나님의 말씀에 순종함으로 그의 영광에 참여하게 된다. 인간은 하나님의 말씀으로 가르침을 받을 때 평안을 누리게 되며, 그의 인도하심에 순종함으로 하나님의 일하심을 경험하게 된다. "하나님께서 깨끗하게 하신 것을 네가 속되다 하지 말라."(행 10:15) 하신 말씀을 듣지 않았다면 베드로는 그들을 따라가지 않았을 것이다. 그가 유대인으로 살면서 지금까지 지켜온 율법과 규례, 경험이 하나님의 계획과 뜻을 가로막고 있었기 때문이다. 성령님께서는 하나님의 뜻과 계획을 가리는 베드로의 편협한 유대의식과 율법을 깨우치시고, 이방인 구원의 큰 일을 여는 도구로 사용하시고자 한다.

하나님께서 율법과 계명과 규례를 두신 이유는 도로의 중앙선과 같이 한 쪽으로만 다니라는 제한이 아니라, 우리의 안전과 보호를 위한 약속이다. 하나님은 우리를 제한하시는 분이 아니라 사랑하시고 보호하시는 분이다. 정한 것과 부정한 것을 나누시어 이스라엘을 보호하시고 사랑하셨던 하나님께서 예수 그리스도를 통한 구원의 길을 여시고 우리를 부르셨다. 전 세계가 코로나19 팬데믹 상황 속에 모든 기준이 바뀌고 변화하는 지금까지 경험하지 못한 대 혼란의 시기를 지나가고 있다. 그러나 우리가 안전한 것은 변화하는 세상 속에 변찮는 하나님의 사랑에 근거하여 살기 때문이다. 세상의 모든 기준이 변하여도 우리의 신앙은 변치 않는 하나님의 말씀에 근거하기에 안전하다.

나의 기도 • • •
하나님의 말씀에 순종함으로 그의 영광에 참여하며 살아가게 하소서!

가이사랴(Caesarea) 6-2

나도 사람이라

사도행전 10:24-29

26-28 베드로가 일으켜 이르되 일어서라 나도 사람이라 하고 더불어 말하며 들어가 여러 사람이 모인 것을 보고 이르되 유대인으로서 이방인과 교제하며 가까이 하는 것이 위법인 줄은 너희도 알거니와 하나님께서 내게 지시하사 아무도 속되다 하거나 깨끗하지 않다 하지 말라 하시기로

인간은 성을 세우고, 하나님은 사람을 세우신다. 타락한 인간은 하나님을 거역하여 자신의 이름을 드러내고, 능력을 과시하기 위하여 도시를 건설한다(창 11:4). 하나님은 죄로 타락한 인간을 구원하시기 위하여 사람을 부르시고, 하나님과의 신뢰를 회복하시어 복의 근원으로 삼으신다(창 12:1-4). 인간은 성을 쌓아 자신의 이름을 붙이지만, 하나님은 사람을 부르시어 자신의 이름을 주신다. 인간은 자신들의 욕구와 욕망을 가시적으로 드러내어 자랑하지만, 하나님은 보이지 않는 주님의 영을 우리 속에 부으시어 영원한 생명이 되게 하신다. 인간은 자신의 능력을 힘으로 증명하려 하지만, 하나님은 영으로 새로운 피조물이 되게 하신다.

로마제국은 정복하는 지역에 황제의 이름을 붙인 제국의 도시들을 건설하였다. 로마제국은 구약시대 유대의 유일한 항구인 욥바를 대신할 로마문명의 도시를 건설하고, 로마 황제 아우구스투스 가이사(Augustus Caesar)의 이름을 따라 '가이사랴'라 명명하였다. 예루살렘에서 약 100km 떨어진 가이사랴는 로마로 가는 중요한 해상 무역의 중심지이자, AD 70년 예루살렘 멸망 이후에는 유다를 다스리는 로마의 행정수도가 된다. 하나님은 로마제국 문명의 도시 가이사랴에 이방인 백부장 고넬료를 통하여, 유대인 성령의 사람 베드로를 부르시어 이방인들에게는 성령을 주시고, 유대인들에게는 이방인에 대한 편견을 버리게 하신다.

다음날 베드로는 제국의 도시 가이사랴에 들어간다. 백부장 고넬료는 그의 친척과 가까운 친구들을 모아 기다린다. 고넬료는 베드로가 집에 들어설 때 하나님께서 환상을 통해 청하라 하셨기에 절하지만 베드로는 "나도 사람이라." 하고 일어서게 한다. 베드로는 모인 자들에게 자신이 오게된 경위를 설명한다. 유대인으로 이방인과 교제하며 가까이 하는 것이 위법이지만 하나님께서 지시하시기에 부름에 사양하지 않고 왔다. "무슨 일로 나를 불렀느냐?" 베드로는 하나님의 지시하심을 따라 부르심에 응하였지만 아직 그가 온 이유를 모른다. 그러나 하나님의 말씀에 순종함으로, 이방인들에게 성령을 부어 구원하시는 하나님을 이방인들이 경험하게 된다.

나의 기도 • • •
하나님의 말씀에 순종함으로 하나님을 경험하며 살아가게 하소서!

가이사랴(Caesarea) 6-3

하나님 앞에 있나이다

사도행전 10:30-33

32-33 사람을 욥바에 보내어 베드로라 하는 시몬을 청하라 그가 바닷가 무두장이 시몬의 집에 유숙하느니라 하시기로 내가 곧 당신에게 사람을 보내었는데 오셨으니 잘하였나이다 이제 우리는 주께서 당신에게 명하신 모든 것을 듣고자 하여 다 하나님 앞에 있나이다

기도는 인간의 연약함을 하나님께 드러내는 행위이고, 기도할 때 하나님 앞에서 피조물로서 인간의 자리가 설정된다. 또한 창조주 하나님이 주인임을 고백하는 행위다. 우리가 기도할 때 하나님께서는 모든 기도를 들으신다. 뿐만 아니라 우리를 우리보다 더 잘 아시는 하나님께서 기도하지 않은 것까지 우리의 필요를 채워주신다. 그럼에도 기도의 삶을 살아야 하는 것은, 기도가 우리의 요구를 관철하기 위함이 아닌 하나님과 교제하며 그분의 뜻을 분별하는 하나님과의 사귐이기 때문이다. 인간은 악해서 기도하지 않고 벌어진 일에 대해 하나님께서 행하신 일이라기보다 운이나 우연이라고 생각한다. 신자는 기도로 하나님의 뜻을 분별하고, 하나님이 행하시는 일을 경험한다.

백부장 고넬료는 이방인이지만 기도로 하나님과 깊은 사귐의 관계가 있었던 사람이다. 그가 시간을 정하여 기도할 때 빛난 옷을 입은 사람이 나타나 "하나님이 네 기도를 들으시고 네 구제를 기억하셨다."고 말한다. 기독교의 믿음은 우리가 기도할 때 '들으시는 하나님', 우리가 구제할 때 '기억하시는 하나님'이 계시다는 것이다. 우리가 믿는 하나님은 세상 이방신들과 달리 살아 계셔서 우리와 인격적으로 관계하신다. 우리 하나님은 귀에 들린 대로 행하시고, 작은 자에게 물 한 잔 대접한 것도 잊지 않겠다고 우리와 약속하신 하나님이시다. 그래서 우리가 기도할 때 하나님이 행하실 일을 기대하고, 구제할 때에 하나님께서 기억하는 자가 된다.

베드로가 고넬료의 집을 찾은 것은 베드로의 열심이 아니라 고넬료의 기도에 대한 하나님의 응답이었다. 고넬료가 하나님과 깊은기도의 교제 속에 하나님의 지시하심에 순종하고 사람을 보내어 베드로를 청한 것이다. 이방인 백부장 고넬료는 하나님의 섭리 속에서 그 뜻을 따라 순종하며 겸손하게 움직이는데 베드로는 아직도 정확히 하나님의 큰 구원의 그림을 깨닫지 못한다. 기도하는 자만 하나님께서 행하시는 일을 알 수 있다. 고넬료는 의아해하는 베드로를 주님 뵈옵는 심정으로 맞이하며, "오셨으니 잘하였다." 하며 반긴다. "우리는 주께서 당신에게 명하신 모든 것을 듣고자 하여 다 하나님 앞에 있나이다." 고넬료와 가족들은 베드로 앞이 아닌 하나님의 말씀 앞에 있었던 것이다.

나의 기도 • • •
날마다 하나님 말씀을 경청하며 살아가게 하소서!

깨달았도다

가이사랴(Caesarea) 6-4

사도행전 10:34-43

34-35 베드로가 입을 열어 말하되 내가 참으로 하나님은 사람의 외모를 보지 아니하시고 각 나라 중 하나님을 경외하며 의를 행하는 사람은 다 받으시는 줄 깨달았도다

베드로는 이방인 고넬료의 가족들의 모습 속에서 그동안 자신이 가지고 있었던 편견을 버리고, 외모를 보지 아니하시고 각 나라 중 하나님을 경외하며 의를 행하는 사람을 다 받으시는 하나님의 마음을 깨달았다. 선교는 하나님의 마음에 대한 깨달음이다. 성령강림의 역사 속에서 충만함으로 설교하고, 걷지 못하던 자를 예수의 이름으로 일으키는 치유를 베풀고, 심지어 죽었던 자도 살리던 베드로도 이방인들을 직접 대면하여 만나기 전에는 하나님의 마음인 선교에 대하여 알지 못했다. 그런 베드로를 고넬료의 집으로 초청하시고 깨닫게 하시는 분은 성령 하나님이시다. 성령님은 예수를 증거하는 영이요, 선교를 깨닫게 하시는 영이시다.

베드로는 성령의 말씀하게 하심을 따라 예수를 증거한다. 베드로 설교의 초점과 핵심은 오직 예수 그리스도에게 집중되어 있는 것을 볼 수 있다. 예수를 증거하시는 성령님께서 함께하신다는 증거이다. 만유의 주되신 예수 그리스도께서 화평의 복음을 전하신 것도, 하나님께서 나사렛 예수에게 성령과 능력을 기름 붓듯하셨기에 가능하였다. 하나님이신 예수님도 이 땅에서 사역하실 때 성령으로 행하셨다. 뿐만 아니라 나무에 달려 죽으시고 다시 살아나신 것도 죽은 자 가운데서 다시 살리는 영이신 성령님의 역사였다. 베드로는 예수 그리스도께서 유대인의 땅과 예루살렘에서 행하신 모든 일과 부활의 증인으로 담대하게 복음을 전한다.

예수님이 구원과 심판의 증언자이다. 예수님이 심판의 기준이고 그가 구원의 기준이다. "그에 대하여 모든 선지자도 증언하되 그를 믿는 사람들이 다 그의 이름을 힘입어 죄 사함을 받는다 하였느니라." 이것이 기독교 복음의 핵심이자 근거다. 하나님은 우리에게 '예수' 이름 외에 다른 이름을 주시지 않았다. 오직 그 이름 '예수'로만 구원의 길을 여셨다. 그러기에 유대인이나 이방인이나 그의 이름을 힘입어 구원을 얻는 것이다. 기독교는 우리가 행한 일이 아닌 하나님께서 우리 인간을 위하여 행하신 일을 믿음으로 구원을 얻는 신앙이다. 하나님께서 행하신 일이 의로우시며 그 일을 믿는 자가 의인이다. 그래서 예수 믿는 우리가 의인이다.

나의 기도 • • •
그 이름 예수에 소망두고 감사하며 살아가게 하소서!

우리와 같은 성령

사도행전 10:44-48

47-48 이에 베드로가 이르되 이 사람들이 우리와 같이 성령을 받았으니 누가 능히 물로
세례 베풂을 금하리요 하고 명하여 예수 그리스도의 이름으로 세례를 베풀라 하니라
그들이 베드로에게 며칠 더 머물기를 청하니라

하나님께서는 유대인들이 경험했던 성령강림의 역사를 이방인들에게
도 동일하게 경험하게 하신다. 이 사건을 이방인들의 오순절이라고도 부
르고, 베드로의 선교적 회심이라 하기도 한다. 하나님의 관심은 사람들
이 이루어 놓은 업적이나 겉으로 드러난 화려한 외형에 있는 것이 아니라
죄로 죽은 인간에게 있다. 유대교의 관습의 굴레에 갇혀 하나님을 민족의
신, 율법과 규례의 하나님, 예루살렘 성전에 제한하려는 베드로에게 성령
님을 이방인들에게 부어주심으로 유대인이나 이방인이나 차별이 없이 사
랑하시는 하나님을 보여주셔서 이방 선교의 문을 여신다. 교회가 건물이
나 조직이 아닌 성령이 임한 사람이 교회임을 깨닫게 하신다.

하나님께서 부어주신 성령을 받았으므로 이방인들을 하나님의 백성으로 받아들이는 것이 마땅하다. 물로 세례를 주는 것은 이 사람이 하나님의 백성이고, 예수를 믿는 사람이라는 공식적인 고백이다. 하나님의 백성된 가족이 되었다는 것을 공표하고 허락하는 것이다. 교회가 가지는 정체성은 우리는 예수님을 믿어 그와 연합한 자라는 것이다. 예수님을 믿는다는 것은 구원이 필요한 자라는 자기 실체에 대한 이해와 예수님이 구원자라는 고백에서 나온다. 그래서 구원에 다른 조건을 내세울 수가 없다. "죄인을 위하여 죽으신 예수를 믿노라. 그래서 내가 오늘 하나님의 백성으로 고백하노라." 이것이 교회의 올바른 정체성이다.

교회로 모이고, 교회를 존속시켜야 하는 이유는 다른 이유로는 함께 있을 수 없는 사람들이 예수의 이름으로 모였다는 것이다. 이방인들에게 성령이 임하셨다. 베드로와 함께 온 할례 받은 신자들이 이방인들에게도 성령 부어주심으로 인하여 놀란다. 말씀을 전하는 베드로도 함께한 신자들이 놀라는 것은 이방인들에게도 성령을 부어주실 줄 몰랐기 때문이다. 하나님은 그 어떤 편견도 없으시다. 그런데 우리는 예수님을 믿는다는 것이 가지는 조건에 다른 것을 갖다 붙이려고 한다. 쓸모 있는 것, 사람들이 혹은 세상이 납득할 만한 것, 유익한 것들이다. 그러나 그것이 교회를 교회 되게 하는 본질이 아니다. 교회의 본질은 오직 예수 이름으로 부르심을 받은 자이다.

나의 기도 • • •
예수 그 이름으로 부르심을 받아 감사하며 살아가게 하소서!

할례자들이 비난하여

사도행전 11:1-10

1-3 유대에 있는 사도들과 형제들이 이방인들도 하나님의 말씀을 받았다 함을 들었더니 베드로가 예루살렘에 올라갔을 때에 할례자들이 비난하여 이르되 네가 무할례자의 집에 들어가 함께 먹었다 하니

가이사랴 고넬료 집에서 벌어진 이방인들에게 임하신 성령의 역사가 유대에 있던 사도들과 형제들에게도 전해진다. 이방인들이 하나님의 말씀을 받았다는 기쁜 소식에 대한 그들의 반응은 냉담하다. 베드로가 예루살렘에 올라갔을 때 할례자들이 비난한다. "네가 무할례자의 집에 들어가 함께 먹었다." 비난의 초점은 베드로가 어긴 조상들의 전통이었다. 전통이 복음보다 우선되고, 전통이 구원의 역사를 가로 막는 것이다. 사도들과 형제들은 예수님과 공생애를 함께하며 가르침을 받았던 자들이고, 오순절 성령의 임재를 경험한 자들이다. 그럼에도 불구하고 전통의 굴레 속에서 하나님이 직접 행하신 생명의 역사를 비난하고 있다.

이방인들에 대한 편견은 베드로뿐만 아니라 유대에 있는 사도들과 형제들에게도 동일하게 있었다. 유대인들은 잘못된 선민의식을 가지고 있었다. 하나님께서 이스라엘 민족만을 택하셨다는 것이다. 그러나 하나님은 이스라엘 민족을 택하신 것이 아니라, 아브람 한 사람을 부르시어 이삭과 야곱으로 이어지는 자손을 통해 이스라엘을 조성하신 것이다. 하나님의 택하심은 혈통, 할례, 제사, 율법, 성전, 기도 등의 전통이나 행위로 이루어지는 것이 아니다. 하나님께서 성령을 부어 주셔서 부르심을 받아 말씀에 순종하는 사람이 선민이다. 그러나 할례인들의 눈에 비친 부르심의 방식은 그들에게 생소할 뿐 아니라 모든 이치에 어긋나 보였다.

할례 받은 유대인들이 가지고 있던 전통적 편견이 하나님께서 행하신 일을 부정한다. 하나님의 말씀이 아닌 자신들의 신념과 관행을 믿는 것이다. 그것은 하나님이 아닌 내가 주인이 되는 우상숭배다. 내 안에 교묘히 숨어 있는 자아라는 우상이 자신의 경험과 논리에 근거하여 모든 것을 판단하는 기준이 된다. 무할례자의 집에 들어가 함께 먹는 일은 하나님의 율법이 금하는 규정이 아니라 조상 대대로 내려오는 전통이었다. 베드로는 자신의 행동이 비난을 받자 이 일을 차례로 설명하며 자신을 변론한다. 그 변론의 핵심은 자신이 의도한 일이 아니라는 것이다. 이방인들이 성령을 받은 것은 베드로도 전혀 생각하지 못했던 하나님의 계획이었다.

나의 기도 • • •
종교적 전통, 신념, 원칙으로 생명의 역사를 부정하지 않고 살아가게 하소서!

생명 얻는 회개

사도행전 11:11-18

17-18 그런즉 하나님이 우리가 주 예수 그리스도를 믿을 때에 주신 것과 같은 선물을
그들에게도 주셨으니 내가 누구이기에 하나님을 능히 막겠느냐 하더라 그들이 이 말을
듣고 잠잠하여 하나님께 영광을 돌려 이르되 그러면 하나님께서 이방인에게도 생명 얻
는 회개를 주셨도다 하니라

베드로가 환상을 본 이후, 가이사랴에서 보낸 사람이 유숙하던 집 앞
에 찾아왔다. 성령님은 베드로에게 "아무 의심 말고 함께 가라." 하신다.
고넬료를 통해 베드로를 부르신 이도, 베드로에게 명하여 보내신 이도 성
령님이시다. 성령님은 우리 가운데 협력하여 그의 구원을 이루어 가신다.
베드로에게는 은과 금은 없지만 그가 줄 수 있는 것이 있다. 곧 '나사렛
예수의 이름'이다. 그 이름이 생명이고 능력이다. 생명을 가진 자만이 또
다른 생명을 낳을 수 있다. 베드로에게 온 집이 구원받을 생명의 말씀을
주시고, 생명의 역사를 이루시는 분이 성령님이시다. 우리를 통해 생명이
전달되고 있다면 그것은 성령이 우리 안에 있다는 증거다.

고넬료 가족에게 성령님이 임하셨다. 베드로의 설교를 듣고 그들이 고민 끝에 받아들인 것이 아니다. 베드로가 말을 시작할 때 오순절 예루살렘에서 제자들에게 임하셨던 성령님께서 그들에게 내리시는 것을 보고, 예수님께서 부활하신 후 승천하시기 전에 하신 말씀이 생각났다. "요한은 물로 세례를 베풀었으나 너희는 몇 날이 못되어 성령으로 세례를 받으리라"(행 1:5). 베드로가 이방인들에 대한 편견을 버린 것은 현상이 아니라, 예수님의 말씀에 근거한 것이다. 하나님의 말씀만이 우리 믿음의 기준이고, 우리를 변화시키고 새롭게 하신다. 우리 안에 하나님의 말씀이 성령님의 조명을 받을 때, 하나님의 뜻과 섭리를 깨닫게 된다.

선교는 깨달음이다. 구원은 유대인에게나 이방인에게 편견 없이 동일하게 주시는 하나님의 선물이다. 사도들과 형제들이 하나님의 구원의 선물은 차별이 없다는 깨달음이 이방인 선교의 새로운 장을 열었다. 성령 충만하였지만 이방인을 향한 하나님의 구원 계획에 대한 깨달음이 없었다면 그들은 복음의 방해자가 되었을 것이다. 하나님은 유대인들과 이방인들 사이의 장벽을 베드로와 고넬료의 만남을 통하여 허무신다. 또 이방인들로 인하여 사도들과 형제들이 하나님께 영광을 돌리고, 이방인들에게도 생명 얻는 회개를 주셨음을 고백하게 하신다. 하나님은 이방인에게는 성령을 주시고 유대인에게는 선교적 회심을 하게 하셨다.

나의 기도 • • •
성령님께서 조명해 주시는 내 안에 있는 생명의 말씀을 따라 살아가게 하소서!

헬라인에게도

사도행전 11:19-24

19 그중에 구브로와 구레네 몇 사람이 안디옥에 이르러 헬라인에게도 말하여 주 예수를
전파하니 주의 손이 그들과 함께 하시매 수많은 사람들이 믿고 주께 돌아오더라

예수님께서 고난을 받아 십자가에서 우리를 위하여 자기 몸을 나누어
주심으로 우리가 주님의 지체가 되게 하셨다. 주님이 주신 살과 피를 나
누어 먹은 우리가 교회다. 예루살렘교회가 스데반의 일로 환난을 받아 흩
어진다. 세상적 가치로 보면 실패 같지만 흩어진 자들에게 생명이 있기에
생명의 역사가 일어난다. 주님의 몸 된 교회는 핍박을 통해 생명이 전달
된다. 스데반의 설교로 예루살렘교회가 깨어진 것 같으나 오히려 그 지경
이 넓어졌다. 흩어진 자들이 핍박을 받았던 이유가 십자가의 도를 지키기
위함이었다. 죽음을 두려워하지 않는 예수의 생명이 그들 가운데 있었기
에 복음을 지키기 위해 흩어지고, 생명의 말씀을 전하게 된다.

흩어진 자들은 예루살렘이라는 지역적 경계를 넘어 베니게, 구브로, 안디옥에 이르게 된다. 그러나 문제는 그들이 지역의 경계는 넘었는데 아직까지 인종의 경계, 율법의 경계, 편견의 경계는 넘지 못했다는 것이다. 그래서 생명의 말씀을 유대인에게만 전한다. 그러나 그들 중에 구브로와 구레네 몇 사람이 안디옥에서 헬라인에게도 예수님을 전파하니 주님의 손이 함께하시어 수많은 사람들이 믿고 주께 돌아온다. 이방 땅에서 이방인이 복음을 받는다. 생명의 역사는 우리의 사상이나 열심을 뛰어 넘는 성령님의 능력이다. 예수님을 주로 고백하는 역사는 성령이 아니고서는 이룰 수 없다. 안디옥교회는 성령께서 일하시는 새로운 복음의 출발점이 된다.

예루살렘이 아닌 이방 땅에, 유대인이 아닌 이방인에게 복음이 전해지는 것이야말로 성령님의 역사였다. 예루살렘에 머물렀던 사도들에 의해서 복음이 전파되는 것이 아니라, 예수님의 도를 지키기 위하여 흩어졌던 자들을 통하여 성령님이 역사하시고 하나님의 은혜를 베푸신다. 예루살렘교회에서 파송된 바나바가 성령과 믿음이 충만한 사람이기에 하나님의 일하심을 본다. 하나님의 나라는 성령님에 의하여 통치되는 나라다. 새롭게 시작되는 안디옥교회는 혈통이나 율법 그들의 관습이나 전통이 아닌 성령님에 의하여 세워진다. 진정한 교회는 조직이나 프로그램으로 수를 늘리는 것이 아니라, 성령님께서 예수님의 몸 된 지체로 주께 더하시는 주님의 몸이다.

나의 기도 • • •
죽음을 두려워하지 않는 예수 생명으로 살아가게 하소서!

안디옥(Antioch) 7-2

그리스도인

사도행전 11:25-26

25-26 바나바가 사울을 찾으러 다소에 가서 만나매 안디옥에 데리고 와서 둘이 교회에
일 년간 모여 있어 큰 무리를 가르쳤고 제자들이 안디옥에서 비로소 그리스도인이라
일컬음을 받게 되었더라

이방인들에게 처음 복음이 전해졌던 수리아(시리아) 안디옥은 예루살
렘에서 북쪽으로 480km 떨어진 곳이다. 현재는 시리아 국경 근처 터키
의 남동쪽에 위치한 안타키아(Antakya)이다. 이 도시는 헬라(Greek)의 알
렉산더 대왕이 죽은 후 수리아 일대를 통치한 셀레우코스 니카토르 1세
(Seleucos Nicator I)가 BC 300년 부친 안티오쿠스(Antiochus)를 기념하여 세
웠다. 안디옥이란 이름으로 세워진 도시가 16개나 된다. 로마가 BC 64년
헬라 제국을 무너뜨리면서, 안디옥은 시리아 지역을 다스리는 로마 속주의
수도이자 로마의 동방 정책의 중심지가 되었다. 로마, 알렉산드리아에 이
어 세 번째로 큰 도시로 시민 대다수는 헬라어를 사용했다.

도시로 읽는 사도행전 _____

안디옥에는 당시 약 5만 정도의 유대인들이 살았으며, 안디옥교회는 예루살렘에서 핍박을 피해 온 성도들에 의해 세워졌다. 스데반 집사의 순교의 열매가 안디옥에서 열매 맺어진 것이다. 교회는 핍박으로 소멸되는 것이 아니라 살아난다. 안디옥에서 헬라인들에게 복음이 전해졌다는 소식을 들은 예루살렘교회는 헬라어에 능통한 구브로 출신 바나바를 파송하여 교회를 돌보게 한다. 바나바는 성령과 믿음이 충만한 사람으로 '착한 사람', '치유와 격려의 대명사'이다. 사도들에게 바울을 보증하며 중재하였고(행 9:27), 바울은 바나바와 함께 예루살렘을 방문하여 베드로와 사도들과 함께 지내다가 핍박을 피해 가이사랴를 거쳐 고향 다소로 갔다(행 9:30).

바나바는 바울과 헤어진 후 8년만에 안디옥 북서쪽 약 230km 떨어진 곳에 위치한 바울의 고향 다소까지 가서 바울을 안디옥으로 데려온다. 바나바와 바울은 함께 일 년간 안디옥에 있는 성도들을 섬기며 가르친다. 비로소 안디옥에 있는 성도들을 그리스도인이라 부르게 된다. 헬라어로 '크리스티아노이'(Christianoi)란 '그리스도에게 붙은 자', '그리스도에게 속한 사람'이라는 뜻이다. 안디옥교회의 정체성을 드러내고, 예수를 믿는 자들을 경멸하며 부르던 '그리스도인'이란 명칭은 오늘 우리에게 영광스러운 이름이며, 그 이름은 예루살렘이 아닌 이방 땅 안디옥에서부터 시작되었다. 안디옥 성도들의 삶이 그리스도를 투영했기에 붙여진 이름이다.

나의 기도 • • •

그리스도에게 붙은 자, 그리스도에게 속한 자로 살아가게 하소서!

안디옥(Antioch) 7-3

성령으로 말하되

사도행전 11:27-30

28-30 그중에 아가보라 하는 한 사람이 일어나 성령으로 말하되 천하에 큰 흉년이 들리라 하더니 글라우디오 때에 그렇게 되니라 제자들이 각각 그 힘대로 유대에 사는 형제들에게 부조를 보내기로 작정하고 이를 실행하여 바나바와 사울의 손으로 장로들에게 보내니라

하나님의 나라는 사랑에 근거한다. 하나님은 자기 존재를 뛰어 넘어 창조 세계로 오시고, 이스라엘을 경유하여 이방에게로 나가신다(월터 부르그만). 세상의 제국이 약자의 부를 착취해 강자에게 몰아주는 약육강식의 메커니즘 속에 세워진다면, 하나님 나라는 전능하신 하나님이 가치 없는 인간들을 위하여 자신을 내어 주시는 자기 헌신의 사랑으로 세워진다. 그 사랑으로 세워진 교회는 힘의 논리가 아닌 사랑의 논리로 움직여 간다. 성령으로 거듭난 인생들은 더 이상 제국의 법칙이 아닌 하나님 나라의 새로운 관점에서 살아가게 된다. 내 소유의 증식이 삶의 목표가 아니라 생명의 법칙이 삶의 근거가 되고 성령님이 원동력이 된다.

예루살렘에서 선지자들이 안디옥에 온다. 선지자 중 한 사람인 아가보가 천하에 큰 흉년이 들것을 예언한다. 이 예언의 원천은 자연 재해나 징조를 보고 추측한 것이 아니라 성령님이시다. 이 예언은 글라우디오 황제 때(AD 41-54년 재위), 약 AD 44년에 이루어진다. 안디옥교회 제자들은 그 힘대로 유대에 사는 형제들에게 부조를 보내기로 작정하고 실행한다. "신령한 것을 나눠 가졌으면 육신의 것으로 그들을 섬기는 것이 마땅하니라."(롬 15:27)는 바울의 고백처럼 교회는 영육이 사랑으로 하나되는 유기적 공동체다. 예루살렘교회와 안디옥교회가 지역은 떨어져 있지만 그리스도를 머리로 하는 한몸이기에 성령께 순종한다.

나눔은 자기 포기로부터 시작된다. 자기 포기는 성령 충만의 증거다. 성령님이 나의 주인이 되시기에 내가 가진 모든 것은 그분이 내게 잠시 잠깐 맡겨주신 것이라는 청지기 정신으로 나눔이 실천된다. 나의 모든 것은 내 것이 아니라 내 삶의 주인 되신 하나님의 소유이다. 내가 하나님의 소유임을 인정하고 주인의 뜻을 따라 사는 것이 신앙이다. 안디옥에 있는 성도들이 예루살렘, 유대를 향하여 부조(디아코니아)할 수 있는 것은 성령께서 그들을 교회 되게 하셨기 때문이다. 바나바가 성령 충만한 후 자신의 소유를 팔아 사도들 앞에 두었듯이 성령 충만한 안디옥교회 성도들이 각각 그 힘대로 작정하여 교회의 본질인 사랑을 실천한다.

나의 기도 • • •
성령에 의한 사랑의 논리, 새명의 법을 삶의 근거로 살아가게 하소서!

교회는 그를 위하여

사도행전 12:1-5

4-5 잡으매 옥에 가두어 군인 넷씩인 네 패에게 맡겨 지키고 유월절 후에 백성 앞에 끌
어 내고자 하더라 이에 베드로는 옥에 갇혔고 교회는 그를 위하여 간절히 하나님께 기
도하더라

　　새로운 박해가 헤롯 왕의 조종에 따라 이어진다. 헤롯은 아리스토불
루스(Aristobulus)의 아들 아그립바 1세다. 헤롯의 박해는 종교적인 이유
가 아닌 독재자의 횡포이자 사람들의 환심을 사려는 속셈이다. 독재자들
은 정권 유지의 수단으로 종교를 이용하려고 하지 신앙의 내용에는 관심
이 없다. 정권 창출을 위해 종교와 야합하기도 하고 방해하기도 한다. 그
기준은 권력과 힘의 논리에 따라 변화한다. 그러나 하나님의 나라는 힘의
논리가 아닌 하나님의 말씀에 근거한 생명의 논리가 그 기준이다. 통치의
수단도 권력이 아닌 성령님이 다스리신다. 세상 나라는 상황과 환경, 사
람에 의하여 변화하지만 하나님의 나라는 변함 없으신 하나님의 신실하
심에 근거한다.

예루살렘에 남아 있던 사도들 중 첫 순교자가 나온다. 다름 아닌 야고보다. 야고보의 죽음은 정치적 이유로 사람들에게 겁을 주려는 것이었다. 그러나 독재자들이 무슨 계략을 꾸미든 주님께서는 그것을 향기라는 제사로 받으셔서 복음에 대한 그의 신앙을 확증하신다(존 칼빈). 야고보의 순교를 유대인들이 기뻐한다. 스데반의 순교 때와는 다른 양상이다. 신앙이 아닌 정치적 술수에 눈멀어 있는 영적으로 무지한 유대인들의 모습을 본다. 헤롯은 다시 사도들의 수장격인 베드로를 잡아 옥에 가둔다. 두 번째 투옥이다. 베드로가 대제사장과 사두개인의 시기로 옥에 갇혔다가 하나님의 권능으로 놓여난 일(행 5:19)이 있었기 때문에 철통같이 지켰을 것이다(박윤선).

헤롯이 베드로를 옥에 가두고 정치적 기회를 삼으려 한다. 무교절은 유월절 이후 일주일간 누룩 없는 떡을 먹는 절기로 많은 유대인들이 예루살렘에 모인다. 때문에 이때 베드로를 처형하면 유대인들에게 더 큰 인기를 얻을 것이다. 정의나 옳고 그름이 아닌 대중의 인기에 영합한 타락한 정치인의 모습이다. 그러나 세상을 통치하시고 역사를 주관하시는 분은 하나님이시다. 교회는 정치인들에 의해 좌지우지되는 것이 아니다. 우리는 오직 통치자 하나님께 간절히 기도한다. 기도는 우리가 이 땅에서 할 수 있는 가장 위대한 일이며, 우리가 가진 가장 강력한 무기다. 기도를 통해 세상을 바꾸는 것이 아니라, 바로 내가 하나님의 통치 속에 거하기 때문이다.

나의 기도 • • •
변함없으신 하나님의 신실하심에 근거하여 그의 통치 속에 살아가게 하소서!

이제야 참으로

사도행전 12:6-11

10-11 이에 첫째와 둘째 파수를 지나 시내로 통한 쇠문에 이르니 문이 저절로 열리는
지라 나와서 한 거리를 지나매 천사가 곧 떠나더라 이에 베드로가 정신이 들어 이르되
내가 이제야 참으로 주께서 그의 천사를 보내어 나를 헤롯의 손과 유대 백성의 모든
기대에서 벗어나게 하신 줄 알겠노라 하여

    두 번째 투옥, 그러나 마음은 평안하다. 처형 날짜가 확정된 그 전날 밤
이라면 많은 생각과 고민, 아니 간절한 기도가 있어야 하는데 베드로는
두 군인 틈에서 쇠사슬에 매여 잠들어 있다. 고난이 두려워 예수님을 부
인하고 저주했던 모습과는 다른 평안한 모습이다. 부활의 주님을 만난 베
드로는 더이상 죽음이 두려움이 아니다. 부활 소망을 가진 자들은 주님
주시는 평강 속에, 직면해 있는 상황과 환경을 초월할 수 있는 여유가 생
겼다. 주의 사자의 개입으로 극적으로 옥에서 나왔음에도 생사를 분간하
지 못한다. 이 모든 내용은 하나님의 놀라운 능력을 더욱 더 완전하게 드
러내고 있다. 죽음의 벌판에서 그를 구출해내시는 주님의 은혜는 그에게
더 큰 확신을 준다.

우리가 잠들어 있는 동안에 하나님께서 우리를 돌보아 주시지 않는다면 우리는 어떻게 되겠는가? 그러나 성도들은 그들이 잠들기 전에 하나님께 그들의 안전을 위임하기 때문에 그들의 수면 역시 하나님께 부르짖는다(존 칼빈). 우리가 느끼든 못 느끼든 관계 없이 우리는 하나님의 보호 가운데 있다. 하나님이 우리를 지키시고 보호하지 않는다면 우리는 단 하루도, 아니 일 분, 일 초도 살 수 없고, 그 존재의 의미가 없다. 그의 선하신 팔이 우리를 붙들고 계시기에 참된 평안을 누릴 수 있다. 우리의 걱정이나 근심이 우리를 지키는 것이 아니라, 주님의 변치않는 사랑이 우리를 덮고 있기에 안전하다. 성도는 주님께 맡겨진 삶을 살기에 그분이 모든 것을 책임져 주신다.

하나님께서는 주의 사자를 옥중에 보내신다. 그의 임재가 광채로 빛나며 베드로를 쳐 일어나게 하시고, 쇠사슬을 벗기신다. 천사는 베드로에게 "띠를 띠고 신을 신으라." 하고 베드로는 천사의 말에 순종하여 따라 나선다. 하나님께서는 그분의 방법과 능력으로 베드로를 친히 구출해 내신다. 베드로 조차도 그것이 생시인지 환상인지 구분하지 못할 정도로 족쇄가 풀리고 옥문이 열리는 기적적인 경험을 한다. 베드로가 정신이 들어 "내가 이제야 참으로 주께서 그의 천사를 보내어 나를 헤롯의 손과 유대 백성의 모든 기대에서 벗어나게 하신 줄 알겠노라."고 고백한다. 그를 구하고 인도해 준 천사나 기적적 상황이 아닌 그 모든 일을 이루신 하나님께만 영광과 찬양을 돌린다.

나의 기도 • • •
나의 인생을 책임져 주시는 주님께 모든 것을 맡기고 살아가게 하소서!

주께서 자기를 이끌어

사도행전 12:12-19

16-17 베드로가 문 두드리기를 그치지 아니하니 그들이 문을 열어 베드로를 보고 놀라는지라 베드로가 그들에게 손짓하여 조용하게 하고 주께서 자기를 이끌어 옥에서 나오게 하던 일을 말하고 또 야고보와 형제들에게 이 말을 전하라 하고 떠나 다른 곳으로 가니라

마가는 헬라식 이름이고 요한은 히브리식 이름이다. 마리아의 집은 성도들이 모이는 장소였고, 성도들은 베드로를 위하여 그곳에서 간절히 합심하여 기도했을 것이다. 베드로는 마가의 어머니 마리아의 집으로 갔다. 그들의 기도대로 베드로가 살아 돌아온 것이다. 로데라 하는 여자 아이가 영접하러 나왔다가 베드로의 음성인 줄 알고 기뻐하며 문을 열지 않고 달려 들어가 베드로가 왔다고 전한다. 그러나 그들은 "네가 미쳤다." 하며 믿지 않는다. 여자 아이가 참말이라 하니 그들은 "그의 천사라." 한다. 베드로가 문 밖에서 계속해서 두드리니 그들이 문을 열어 보고 놀란다. 베드로를 보고야 믿는 그들의 모습 속에서 기도하지만 기도 응답을 기대하지 않는 우리의 일면을 본다.

기도는 하나님을 상대하는 일이다. 전지전능하신 하나님의 품속으로 들어가는 것이다. 우리가 구하든, 구하지 않든 하나님은 우리에게 가장 선한 것으로 베푸신다. 그러나 기도해야 하는 것은 나약한 인간은 구하지 않은 것을 주셨을 때 하나님께서 주셨다고 생각하지 않기 때문이다. 기도해야 주님이 주심을 알 수 있다. 또한 기도는 우리의 능력과 한계를 뛰어 넘는 일이다. 하나님께 우리가 간구하여 얻고자 하는 것은 우리의 노력이나 능력으로 얻을 수 있는 범위의 것들이 아니라, 전능하신 하나님의 능력의 영역인 것이다. 그래서 기도할 때 우리의 경험이나 상식선 안에 제한하는 것이 아니라, 하나님의 전능하심을 믿고 우리의 모든 것을 아뢰야 한다.

베드로는 그들에게 주께서 자기를 옥에서 이끌어 내신 일을 말하고, 야고보와 형제들에게 이 말을 전하라 한다. 베드로가 이 일을 전달 하고자 한 이유는 핍박 가운데 괴로워하며 불안 가운데 있는 자들을 위로하기 위함이요, 또 다른 이유는 하나님의 뛰어나신 은혜의 역사를 통하여 그들에게 더욱 더 큰 믿음의 확신을 주기 위함이었다. 그리고 베드로는 바로 그곳을 떠나 다른 곳으로 간다. 베드로가 옥에서 나온 일은 우리 믿는 자들에게는 하나님이 하신 놀라운 기적적인 역사로 받아들여지지만, 하나님을 모르는 헤롯과 병사들에게는 이해할 수 없는 소동거리였다. 하나님이 행하시는 일들은 영적 눈이 뜨인 자만이 인지하고 알 수 있는 것이다.

나의 기도 • • •
나의 영이 눈을 뜨게 하시어 하나님의 행하시는 일을 보며 살아가게 하소서!

흥왕하여 더하더라

사도행전 12:20-25

24-25 하나님의 말씀은 흥왕하여 더하더라 바나바와 사울이 부조하는 일을 마치고 마가라 하는 요한을 데리고 예루살렘에서 돌아오니라

로마 황제 아우구스투스 가이사(Augustus Caesar)의 이름을 딴 '가이사랴'는 백부장 고넬료를 통해 성령의 사람 베드로를 부르시고, 이방인에게 성령을 부어 주신 곳이다. 이방인들의 오순절이 일어난 '가이사랴'에서 로마 황제 글라우디오의 생일 축제가 열리는 날, 황제를 대신하여 헤롯이 주인공 행세를 한다. 헤롯은 황제를 대신할 뿐 아니라 하나님의 영광을 가로챈다. 독재자의 교만, 그것의 극치를 보여준다. 수리아에 속한 두로와 시돈은 가이사랴 북쪽에 있는 해안 도시다. 두로와 시돈은 원래는 부유한 도시였다. 그래서 과거의 영광을 생각하며 헤롯의 통치를 받지 않고 무시한다. 이 때문에 헤롯은 노여워했고 양식을 빌미삼아 두 도시의 목을 조인다.

세상은 힘의 논리로 팽배해 있다. 약육강식, 적자생존의 법칙으로 점철되어 온 것이 인간의 역사다. 자신의 힘을 과시하기 위하여 모든 수단과 방법을 동원한다. 그 모든 인간 죄악의 근본이 하나님과 같아지려는 유혹에서 출발한다. 그 죄로 인해 인간은 하나님과 분리되었고, 하나님의 도움이 끊겼으며, 불의, 부정, 부패한 일을 하게 되었다. 그러나 하나님은 자기 자신을 주시어 우리를 사랑하셨고, 성령을 부어주셔서 다시 하나님과 하나 되게 하셨다. 이방인들에게 성령의 역사가 일어난 황제의 도시 가이사랴에서 헤롯은 인간 죄악의 본질을 드러내며 주의 사자에 의해 벌레에 먹혀 죽는다. 베드로를 살리신 하나님이 황제의 땅에서 헤롯은 죽이신다.

교회의 원수들에게 기다리는 종말이 무엇이며 얼마나 하나님께서 교만을 싫어하고 있는가를 보여준다(존 칼빈). 성경은 분명히 하나님께서 교만한 자들을 물리치신다는 점을 지적하고 있으며(벧전 5:5) 하나님께서는 헤롯을 통해 우리에게 보여주신다. 영광이란 그의 뛰어남을 드러내는 것이다. 하나님의 영광은 그 어느 것과도 비교할 수 없는 영광이다. 하나님의 영광을 가로채는 것이 죄요, 하나님을 대신하는 것이 우상숭배다. "하나님의 말씀은 흥왕하여 더하더라." 세상의 부귀, 영화, 명예, 권력은 유한하지만 하나님의 말씀은 영원하다. 하나님의 말씀은 하나님이 신실하게 이루어 가신다. 우리 삶은 그 하나님의 역사 속에서 살아가는 것이다.

나의 기도 • • •
영원하신 하나님을 신뢰하며 말씀 앞에 겸손하게 살아가게 하소서!

3부

....

1차
전도 여행

(사도행전 13-15장)

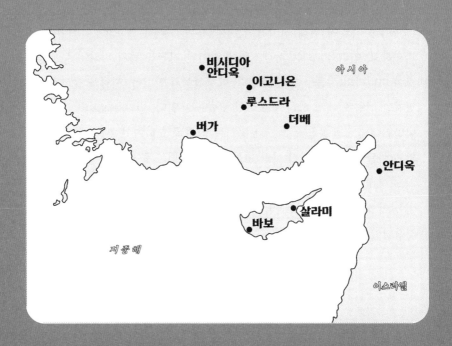

비시디아
안디옥

이고니온

루스드라

더베

버가

아시아

안디옥

살라미

바보

지중해

이스라엘

안디옥(Antioch) 7-4

따로 세우라

사도행전 13:1-3

2-3 주를 섬겨 금식할 때에 성령이 이르시되 내가 불러 시키는 일을 위하여 바나바와
사울을 따로 세우라 하시니 이에 금식하며 기도하고 두 사람에게 안수하여 보내니라

흩어진 자들에 의해 시작된 안디옥교회에 예루살렘교회는 바나바를
파송하고, 안디옥교회는 유대지역에 일어난 기근을 돕기 위하여 부조를
모아 바나바와 사울을 통해 보낸다. 예루살렘과 안디옥, 지역을 달리하고
있지만 성령 안에서 하나된 교회의 모습을 보인다. 안디옥교회의 특징은
이방인에게도 복음을 전하고 포용하는 다민족 교회이고, 여러 선지자들
과 교사들이 함께하는 팀 사역 교회다. 무엇보다도 중요한 특징은 성령님
의 지시에 민감하게 반응하는 교회이다. 여러 민족이 신분이나 계층을 뛰
어 넘어 함께할 수 있었던 것은 성령의 역사. 안디옥교회를 정의한다면
성령님이 역사하시는 다민족 공동체였다.

안디옥교회가 주를 섬겨 금식한 이유는 교회의 유익이나 소원을 위한 것이 아니라 공동체를 향한 하나님의 뜻을 묻기 위함이다. 부르심을 받은 자들의 모임인 교회는 부르신 자가 계신다는 것을 늘 인식하고, 부르신 분에게 부르심의 이유와 목적을 물어야 한다. 다민족 공동체로 안디옥교회를 부르신 하나님의 뜻이 무엇이며, 교회를 통하여 이 땅에서 이루실 일들이 무엇이가를 따라 교회가 세워져야 한다. 성령님께서는 안디옥 공동체의 핵심 리더인 바나바와 바울을 따로 세우라 하신다. 성령님은 바나바와 바울을 통해 지역 경계를 넘어 복음을 이방 땅끝으로 전하는 하나님의 역사에 안디옥교회를 사용하고자 하신다.

교회는 그리스도의 몸이다. 예수님은 교회의 머리다. 성령님께서는 머리 되신 예수 그리스도와 몸 된 우리를 유기적으로 연합하게 하신다. 건강한 교회는 머리이신 예수님의 계획과 생각이 몸인 성도들을 통하여 표현되고 실현되는 거룩한 몸이다. 예수님의 몸인 교회의 정체성은 성령으로 예수님과 하나되는 하나님의 편한 도구가 되는 것이다. 예수님께서 승천하시기 전 선포하셨던 "예루살렘을 떠나지 말고 약속하신 성령을 받아 땅끝까지 이르러 내 증인이 될 것이라."는 말씀을 이루시는 복음의 도구로 안디옥 공동체를 사용하시고자 하신다. 안디옥교회는 주저하지 않고 말씀에 순종하여 금식하며 기도하고 두 사람을 안수하여 보낸다.

나의 기도 ● ● ●
복음의 도구로 살아가게 하소서!

살라미(Salamis) 8-1

성령의 보내심을 받아

사도행전 13:4-5

4-5 사람이 성령의 보내심을 받아 실루기아에 내려가 거기서 배 타고 구브로에 가서 살
라미에 이르러 하나님의 말씀을 유대인의 여러 회당에서 전할새 요한을 수행원으로 두
었더라

하나님은 우리를 부르시고, 그리스도의 몸 된 교회가 되게 하셨다. 또
한 성령님은 우리를 삶의 현장으로 보내시고 예수의 증인으로 살아가
게 하신다. 그것이 기독교의 부르심과 보내심이다. 다민족으로 안디옥
교회를 부르신 성령님은 바나바와 바울을 따로 세워 이방을 위해 보내
신다. 선교(mission)는 '보내다'라는 뜻이다. '보내심을 받은 자'를 선교사
(missionary)라 한다. 선교의 주체는 성령님이다. 보내시는 목적은 예수님
의 증인이 되는 일이다. 성령님의 보내심을 받은 바나바와 바울은 실루기
아(Saleucia)로 내려가 배를 타고 구브로(Cyprus) 섬으로 간다. 구브로는 바
나바의 고향이자(행 4:36), 전승에 따르면 바울과 헤어져 돌아와 복음을
증거하고 순교한 곳이다.

구브로에서 바나바가 스데반의 일로 흩어진 자들인 유대인들에게만 말씀을 전했다(행 11:19). 바나바와 바울은 섬의 동쪽 지역인 살라미(Salamis)에서 유대인의 여러 회당에서 하나님의 말씀을 전하였다. 회당은 이방 선교의 거점이 되었다. 사도행전에서 비시디아 안디옥(13:14), 이고니온(14:1), 데살로니가(17:1-2), 베뢰아(17:10), 아덴(17:17), 고린도(18:4), 에베소(18:19, 26, 19:8) 등지의 회당에서 활동하였음을 언급한다. 또한 마가라 하는 요한을 수행원으로 둔다. 마가는 바나바의 생질이고(골 4:10), 마가의 다락방의 주인이자 마가복음을 기록한 자이다. 마가는 밤빌리아에서 예루살렘으로 돌아갔고(행 13:13), 그로 인해 바울과 바나바는 심하게 다투고 헤어지게 된다.

성령님으로 부르셔서 교회를 이루시고, 따로 세워 선교사로 보내셨지만 죄성을 지닌 인간이기에 그 한계가 있다. 그러나 그 한계를 아시는 성령님께서 동행하고 계시며, 그분이 역사를 주관하고 계시다. 우리의 삶과 사역 속에서 드러낼 수 있는 것은 우리 힘으로는 안된다는 절망이다. 그러나 그 절망 속에서 희망이 되시는 분이 예수 그리스도다. 그래서 우리는 예수님이 필요한 자이다. 우리를 절망 가운데서 건져주시고, 주님의 길로 인도해 주실뿐 아니라, 우리의 삶이 예수로 살아짐을 통하여 예수의 증인이 되는 소망을 품게 하시는 분이 성령님이시다. 그분이 지금 우리가 선 곳에 함께 계시기에 하나님 나라의 통치 속에서 그 나라의 완성을 꿈꾸며 살고 있는 것이다.

나의 기도 • • •
부르심과 보내심에 순종하여 예수를 증거하며 살아가게 하소서!

바보(Paphos) 9-1

성령이 충만하여

사도행전 13:6-12

9-11 바울이라고 하는 사울이 성령이 충만하여 그를 주목하고 이르되 모든 거짓과 악행
이 가득한 자요 마귀의 자식이요 모든 의의 원수여 주의 바른 길을 굽게 하기를 그치
지 아니하겠느냐 보라 이제 주의 손이 네 위에 있으니 네가 맹인이 되어 얼마 동안 해
를 보지 못하리라 하니 즉시 안개와 어둠이 그를 덮어 인도할 사람을 두루 구하는지라

    살라미에서 바보(Paphos)까지의 거리는 약 180km, 관통하는 데 걸리
는 시간을 1주일 정도 잡는다. 거기서 '바예수'라 하는 유대인 거짓 선지
자를 만났다. '바예수'는 예수의 아들이란 뜻이고 그는 마술사였다. 마술
은 눈속임이나 악령의 힘을 이용하여 사람들을 현혹하는 일이다. 마술사
라는 명칭은 당시 그리스 문화권의 학문이나 종교의 수행자라는 일반적
이해가 반영된 것이다. 따라서 총독이 궁정에서 그러한 보편 학문에 조예
가 있는 사람을 곁에 두고 의논의 상대로 삼았다. 마술사 엘루마는 총독
(anthupatos, 안투파토스) 서기오 바울이 바나바와 사울을 불러 하나님의 말
씀을 듣고자 하는 것을 방해한다.

바울은 성령이 충만하여 거짓 선지자 '바예수'의 정체를 폭로하고 징벌한다. 모든 거짓과 악행이 가득한 자, 악마의 자식, 모든 의의 원수, 주의 바른 길을 굽게 하기를 그치고, 주의 손이 위에 있어 맹인이 되어 보지 못할 것을 선포하니 바로 안개와 어둠이 그를 덮었다. 바울이 아닌 성령님의 능력이 악한 영을 결박하시고 눈을 멀게 하셨다. 그 일로 구브로 총독 서기오 바울이 믿으며 주님의 가르치심을 놀랍게 여긴다. 거짓 선지자의 정체를 폭로하는 영적 분별력과 악한 영을 결박하여 눈을 멀게 하는 성령님의 능력이 선교의 문을 여신다. 바울의 첫 사역의 회심자는 구브로 바보의 로마 총독 서기오 바울이 된다.

선지자 이사야의 책에 "너희는 주의 길을 준비하라 그의 오실 길을 곧게 하라."(눅 3:4) 말씀하셨다. 선지자는 주의 길을 준비하고 곧게 하는 직분이다. 거짓 선지자는 주의 바른 길을 굽게 하여 주님의 뜻과 계획에는 관심이 없고 자신의 욕망을 따라 행하고, 종교를 수단화하여 자신의 유익을 얻으려 자이다. 바울이 마술사의 눈을 멀게 한 것은 주님의 길을 막아섰던 과거 바울 자신의 모습이다. 영적으로 눈이 멀어 주님을 보지 못하고 핍박하던 자가 이제 예수에 눈이 띄여 거짓 선지자를 분별하고 눈 멀게 한다. 이 시대에도 예수님께 눈뜬 자로 주님의 다시 오심을 준비하며, 그 길을 곧게 하며 살기를 소망한다.

나의 기도 • • •
영적 분별력과 성령의 능력으로 주님 다시오심을 준비하며 살아가게 하소서!

그들에게서 떠나

사도행전 13:13

13 바울과 및 동행하는 사람들이 바보에서 배 타고 밤빌리아에 있는 버가에 이르니 요한
은 그들에게서 떠나 예루살렘으로 돌아가고

바울 선교 팀은 구브로 섬 바보(Paphos)에서 배를 타고, 밤빌리아의 버
가(Perga)라는 곳(오늘날 튀르키예의 '무프타나' 근방)으로 이동한다. "바나바
와 바울을 따로 세우라."(행 13:2)는 성령의 말씀을 따라 시작되었던 선교
여행 중 구브로를 지나면서 "바울과 및 동행하는 사람들"(행 13:13)로 선
교 팀의 리더십이 바나바에게서 바울로 옮겨가는 형국이다. 또 버가에 이
르러 살라미에서 수행원으로 합류하였던 마가 요한은 예루살렘으로 돌아
간다. 사실 이 일로 인하여 2차 선교 여행을 시작하기 전 마가 요한을 데
리고 가는 문제 때문에 바울과 바나바는 서로 심히 다투고(행 15:37-39),
피차 갈라지게 된다.

선교 팀에 만남, 동행, 이별이라는 변화가 있다. 우리 교회 또는 선교지에도 흔히 겪는 일이다. 그러나 중요한 것은 그것을 바라보는 시각이다. 인생은 만남과 동행 그리고 이별의 연속이다. 그리스도인의 만남이 세상과 다른 것은 만남을 통하여 얻어지는 유익의 유무를 따지는 것이 아니라, "하나님께서 왜 우리를 이 시기에 만나게 하셨을까?" "우리의 만남을 통하여 하나님께서 이루고자하는 것이 무엇인가?"를 아는 것이 중요하다는 점을 알기 때문이다. 모든 만남 가운데 하나님이 계시다. 즉 우리를 만나게 하시는 의미가 있다. 그 만남은 동행을 통하여 각자의 역할이 있음을, 또 그것을 통해 우리에게 주시는 영적 유익이 있음을 알아야 한다.

헤어짐 또한 바울과 바나바의 성향 문제로 이해할 수 있지만, 만나게 하신 이가 또 헤어지게도 하신다. 인생의 여정은 이러한 만남과 동행과 이별로 점철되는데, 그 모든 상황 가운데 역사하시는 하나님의 섭리가 있다. 만남과 동행과 이별은 옳고 그름의 문제가 아니라, 그때그때 역사하시는 성령님의 인도하심으로 해석해야 한다. 우리의 삶과 사역을 인도하시는 하나님의 주권을 인정하고, 우리 인생을 옳고 그름을 따지며 정죄의 자리에 서기보다는 우리의 연약한 인생 속에서 함께하시는 하나님의 긍휼 앞에 서야 한다. 성령님은 우리 가운데 계시고, 선한 길로 인도하시며, 좋은 열매를 맺게 하신다.

나의 기도 • • •
모든 만남 사이에 하나님이 계심을 기억하고 살아가게 하소서!

율법과 선지자의 글

사도행전 13:14-16

14-15 그들은 버가에서 더 나아가 비시디아 안디옥에 이르러 안식일에 회당에 들어가 앉으니라 율법과 선지자의 글을 읽은 후에 회당장들이 사람을 보내어 물어 이르되 형제들아 만일 백성을 권할 말이 있거든 말하라 하니

바울 선교 팀은 버가에서 더 나아가 '비시디아 안디옥'(Pisidian Antioch)에 도착한다. 당시 16개에 이르는 '안디옥'이라는 동일한 이름을 가진 다른 도시와 구별하기 위하여 '비시디아 안디옥'이라는 명칭으로 이 도시를 호칭한다. 요세푸스의 기록에 의하면 이 도시에 유대인 2,000여 가구가 이주해 살고 있었다고 한다. 그들은 신앙 생활을 위해 회당을 운영하고 있었으며, 안식일에 바울과 일행들이 회당에 들어가서 율법과 예언자의 글을 읽는 회당의식에 참여하였다. 낭독되는 말씀은 소수 사람에게만 국한된 것이 아니라 모두에게 차별 없이 들을 수 있었다. 회당장들이 사람들을 보내어 바울의 일행들에게 물어 백성을 권할 말이 있으면 말하라고 청한다.

바울의 공식적인 첫 번째 설교다. 바울의 설교는 사도행전 13장 16-41 절의 긴 설교인데, 내용상 크게 세 부분으로 나뉜다. 첫째, 17-22절은 구약의 역사를 개관하고, 둘째, 23-31절은 예수님의 죽음과 부활, 즉 복음서의 역사를 개관한다. 마지막으로 32-41절은 예수님의 부활의 의미를 고찰하고 믿음으로 죄 용서와 의롭다 함을 얻는다는 것을 설명한다. 설교의 의도는 유대인들을 예수 그리스도의 신앙으로 인도하는 데 있었다. 하나님께서 구세주를 약속해 주셨으며 그의 통치를 통하여 축복을 누리게 될 것이라는 사실이다. 그러므로 약속하신 메시아를 중심으로 모여야 하며, 그를 받아들이지 않으면 조상과 맺은 생명의 언약이 무효화된다는 것이다.

기독교 신앙의 본질은 우리가 하나님을 위하여 무엇을 했는가가 아니라, 하나님께서 인생들을 위하여 어떤 일을 하셨는가에 그 초점을 맞추어야 한다. 하나님은 유구한 이스라엘의 역사를 통하여 우리에게 독생자 예수 그리스도를 주시고, 죄와 죽음의 문제를 해결하시고 구원을 이루셨다. 바울은 그들이 알고 있는 과거 이스라엘의 역사 속에서 하나님이 하신 일을 통하여, 예수 그리스도를 소개하고 의의 복음을 전한다. 바울이 전하는 복음을 듣는 대상이 '이스라엘 사람들과 하나님을 경외하는 사람들'이었다. 회당 안에 자신이 아브라함의 후손이 자부하는 유대인들과 그렇지 않은 하나님을 경외함으로 유대교에 들어온 이방인들이 함께하고 있었다.

나의 기도 • • •
하나님을 경외하는 것이 지식의 근본임을 알고 살아가게 하소서!

비시디아 안디옥(Pisidian Antioch) 11-2

조상들을 택하시고

사도행전 13:17-22

17-19 이 이스라엘 백성의 하나님이 우리 조상들을 택하시고 애굽 땅에서 나그네 된 그
백성을 높여 큰 권능으로 인도하여 내사 광야에서 약 사십 년간 그들의 소행을 참으시
고 가나안 땅 일곱 족속을 멸하사 그 땅을 기업으로 주시기까지 약 사백오십 년간이라

　　바울은 설교의 시작을 그들이 공유하고 있는 구약 역사로부터 시작한
다. 회당에 있는 유대인들과 하나님을 경외하는 자들에게 '우리'라는 동
질성 안에서 하나님께서 우리 조상을 택하셨음을 인지시킨다. 이어서 애
굽으로부터의 탈출과 광야 40년의 생활, 가나안 일곱 족속을 멸하고 그
땅을 기업으로 주시기까지 450년, 선지자 사무엘 때까지의 사사시대와
그 후 그들이 왕을 구하여 하나님이 베냐민 지파 사람 기스의 아들 사울
을 40년간 주셨다가 폐하시고 다윗을 왕으로 세우신 일이 그 내용이다.
바울이 구약 역사를 개괄하는 이유는 서로가 가지고 있는 역사적 공통분
모에 근거하여 그들에게 제시하고자 하는 주제를 이끌어내기 위함이다.

바울이 증거하는 이스라엘 역사는 하나님께서 주도하시는 역사다. "하나님이 우리 조상을 택하셨고, 이스라엘 백성을 높여, 애굽에서 인도해 내셨고, 광야에서 저희의 소행을 참으셨고, 일곱 족속을 멸하셨으며, 가나안 땅을 기업으로 주셨고, 사사를 주셨고, 다윗을 왕으로 세우셨으며, 구주를 세웠다." 하나님은 역사를 친히 움직이시는 주권자시다. 이스라엘 백성이 우월하여 하나님을 여러 신들 가운데 택한 것이 아니라, 하나님께서 이스라엘을 선택하여 구원의 역사를 전개하신다. 하나님의 구원의 역사는 하나님이 주어이고, 하나님이 행하신 일들이 목적어다. 우리가 구원받은 것은 우리의 선택이나 노력이 아닌 하나님의 행하신 일로 얻은 결과다.

천지창조 이후 인간의 범죄로 인하여 황폐해진 이 땅을 회복하시기 위하여 하나님은 구원의 역사를 계획하시고, 그 구원을 우리 인간들에게 언약과 약속으로 주시며, 그 약속을 신실하게 이루어 오셨다. 그것이 바로 인간 구원의 역사다. 죄악 된 나 한 사람을 구원하시기 위하여 하나님은 긴 구원의 역사를 이루어 오신 것이다. 구원의 역사가 하나님 손안에 있다. 우리의 역할은 역사의 주관자이신 하나님께 뜻을 따라 그 구원의 방주 안으로 들어가는 것이다. 또한 환난 가운데에도 긍휼을 베푸실 것과 하나님 마음에 합하여 하나님께서 주관하시는 역사 가운데 하나님의 뜻을 이루고 살아가는 것이다. 우리의 삶이 하나님이 역사하시는 장이며, 구원의 중심이다.

나의 기도 • • •
역사의 주관자이신 하나님의 뜻을 따라 살아가게 하소서!

약속하신 대로

사도행전 13:23-31

23-24 하나님이 약속하신 대로 이 사람의 후손에서 이스라엘을 위하여 구주를 세우셨
으니 곧 예수라 그가 오시기에 앞서 요한이 먼저 회개의 세례를 이스라엘 모든 백성에
게 전파하니라

"다윗을 왕으로 세우시고 증언하여 이르시되 내가 이새의 아들 다윗
을 만나니 내 마음에 맞는 사람이라 내 뜻을 다 이루리라." 사무엘상 13
장 14절, 시편 89편 20절의 구약 인용이다. "내 뜻을 이루리라." 하신 하
나님께서 그 약속대로 그 후손에서 이스라엘을 위하여 세우신 구원자로
예수님을 연결시킨다. 그리고 마지막 선지자인 세례 요한의 고백(눅 3:16-
17)을 인용하여 그가 그리스도가 아니라 후에 오실 예수가 그리스도이심
을 증거한다. 구약 시대 하나님의 약속과 새로운 신약 시대의 시작을 알
리는 회개의 세례를 선포하여 예수님을 이어 주는 역할로 세례 요한을 언
급한다. 하나님께서는 약속하시고, 그 약속을 신실하게 이루어 가시는 분
이시다.

하나님께서 약속하신 궁극적인 목적은 구원이다. 바울은 하나님께서 '구원의 말씀'을 우리에게 보내셨다고 설교를 이어간다. '구원의 말씀'이란 태초에 하나님과 함께 계셨던 예수 그리스도를 의미한다(요 1:1). 바울 설교의 초점은 예수님을 정조준하고 있다. 구약의 말씀이 예수님께로 향하는 구원의 예표이고, 그 '구원의 말씀'의 실체가 예수 그리스도이시다. 그러나 예루살렘에 사는 자들과 관리들이 예수와 선지자들의 말을 알지 못하므로 예수를 정죄하고 십자가에 달아 죽이고 무덤에 두었다. 안식일마다 선지자들의 말씀을 읽고 외웠으나 그들의 영적 무지가 예수님을 죽였다. 예수님께서는 선지자들의 기록한 말씀을 다 이루시고 죽으셨다.

"하나님이 죽은 자 가운데서 그를 살리신지라." 사람의 무지가 예수님을 죽였으나, 하나님은 약속대로 그를 살리신다. 그 부활하신 예수님께서 제자들과 여러 날 함께 계셨고, 그들이 예수 부활의 증인이다. 예수님의 십자가 죽음 이후 각기 제 살길을 찾아 돌아섰던 제자들을 예수님께서 친히 찾아 주셔서 그들에게 부활의 몸을 보여주시어 부활의 소망이 되셨다. 예수님께서는 제자들에게 예루살렘을 떠나지 말 것과 아버지께서 약속하신 것을 기다리라고 당부하시며 승천하셨고 몇 날이 못되어 약속하신 성령을 받은 제자들이 증인의 삶을 살게 되었다. 성도란 자신의 요구를 하나님께 구하는 자가 아니라 하나님의 약속을 깨달아 기다리는 자다.

나의 기도 • • •
약속을 주시고, 그 약속을 신실하게 이루어 가시는 하나님을 신뢰하며 살아가게 하소서!

비시디아 안디옥(Pisidian Antioch) 11-4

조상들에게 주신 약속

사도행전 13:32-37

32-33 우리도 조상들에게 주신 약속을 너희에게 전파하노니 곧 하나님이 예수를 일으
키사 우리 자녀들에게 이 약속을 이루게 하셨다 함이라 시편 둘째 편에 기록한 바와
같이 너는 내 아들이라 오늘 너를 낳았다 하셨고

하나님의 말씀인 성경은 오래된 약속인 구약(Old Testament)과 새로운
약속인 신약(New Testament), 즉 약속의 책이다. 하나님께서는 인간 구원
의 역사를 약속으로 주시고, 그 약속을 지금까지 신실하게 행하시고 계시
다. 하나님 약속의 중심에 예수 그리스도가 계시고, 구약이 오실 예수 그
리스도를 예언하고 달려왔다면, 신약은 오신 예수 그리스도와 그의 삶과
사역, 그리고 십자가의 죽으심과 부활로 약속의 성취를 말씀한다. 예수님
께서는 성령을 부어 주시겠다는 약속과 다시 오시겠다 약속하시고 승천
하셨다. 이제 예수 그리스도의 다시 오시겠다 하신 재림의 약속만 남았
고, 마지막 약속만 남았기에 이 시대를 우리는 말세라 부른다.

예수님께서 메시아, 즉 그리스도이신 이유는 하나님의 약속을 성취하셨기 때문이다. 하나님께서는 구약에 이미 약속을 이루실 메시아에 대한 많은 약속을 주셨고, 예수님께서 이 땅에 오심부터 다시 부활하시고 승천하신 일은 약속의 성취였다. 바울은 비시디아 안디옥 회당의 설교를 통하여 이스라엘 민족의 다윗 정통성 계승과 늘 읽고 외우는 율법과 선지자의 말씀이 어떻게 예수님께 성취되었는지를 구약을 인용하여 증거한다. 예수님이 부활하심으로 '하나님의 아들'을 보낸다는 약속(시 2:7)과 "다윗의 거룩하고 확실한 것들을 주리라." 하신 약속(사 55:3), "거룩한 자로 썩음을 당치 않게 하리라." 하신 약속(시 16:10)이 모두 이루어졌다고 설명하고 있다.

구약의 약속을 예수님께서 삶으로 성취하셨다. 그가 죄를 위하여 십자가에 죽으시고 부활하심으로, 부활이 우리의 소망이 되었다. 예수를 죽은 자 가운데서 일으키신 하나님께서, 죄로 인하여 죽은 우리를 다시 살리신다는 부활 신앙이다. 기독교는 부활의 신앙이다. 기독교가 세상의 여느 종교와 다른 이유는 기독교에는 그 어떤 종교도, 신들도 흉내 낼 수 없는 부활의 생명을 담고 있다는 점이다. 사탄은 죽음을 무기로 우리를 위협하고, 죽음을 두려워하며 사는 인생들에게 죽어도 다시 사는 부활의 이야기는 승리의 소식이자 기쁨의 복된 소식이다. 복음은 사망 권세를 이기시고 부활하신 예수님을 통하여 완성되었다. 그러므로 그 복음을 소유한 자는 죽음을 초월한 삶을 산다.

나의 기도 ● ● ●
예수 그리스도를 통하여 완성된 복음을 소유하고, 죽음을 초월하며 살아가게 하소서!

비시디아 안디옥(Pisidian Antioch) 11-5

이 사람을 힘입어

사도행전 13:38-41

38-39 그러므로 형제들아 너희가 알 것은 이 사람을 힘입어 죄 사함을 너희에게 전하는
이것이며 또 모세의 율법으로 너희가 의롭다 하심을 얻지 못하던 모든 일에도 이 사람
을 힘입어 믿는 자마다 의롭다 하심을 얻는 이것이라

바울의 공식적인 첫 번째 설교의 결론은 '이 사람을 힘입어' 죄 사함을
너희에게 전하는 것이며, '이 사람을 힘입어' 믿는 자마다 의롭다 하심으
로 얻는다는 것이다. 바울 설교의 초점은 '이 사람' 바로 예수 그리스도께
모아져 있다. 유대인들은 타국에 살면서도 회당 중심, 율법 중심의 종교
생활과 삶을 살았다. 또 비시디아 안디옥은 로마 황제의 도시다. 그곳에
서 회당과 율법이 아닌 예수가 중심이 되는 신앙을, 또 황제를 힘입어 살
아가는 삶이 아닌 예수를 힘입어 죄 사함과 의롭다 하심을 얻으며 살라고
선포한다. 이렇듯이 그의 이름으로 죄 사함을 받게 하는 회개가 예루살렘
에서 시작하여 모든 족속에게 전파되고 있다(눅 24:47).

바울은 하박국 선지자의 말씀을 들어 경고하고 권면한다. "여호와께서 이르시되 너희는 여러 나라를 보고 또 보고 놀라고 또 놀랄지어다 너희의 생전에 내가 한 가지 일을 행할 것이라 누가 너희에게 말할지라도 너희가 믿지 아니하리라"(합 1:5). 하나님께서 이루신 '한 일' 곧 구원의 큰 사역이 예수 그리스도를 통하여 이루어졌다. 하나님의 일은 율법이나 건물에 제한되는 것이 아니라, 예수 그리스도의 죽음과 부활을 통하여 새롭게 창조되었다. 예수님은 눈에 보이는 인간의 제한된 경계를 넘어 사죄와 칭의로 온 세상을 치유하시고 소망을 주셨다. 그러나 멸망 당할 자들은 그 구원의 큰 일을 멸시하고 도무지 믿지 못할 것이다.

진리의 영이신 성령은 예수를 증거하는 영이다. 바울의 증거가 예수님께 초점이 맞추어져 있는 것은 성령님께서 그의 입술을 주장하실 뿐만 아니라 그의 삶을 사로잡고 계시기 때문이다. 예수를 힘입어 사는 인생이 복된 인생이다. 예수님이 살아 주시는 인생이 행복한 인생이다. 우리가 인생에 실패하는 이유는 예수님을 힘입어 살지 않기 때문이다. 아직 나의 자아가 죽지 않아서 주님이 하시는 것보다 내가 하는 것이 더 옳고, 더 잘 살 수 있을 것이라는 막연한 착각과 유혹이 우리를 사로잡고 있다. 그러나 성령님이 우리를 사로잡아 주실 때 우리를 통해 주님이 주인 되어 주시고 우리의 삶을 통하여 예수가 드러나는 삶을 살게 된다.

나의 기도 • • •
성령이 나를 사로잡아 주심으로 삶에 예수를 드러내며 살아가게 하소서!

비시디아 안디옥(Pisidian Antioch) 11-6

이방의 빛

사도행전 13:42-47

46-47 바울과 바나바가 담대히 말하여 이르되 하나님의 말씀을 마땅히 먼저 너희에게
전할 것이로되 너희가 그것을 버리고 영생을 얻기에 합당하지 않은 자로 자처하기로
우리가 이방인에게로 향하노라 주께서 이같이 우리에게 명하시되 내가 너를 이방의 빛
으로 삼아 너로 땅끝까지 구원하게 하리라 하셨느니라 하니

　　비시디아 안디옥 회당에서 바울의 설교 이후 여러 가지 사건들이 벌어
진다. "다음 안식일에도 이 말씀을 하라."는 청함을 받았고, 유대인과 유
대교에 입교한 경건한 사람들이 많이 바울과 바나바를 따른다. 두 사도는
따르는 자들에게 "항상 하나님의 은혜 가운데 있으라."고 권면한다. 또
그 다음 안식일에는 비시디아 안디옥 온 시민이 거의 다 하나님의 말씀을
듣고자 모인다. 그러나 시기하는 유대인들은 바울이 말한 것을 반박하고
비방한다. 그러나 바울과 바나바는 담대히 그들에게 하나님의 말씀을 버
리고 영생을 얻기에 합당하지 않은 자로 자처하는 자들을 떠나, 이방인을
향해 나아가 선교할 것을 천명한다.

하나님의 말씀이 선포될 때는 언제나 두 가지 반응이 따르게 된다. 성령님의 임재를 통해 예수를 구주로 영접하여 영생의 구원에 이르는 경우와 복음을 거부하고 오히려 박해하는 것이다. 오순절 성령강림 이후와 걷지 못하는 자가 걷는 사건 후, 베드로의 설교를 통해서는 수천 명의 사람이 회개하고 주 앞으로 돌아왔다. 그러나 그 일로 베드로는 옥에 갇혔다. 스데반은 설교 이후 돌에 맞아 순교하고, 그로 인해 교회에 박해가 온다. 비시디아 안디옥에서 바울의 설교는 호감과 더불어 비방과 박해가 동반된다. 설교는 성공과 실패가 없다. 복음이 선포될 때 구원에 합당한 자와 그렇지 않은 자의 반응이 다를 뿐이다.

구원은 우리의 노력이나 언변이 아닌 인생을 구원하시는 분의 주권에 있다. 유대인의 반발과 비방, 박해, 그리고 경건한 자들의 호의적 반응을 함께 겪으면서, 바울은 비시디아 안디옥에서 "이방의 빛으로 땅끝까지 구원하게 하리라."(사 49:6)는 말씀을 인용하여 이방인 선교의 부르심을 선포한다. 바울 자신도 자신의 선택이나 열심, 노력이 아닌 상상치 못한 은혜로 구원을 받았기에, 유대인이나 이방인을 차별 없이 구원하시는 하나님의 부르심에 순종하며 반응한다. 부르신 이가 성령의 임재로 늘 함께 하시기에 상황과 환경을 뛰어 넘어, 그분의 뜻을 따라 부르신 곳에서 선교사로의 삶을 살아 갈 수 있는 것이다.

나의 기도 • • •
유대인이나 이방인이나 차별없이 구원하시는 하나님의 부르심에 순종하며 살아가게 하소서!

비시디아 안디옥(Pisidian Antioch) 11-7

기쁨과 성령이 충만하니라

사도행전 13:48-52

48-49 이방인들이 듣고 기뻐하여 하나님의 말씀을 찬송하며 영생을 주시기로 작정된
자는 다 믿더라 주의 말씀이 그 지방에 두루 퍼지니라

이방인들이 듣고 기뻐하며 하나님의 말씀을 찬송하며 영생을 주시기로 작정된 자는 믿는다. 믿음은 들음에서 난다. 그러나 믿음은 우리로부터 시작되는 것이 아니라 성령으로 하나님께서 우리에게 주셔야 하나님의 말씀을 받아들일 수 있다. 즉 하나님께 믿음을 받은 자가 하나님의 말씀을 수용하는 것이다. 믿음은 우리가 아닌 하나님으로부터 시작되며, 하나님은 영생을 주시기로 작정한 자들에게 믿음을 주시어 믿게 하신다. 믿음은 하나님께서 행하신 일을 수용하는 것이지, 내게서 꺼내어 놓는 것이 아니다. 내게 믿음이 있음은 종교적 행위가 아니라 하나님의 말씀에 순종함으로 증명된다. "주의 말씀은 그 지방에 두루 퍼지니라."

유대인들은 귀부인들과 권력자들을 선동하여 바울과 바나바를 박해하게 하여 그 지역에서 추방시킨다. 우리가 살고 있는 이 땅은 하나님께서 한시적으로 허용하신 사탄의 지배를 받는다. 우리의 사역이 사탄에게 속한 자들에게 영적 도전을 받는다는 것을 잊어서는 안된다. 사탄의 방해와 박해가 있는 것은 우리가 행하는 생명의 사역이 그들을 위협하고 있기 때문이다. 사탄은 사람의 감정을 이용하여 시기하게 하고 그 시기심이 분별력을 상실하게 만든다. 그러나 성령은 우리의 감정이 아닌 진리로 하나님의 말씀을 깨닫게 하시고 분별하게 하시며 이 땅에서 하나님께서 행하시는 일들에 대한 통찰력을 주신다. 성령은 진리의 영이시다.

우리는 무엇으로 기뻐하는가? 무엇이 우리를 기쁘게 하는가? 우리가 기뻐하는 것, 우리를 기쁘게 하는 것이 내가 믿는 신이다. 이 땅에 속한 명예나 소유, 세상의 자랑거리가 나를 즐겁게 한다면 그것이 신이다. 또한 내가 바라는 소원, 소망 또는 내가 원하는 대로 변화되는 환경과 상황에 내가 기뻐한다면 분명 내 삶의 주인은 나이다. 즉 자아라는 우상을 숭배하고 있는 것이다. 진정한 기쁨은 이세상에 속한 우리의 소유나 자랑 또는 상황과 환경의 변화에 있지 않다. 하나님의 진리의 말씀이 내 마음에 믿어지고, 내 입으로 고백되며, 내 삶 속에서 드러날 때 세상이 알 수 없는 기쁨이 솟아나며 성령님의 충만한 임재 가운데 살아가게 된다.

나의 기도 • • •
믿음으로 하나님의 말씀을 기쁨으로 수용하며 살아가게 하소서!

주님을 힘입어(에피 큐리오: 주님께 근거하여)

사도행전 14:1-6

3-4 두 사도가 오래 있어 주를 힘입어 담대히 말하니 주께서 그들의 손으로 표적과 기
　사를 행하게 하여 주사 자기 은혜의 말씀을 증언하시니 그 시내의 무리가 나뉘어 유대
　인을 따르는 자도 있고 두 사도를 따르는 자도 있는지라

　　이고니온은 비시디아 안디옥에서 동남쪽으로 약 160km 떨어진 곳이
다. 이곳에서도 바울과 바나바는 유대인 회당을 찾는다. 늘 복음이 전파
될 때마다 믿음에 순종하고 따르는 자와 그렇지 않은 자로 나뉜다. 그러
나 그 결과는 전하는 자의 능력이나 노력에서 나오는 것이 아니라, 그들
을 붙들고 사용하시는 성령님의 역사다. 복음 전도자는 기회가 주어질 때
마다 전할 뿐이고 결과는 주께 맡기는 것이기에 열매에 대한 자랑도 실망
도 무의미하다. 특히 사탄의 방해 앞에서도 복음을 위하여 부르심을 받았
다는 사실을 깊이 묵상할 때 상황과 환경이나 자신의 능력이나 노력이 아
닌 '주님을 힘입어' 사역할 수 있다.

사탄의 영은 거짓의 영이다. 선동을 통하여 사람들에게 악한 감정을 품게 한다. 교회 내외의 여러 가지 문제들이 일어날 때 보면 사탄이 역사하고 있다. '어떤 영이 역사하는가?'를 분별하는 방법은 교회를 하나 되게 하는 영인지, 교회를 나뉘게 하는 분리의 영인지 보면 된다. 악한 영은 사람을 그 도구로 사용하는 데 우리가 하는 언행이 교회를 나뉘게 하는지, 하나 되게 하는지를 보면 우리가 어떤 영의 영향을 받는지를 알 수 있다. 교회가 분쟁에 휘말릴 때 보면 영을 분별하지 못하여 생기는 경우가 많은데, 사탄의 악한 영향에 있을 때 특징은 문제의 본질은 감춰지고 거짓 소문으로 교회가 나뉘어지게 된다.

우리 가운데 악한 감정이 드는 것도 사탄의 영향 가운데 일어나는 일이다. 주님은 우리를 죽기까지 사랑하셨고 또 원수를 사랑하라고 가르쳐 주셨다. 성령님이 주시는 생각은 악한 감정이 아니다. 우리 안에 악한 감정이 자리한다는 것은 악한 영의 영향을 받고 있다는 증거다. 우리 가운데 악한 감정이 찾아올 때 먼저는 우리 스스로 악으로부터 자유할 수 없는 자임을 인정하고, 주님이 가르쳐 주신 기도의 내용처럼 "악에서 구원하소서." 하며, "주님을 힘입어" 악을 이겨야 한다. 우리는 무엇보다도 우리의 마음을 지켜야 한다. 마음을 지키는 힘은 주님의 약속의 말씀을 묵상할 때, 내 안에 계신 성령님께 순종함으로 온다.

나의 기도 • • •
주님을 힘입어 마음을 지켜 악을 이기며 살아가게 하소서!

루스드라(Lystra) 13-1

구원받을 만한 믿음

사도행전 14:6-10

9-10 바울이 말하는 것을 듣거늘 바울이 주목하여 구원받을 만한 믿음이 그에게 있는 것을 보고 큰 소리로 이르되 네 발로 바로 일어서라 하니 그 사람이 일어나 걷는지라

바울은 이고니온에서 주님을 힘입어 표적과 기사를 행하며 복음을 전하고, 이방인과 유대인과 그 관리들의 핍박을 피하여 루가오니아의 성 루스드라로 도망하여 복음을 전한다. 루스드라는 이고니온에서 약 36km 떨어진 서남쪽에 있는 도시다. 기원전 26년경 아우구스투스에 의해 로마의 식민 도시로 설립되었다. 주변의 활발한 상업활동으로부터 소외됐으며, 동서를 잇는 길에서 벗어나 있었으나 지역 도시를 잇는 '비아 세바스테'(via Sebaste)를 통해 이고니온, 안디옥과 연결되어 있었다. 지형적으로 소외된 도시가 로마의 식민지(콜로니)가 될 수 있었던 것은 주변 평원을 내려다 볼 수 있는 언덕에 위치한 전략적 요충지였기 때문이다.

루스드라에 이르렀을 때 바울과 바나바는 발을 쓰지 못하는 사람을 만난다. 바울이 그를 주목하여 구원받을 만한 믿음이 그에게 있는 것을 보고 "네 발로 바로 일어서라." 명하니 일어나 걷는다. 그가 나은 것은 성령님의 역사였다. 치유는 인간의 능력에 기인한 것이 아니라 성령님께서 복음을 확증하시기 위하여 우리에게 주시는 은사인 것이다. 그렇기 때문에 모든 치유 사건을 일반화시켜서는 안되고, 모든 상황 속에서 성령님께서 우리 가운데 드러 내고자하는 하나님의 뜻이 무엇인지 분별해야 한다. 바울이 걷지 못하는 자를 고친 것이 아니라, 성령의 뜻을 분별한 것이다. 그는 그에게 구원받을 만한 믿음이 있는 것을 보았다.

구원받을 만한 믿음은 성령님이 주신다. 바울과 함께 계신 성령님께서 그 믿음을 보게 하시고, 그 사람을 일어나 걷게 하여 믿음을 확증하신 것이다. 성령님은 사도들이 이적을 행하도록 하신 안내자이며 교사이시다. 치유로 그 일을 행하는 자의 능력이 돋보이게 되어, 모든 상황에 일반화될 때 하나님이 행하시는 일이 사람의 일로 변질될 수 있다. 주변에 원치 않는 질고로 고통 당하는 자들이 많다. 그들의 간절한 바람은 육신의 치유에 있다. 그래서 병 치유를 위하여 간구하며, 지인들에게 기도를 부탁한다. 그런데 중요한 것은 질병 치유를 넘어 믿는 자에게 주시는 영적 유익이다. 그것을 분별하여 누리고 사는 것이 은혜다.

나의 기도 • • •
치유를 통해 주시는 영적 유익을 분별하고 누리며 살아가게 하소서!

루스드라(Lystra) 13-2
신들이 사람의 형상으로
사도행전 14:11-13

11-12 무리가 바울이 한 일을 보고 루가오니아 방언으로 소리 질러 이르되 신들이 사람의 형상으로 우리 가운데 내려오셨다 하여 바나바는 제우스라 하고 바울은 그중에 말하는 자이므로 헤르메스라 하더라

하나님을 알지 못하는 자들은 기적적인 사건 앞에서 자신의 자의식에 빠지게 된다. 그동안 자신들이 믿어왔던 신의 개념으로 이해하려든다. 사람들은 인간의 모습으로 내려온 신과 같은 바울과 바나바에게 푹 빠졌다. 지금 바울과 바나바는 루가오니아라는 지역에 있다. 사람들은 토착어인 루가오니아 말로 제우스와 헤르메스가 인간의 모습으로 땅에 내려왔다고 외쳤다. 그 지방 제사장이 황소 몇 마리를 몰고 와 자신들에게 제사 지내려 할 때에야 바울과 바나바가 비로소 사태를 파악한다. 무리들은 그 이적의 영광을 자기들의 우상에게로 돌렸다. 어려서부터 믿어오던 미신 속으로 기적의 사건을 끌고 들어간다.

바나바를 제우스라 부르고, 바울을 제우스의 아들이자 신들의 대변인 격인 헤르메스라고 부른 것을 보면 대부분 바울이 말을 했던 게 분명하다. 무리는 주피터(제우스)와 머큐리(헤르메스) 신화를 떠올렸을 것이다. 이 신화에 따르면, 주피터와 머큐리가 땅에 내려와 집집마다 찾아다녔으나 박대를 당했고, 마지막에 매우 가난한 농부 부부가 이들을 맞아들인다. 다른 사람들이 분노한 신들의 손에 죽을 때, 이 부부는 목숨을 건지고 포도주가 절대로 떨어지지 않는 상까지 받는다. 많은 시인들의 책에는 신들이 간혹 사람의 모습으로 땅 위에 나타난다는 허탄한 이야기가 많다. 성령의 역사를 허탄한 이야기로 만든다.

우리 민족은 600여 년의 유교, 1,700년의 불교, 5,000년의 샤머니즘의 영향 속에 있다. 기독교 복음이 우리 민족 가운데 들어온 것은 불과 130여 년 전 일이다. 복음이 들어온 이후 일제 강점기와 한국전쟁, 산업화와 민주화를 거치며 그 시기시기마다 국가와 사회에 독립운동, 교육, 의료, 복지 등등 여러 분야에서 기독교가 큰 역할을 한 것은 사실이다. 또 짧은 기간 고도의 교회 성장을 이루고 많은 선교사들을 파송한 것도 큰 자랑이었다. 그러나 작금의 한국 교회는 큰 위기에 직면해 있다. 위기를 극복하는 길은 오로지 복음의 본질을 회복하는 것이다. 교회와 예배, 그리고 신앙이 복음의 본질에 맞닿아 있는지 점검해야 한다.

나의 기도 • • •
복음의 본질로 돌아가 교회, 예배, 선교가 회복되게 하소서!

루스드라(Lystra) 13-3

살아 계신 하나님께로

사도행전 14:14-18

15 이르되 여러분이여 어찌하여 이러한 일을 하느냐 우리도 여러분과 같은 성정을 가진
사람이라 여러분에게 복음을 전하는 것은 이런 헛된 일을 버리고 천지와 바다와 그 가
운데 만물을 지으시고 살아 계신 하나님께로 돌아오게 함이라

걷지 못하는 자가 일어나는 기적적인 사건 앞에서 루스드라 사람들이
그들이 믿어오던 신에게 제사하려는 자의식적 종교행위를 하려했다면,
그 기적의 중심에 있었던 바울과 바나바는 그 제사를 이방신의 자리에서
받는 상황에 직면해 있다. 인간 원죄의 본질이 하나님과 같아지려는 생각
에서 시작된다. 인간이 신으로 추앙받는 일은 명백한 우상숭배다. 치유와
엄청난 능력이 일어난다 해도 그것이 나로부터 비롯되었다고 생각한다면
하나님과 무관한 일이다. 하나님의 일은 하나님께서 영광 받으시고, 무지
한 인간들에게 하나님이 누구신가를 가르쳐 준다. 성령님은 하나님의 사
람들을 통하여 하나님의 하나님 되심을 드러내시고 친히 그 영광을 받으
신다.

기적적인 사건으로 인하여 사람들의 관심에 있던 두 사도는 자신들도 그들과 같은 성정을 가진 사람임을 밝히고, 하나님을 소개한다. 천지 만물을 지으신 창조주 하나님, 지금도 역사하시는 살아 계시는 하나님을 증거한다. 루스드라 사람들이 지금까지 섬겨왔던 사람이 만들어낸 신화 속에 존재하는 신들이 아닌 창조주 하나님, 또 사람의 손으로 만들어 생명 없이 인간의 섬김과 희생을 요구하는 신들이 아닌 인간에게 결실하게 하시고 선한 일을 하사 음식과 기쁨으로 우리에게 만족을 주시는 살아 계신 하나님을 소개한다. 우리가 믿는 하나님은 이방인들의 죽은 신과는 다른, 자기 형상으로 우리를 지으시고 풍성함으로 우리를 이 땅에 살게 하시는 분이다.

예배의 대상은 오로지 하나님 한 분이시다. 예배의 본질은 하나님께서 우리에게 행하신 일을 찬양하며 높여드리는 것이다. 소를 잡아 제물로 드리는 예배가 아니라, 하나님이 예비하신 화목제물 예수 그리스도의 죽음과 부활을 믿음으로 드리는 거룩한 산 제사다. 예배는 우리가 하나님을 섬기는 것이 아니라, 하나님이 우리를 먼저 섬겨주셨음에 감사와 찬양을 올리는 것이다. 예배는 우리의 희생이 요구되는 자리가 아니라, 하나님이 우리를 위하여 희생하여 주셨음에 감사와 영광을 돌리는 자리다. 이런 고백의 삶이 있는 곳이 예배의 자리이며, 그 예배가 있는 곳이 성령을 모신 거룩한 교회인 것이다. 우리에게 그 예배가 있다면 우리가 교회다.

나의 기도 • • •
하나님의 하나님 되심을 드러내며 살아가게 하소서!

이 믿음에 머물러 있으라

사도행전 14:19-23

22-23 제자들의 마음을 굳게 하여 이 믿음에 머물러 있으라 권하고 또 우리가 하나님의
나라에 들어가려면 많은 환난을 겪어야 할 것이라 하고 각 교회에서 장로들을 택하여
금식 기도 하며 그들이 믿는 주께 그들을 위탁하고

바나바와 바울을 신으로 추앙하며 제사하려 했던 루스드라 사람들이
안디옥과 이고니온에서 온 유대인들의 충동에 휩쓸려 바울을 돌로 친다.
'죽은 줄 알고 끌어낼' 정도로 심하게 때렸다. 바울이 나중에 회상하며 말
했던 동족의 위험이다(고후 11:26). 이 사건을 겪으면서 바울은 아마도 예
수를 알지 못했던 지난날 자신의 모습을 떠올렸을 것이다. 성 밖으로 내
치고 돌로 쳤던 스데반, 또 그 죽임 당함을 마땅히 여겼던 자기 자신을 회
상하며, '우리가 하나님 나라에 들어가려면 많은 환난을 겪어야 한다.'는
고난의 비밀을 터득한다. 복음은 성령님이 아니면 전해지지 않기에 기적
의 중심에 있었던 루스드라 사람들도 유대인들의 선동에 바울을 죽도록
돌로 친다. 그러므로 기적 자체가 복음은 아니다.

죽은 줄 알았던 바울이 깨어나고, 다시 그 성으로 들어가 바나바와 함께 이튿날 더베로 간다. 죽음의 고비를 넘긴 바울은 복음의 길을 계속 걷는다. 루스드라에서 더베까지는 약 100km로 도로포장이 되지 않았다고 한다. 더베 역시 루스드라와 함께 갈라디아에 소속했던 도시이며, 이 지역은 안티오쿠스 왕국과 접경 지역에 위치한다. 현재 튀르키예의 '케르티 휘위크'(Kerti Hüyük) 지역에 해당된다고 하나, 정확한 위치는 논란의 대상이 된다(유상현). 사도행전 20장 4절에 더베 출신의 '가이오'란 인물이 예루살렘에 모금 전하러 가는 바울과 루스드라 출신의 디모데와 함께 동행했다는 기록이 있다. 바울과 바나바는 더베에서 복음을 전하여 많은 사람들을 제자로 삼는다.

더베에서 바울의 고향인 다소를 거쳐 선교 여행의 출발지인 안디옥으로 가는 것이 빠른 길이다. 그러나 바울과 바나바는 그 길로 가지 않고, 지나온 길을 되돌아 간다. 돌에 맞아 몸도 성하지 않고, 아직도 자기를 죽이려 하는 자들이 있는 곳, 400km 이상을 돌아가야 하는 먼 길을 택한다. 그 이유는 루스드라, 이고니온, 비시디아 안디옥에 있는 제자들의 마음을 굳게 하여 믿음에 머물게 하고, 각 교회에서 장로들을 택하여 금식 기도하며 그들을 주께 위탁하기 위함이다. 자기 몸, 자신의 안전과 편안함보다 주께서 맡겨주신 성도를 더 사랑하는 목회자 바울에게서 교회를 죽기까지 사랑하셨던 주님의 십자가를 본다. 이것이 주님이 원하시는 목회자가 교회를 사랑하는 참 모습이다.

나의 기도 • • •
교회를 죽기까지 사랑하신 주님의 본을 따라 살아가게 하소서!

하나님의 은혜에 부탁하던 곳

사도행전 14:24-28

26-28 거기서 배 타고 안디옥에 이르니 이 곳은 두 사도가 이룬 그 일을 위하여 전에 하
나님의 은혜에 부탁하던 곳이라 그들이 이르러 교회를 모아 하나님이 함께 행하신 모
든 일과 이방인들에게 믿음의 문을 여신 것을 보고하고 제자들과 함께 오래 있으니라

바울은 디모데에게 자신의 마지막 서신을 쓰면서 "너는 말씀을 전파하
라 때를 얻든지 못 얻든지 항상 힘쓰라 범사에 오래 참음과 가르침으로
경책하며 경계하며 권하라."(딤후 4:2)고 당부한다. 그가 사랑하는 제자
디모데에게 가르쳤던 가르침은 그가 살아갔던 삶이자 사역이었다. 말로
가르치는 자가 있고, 삶으로 말하는 자가 있다. 주님은 삶으로 우리에게
말씀하셨다. 바울이 1차 전도 여행을 마치고 돌아오는 길을 보면, 교회를
견고히 세우는 일과 함께 때를 얻든지 못 얻든지 말씀을 힘써 전하는 복
음 사역자의 참 모습을 알 수 있다. 요한이 바울을 떠나 예루살렘으로 갔
던(행 13:13) 밤빌리아 지역의 버가에서 말씀을 전하고, 앗달리아에서 배
를 타고 안디옥으로 돌아온다.

안디옥은 바나바와 바울이 이방인 선교를 위하여 따로 세우심을 받은 곳이다. 사람에 의하여 보냄을 받거나 자기 스스로의 힘과 능력을 의지하여 무엇을 하려고 떠난 것이 아니다. 그들의 모든 행로가 성령님의 인도하심 가운데 있었고, 그들에게 친히 말씀하시고 역사하신 분이 하나님이었다. 그러기에 그들이 행한 모든 일은 사람의 일이 아니라 하나님의 은혜로 인한 결과물이다. '하나님의 은혜에 부탁하던 곳', 즉 하나님께서 자기 종들에게 은혜를 주시고, 따로 세워 일을 맡기셨던 곳에 다시 돌아왔다. 하나님의 뜻이 하늘에서 이루어진 것 같이 땅에도 이루어지는 사역이 되기 위해서는 하나님의 은혜로 출발하고, 그 은혜 가운데 행하며, 그 은혜로 마쳐야 한다.

선교는 은혜받은 교회의 일이다. 단지 그 여정을 떠났던 자들의 전유물이 아니기에 바울은 '교회를 모아 하나님이 함께 행하신 모든 일과 이방인들에게 믿음의 문을 여신 것'을 보고 한다. 교회를 모았다는 표현은 건물이나 조직이 아닌 은혜받은 성도들이 교회이며, 교회가 공동체로 함께 모여 하나님의 은혜를 나누는 것을 가르쳐 준다. 그 은혜의 내용은 선교의 주체가 바울이나 바나바가 아닌 하나님께서 사역 가운데 행하신 일과 이방인들에게 믿음의 문을 여신 것이다. 바울과 바나바가 그 일의 증인 되어 교회와 함께 그 은혜를 나눈다. 사람의 무용담이나 자랑이 아닌 오직 하나님만 증거 되는 은혜의 자리였다. 그는 약 4년(AD 46-49년)간 제자들과 함께 안디옥교회에서 지낸다.

나의 기도 • • •
하나님의 은혜로 출발하고, 은혜 가운데 행하고, 은혜로 마쳐가며 오늘을 살아가게 하소서!

모세의 법대로

사도행전 15:1-3

1-2 어떤 사람들이 유대로부터 내려와서 형제들을 가르치되 너희가 모세의 법대로 할례를 받지 아니하면 능히 구원을 받지 못하리라 하니 바울 및 바나바와 그들 사이에 적지 아니한 다툼과 변론이 일어난지라 형제들이 이 문제에 대하여 바울과 바나바와 및 그중의 몇 사람을 예루살렘에 있는 사도와 장로들에게 보내기로 작정하니라

교회의 본질을 위협하는 문제는 외부로부터 오는 도전도 있지만, 교회 내부적 갈등이 더 큰 어려움이 된다. 이방 땅에 세워지고 성령님의 세우심에 순종하여 바울과 바나바를 선교사로 파송하고, 그들의 사역을 통하여 하나님의 역사하심을 친히 경험한 안디옥교회에 내부적인 문제가 생겼다. 유대 지역에서 내려온 자들이 구원의 조건으로 모세의 법대로 할례를 받아야 할 것을 가르친 것이다. 즉 구원을 할례의 행위와 직결시켰다. 이 문제는 구원받은 이방인이 단순히 할례를 받느냐 안 받느냐 하는 의식의 문제라기보다는, 모세의 율법 준수를 구원의 조건으로 포함하고 있다는 데 있었다.

율법 준수의 외적 표현이자 유대인의 상징인 할례를 구원의 조건으로 요구한다는 것은, 오순절 성령강림을 통하여 새롭게 시작된 신약 교회의 본질에 대한 도전이라 할 수 있다. 구원의 복음은 인간이 법 준수나 도덕적, 윤리적 행위에 근거한 것이 아니라, 하나님께서 인간을 위하여 행하신 예수 십자가에 근거하여 있고, 그 십자가 복음의 결정체가 주님의 몸 된 교회다. 하나님이 계획하신 모든 민족이 주 앞으로 돌아오는 영광스러운 인류 구원의 역사를 모세의 율법으로 제한하려고 하는 도전에 직면한다. 이 일로 인하여 바울과 바나바와 그들 사이에 적지 않은 다툼과 변론이 일어난다.

안디옥교회는 이 문제를 정리하기 위하여 바울과 바나바를 예루살렘으로 보내기로 작정한다. 이방인 할례의 문제는 단지 안디옥교회만의 문제가 아니라, 앞으로 세워질 모든 이방 교회들의 논쟁거리가 될 것이기 때문이다. 바울과 바나바는 교회의 파송을 받고 베니게와 사마리아로 다니며 이방인들이 주께 돌아온 일을 말하여, 형제들을 크게 기쁘게 한다. 이방인 선교의 문제가 안디옥에서 예루살렘에 이르는 각 지역에서 호응을 얻었음을 의미한다. 지난 2,000여 년 교회의 본질을 위협하는 큰 문제는 인간이 교회를 제도화 조직화하려는 것이었다. 교회는 교회의 머리 되신 주님께서 친히 다스리신다.

나의 기도 • • •
교회의 머리 되신 주님의 다스림에 순종하며 살아가게 하소서!

주 예수의 은혜로

사도행전 15:4-11

10-11 그런데 지금 너희가 어찌하여 하나님을 시험하여 우리 조상과 우리도 능히 메지
못하던 멍에를 제자들의 목에 두려느냐 그러나 우리는 그들이 우리와 동일하게 주 예
수의 은혜로 구원받는 줄을 믿노라 하니라

바울과 바나바는 예루살렘에 이르러 교회와 사도와 장로들의 영접을
받는다. 예루살렘 공의회라 불리는 초대 교회의 첫 공적 모임은 바울과
바나바가 하나님이 자기들과 함께 계셔 행하신 모든 일을 보고함으로 시
작된다. 바리새파 중에 어떤 믿는 사람들이 일어나 "이방인에게 할례를
행하고 모세의 율법을 지키라 명하는 것이 마땅하다." 한다. 사도와 장로
들이 이 일을 의논하러 모여 많은 변론이 있은 후에 베드로가 일어나 말
한다. "형제들아 너희도 알거니와 하나님이 이방인들로 내 입에서 복음
의 말씀을 들어 믿게 하시려고 오래 전부터 너희 가운데서 나를 택하시고
또 마음을 아시는 하나님이 우리에게와 같이 그들에게도 성령을 주어 증
언하시고 믿음으로 그들의 마음을 깨끗이 하사 그들이나 우리나 차별하
지 아니하셨느니라"(행 15:8-9).

하나님이 이방인을 구원하신다는 표징은 성령을 주셨다는 데 있다. 오순절 유대인들에게 성령을 주셨듯, 이방인 고넬료의 가정에 성령을 주셨다. 성령강림은 새로운 교회 시대의 출발점이자 새로운 하나님 백성의 증거는 성령강림 유무에 있다. 즉 성령을 받은 자가 교회요, 하나님의 백성이다. 하나님은 유대인과 이방인 사이에 아무 차별도 두지 않는다는 사실은 베드로도 고넬료 사건을 통하여 깨달았다(행 10:34). 하나님께서는 유대인들의 민족적 우월감을 인정하지 않으셨다. 성령을 주셔서 혈통에 근거한 외형적인 유대주의를 철폐하시고, 내면적으로 믿음으로 그들의 마음을 깨끗하게 하시는 것이 하나님의 구원 섭리다. 즉 이방인을 깨끗하게 하시어 구원하시는 주체가 하나님이시며, 하나님의 구원 방법은 유대인이나 이방인이나 동일하다는 것이다.

이방인을 깨끗하게 하시어 구원을 주시는 분이 하나님이시라면, 이방인의 구원을 꺼린다든가 방해하는 것은 하나님을 시험하는 것이다. 유대인들의 조상들이 율법 준수에 실패했기에 그들이나 이방인이나 구원의 조건은 오로지 주 예수 그리스도의 은혜뿐이다. 하나님은 성령을 주시고, 증언하시고, 깨끗이 하시며, 차별을 두지 않고 구원하시는 분이다. 예루살렘 공의회에서 베드로의 설교는 그들의 전통이나 율법에 근거하지 않고, 하나님께서 성령님을 통하여 행하신 일에 근거하고 있다. 성령님은 오늘도 우리와 함께하시며, 하나님의 말씀을 조명하시고, 마땅히 우리가 말하여야 할 바를 생각나게 하시고, 행하여야 할 길을 보이시고, 가르치신다. 돌판 위에 새긴 율법이 아닌, 우리 마음에 성령을 부어 주셔서 우리로 주님의 몸 된 교회가 되게 하셨다.

나의 기도 ● ● ●
성령을 부어 주셔서 주님의 몸 된 교회 되게 하심에 감사하며 살아가게 하소서!

예루살렘(Jerusalem) 1-38

괴롭게하지 말고

사도행전 15:12-21

19-21 그러므로 내 의견에는 이방인 중에서 하나님께로 돌아오는 자들을 괴롭게 하지
말고 다만 우상의 더러운 것과 음행과 목매어 죽인 것과 피를 멀리하라고 편지하는 것
이 옳으니 이는 예로부터 각 성에서 모세를 전하는 자가 있어 안식일마다 회당에서 그
글을 읽음이라 하더라

　　바나바와 바울이 하나님께서 자기들로 말미암아 이방인 중에서 행하
신 표적과 기사에 관하여 말한 것을 듣고 야고보가 대답한다. "하나님이
처음으로 이방인 중에서 자기 이름을 위할 백성을 취하시려고 그들을 돌
보신 것을 시므온이 말하였으니 선지자들의 말씀이 이와 일치하도다."
즉 바나바와 바울 그리고 베드로가 이야기하는 이방인 구원의 문제를 그
들의 경험 또는 모세의 율법과 할례를 근간으로 하는 전통을 근거로 하지
않고, 선지자들을 통하여 하신 하나님의 말씀에 근거하여 예루살렘 공회
의 결론을 내린다. 기독교의 출발은 경험이나 전통이 아닌 하나님의 말씀
이 기준이 되었고, 그것이 우선된다. 아무리 오랜 세월 이어온 전통이라
할지라도, 또 유력한 사도들의 경험이라 할지라도 말씀에 비추어 보아 판
단하는 것이 우리 신앙의 출발이 되었다.

예수님의 동생인 야고보는 예레미야서 12장 15절, 아모스서 9장 11-12절, 이사야서 45장 21절 등 선지자들의 말씀을 인용하여 "이후에 내가 돌아와서 다윗의 무너진 장막을 다시 지으며 또 그 허물어진 것을 다시 지어 일으키리니 이는 그 남은 사람들과 내 이름으로 일컬음을 받는 모든 이방인들로 주를 찾게 하려 함이라 하셨으니 즉 예로부터 이것을 알게 하시는 주의 말씀이라 함과 같으니라"(행 15:15-18). 하나님의 구원 계획 가운데 이방인들이 이미 포함되어 있었다는 것을 주님의 말씀을 근거하여 결론을 내린다. "오직 성경으로"를 외쳤던 종교 개혁자들의 구호와도 맥을 같이한다. 우리의 삶과 신앙의 유일한 기준은 하나님의 말씀이다. 말씀이 육신이 되어 오신 로고스 되시는 예수님도 삶을 통하여 선지자들로 예언하신 하나님의 말씀을 이 땅 가운데 이루며 사셨다.

이방인이 구원을 받는 것은 유대인들과 동일하게 은혜로 받는 것이다. 야고보는 "이방인 중에서 하나님께로 돌아오는 자들을 괴롭게하지 말고 다만 우상의 더러운 것과 음행과 목매어 죽인 것과 피를 멀리하라."고 편지할 것을 권한다. 이것은 이방인들에게 율법의 올무를 매려는 것이나, 구원의 조건을 달려고 하는 것이 아니라 이미 믿고 주를 따르는 자들과 화합하게 하기 위함이다. 하나님의 모든 법은 사랑에 근거하여 있다. 죄 지은 인간을 구원하신 하나님의 법이 자신을 내어주시는 사랑이었다. 사랑하시기에 아들을 주셨고, 사랑하시기에 그 아들을 우리를 대신하여 십자가에서 죗값을 치르게 하셨다. 또 성령의 마지막 은사가 사랑이고, 첫 번째 열매가 사랑이다. 교회는 그 사랑의 결정체다. 교회의 모든 문제는 사랑으로 풀어가야 하며 사랑으로 움직여야 한다.

나의 기도 • • •
모든 문제를 사랑으로 풀어가고, 사랑으로 움직이며 살아가게 하소서!

성령과 우리는

사도행전 15:22-29

28-29 성령과 우리는 이 요긴한 것들 외에는 아무 짐도 너희에게 지우지 아니하는 것이 옳은 줄 알았노니 우상의 제물과 피와 목매어 죽인 것과 음행을 멀리할지니라 이에 스스로 삼가면 잘되리라 평안함을 원하노라 하였더라

이방인들이 구원을 얻기 위해서 율법대로 할례를 받아야 하는가에 대한 문제로 모인 예루살렘 공회는 바나바와 바울의 선교 현장 속 성령의 역사에 대한 경험, 베드로의 이방인 고넬료 가정의 성령강림 사건에 대한 증언, 또 성경의 선지자들의 말씀을 근거하는 야고보의 설교를 통하여 이방인들에게 할례의 짐을 지우지 않기로 결론지었다. 하나님의 은혜가 함께한 결과였다. 예루살렘에 있는 사도와 장로와 온 교회가 그중에서 사람들을 택하여 바울과 바나바와 함께 안디옥으로 보내기를 결정하고, 형제 중에 인도자인 바사바라 하는 유다와 실라를 택하여 파송한다. 그들 편에 회의의 결과를 편지에 써서 흩어져 있는 이방 지역의 교회에 보내기로 하였다.

"사도와 장로 된 형제들은 안디옥과 수리아와 길리기아에 있는 이방인 형제들에게 문안하노라 들은즉 우리 가운데서 어떤 사람들이 우리의 지시도 없이 나가서 말로 너희를 괴롭게 하고 마음을 혼란하게 한다 하기로 사람을 택하여 우리 주 예수 그리스도의 이름을 위하여 생명을 아끼지 아니하는 자인 우리가 사랑하는 바나바와 바울과 함께 너희에게 보내기를 만장일치로 결정하였노라 그리하여 유다와 실라를 보내니 그들도 이 일을 말로 전하리라 성령과 우리는 이 요긴한 것들 외에는 아무 짐도 너희에게 지우지 아니하는 것이 옳은 줄 알았노니 우상의 제물과 피와 목매어 죽인 것과 음행을 멀리할지니라 이에 스스로 삼가면 잘되리라 평안함을 원하노라."

초대 교회는 성령님께 순종하고 동행하는 선교 공동체였다. 교회 문제에 대한 결정과 해결의 주체도 '성령과 우리'다. 교회의 당면 문제였던 '이방인 할례'가 율법적 유대 관습이나 개인의 주관적 경험에 근거하지 않았고, 선지자로 하신 말씀과 성령의 인도하심에 근거하여 결론 내려졌다. 그 내용도 앞으로 펼쳐질 선교행전의 문을 여는 결정이다. 교회는 권위를 가진 개인의 의견에 따라 결정되고 지시되는 조직체가 아니라, 그리스도께서 약속하신 성령을 받아 성령과 동행하는 '우리'에 의해 움직이는 공동체다. 성령이 하나 되게 하신 생명체다. 사람이 아닌 오직 그리스도가 머리 되고, 우리가 몸이 되어 하나님 나라를 회복해 가는 것이 교회의 본질이다.

나의 기도 • • •
말씀과 성령의 인도하심에 근거하여 살아가게 하소서!

안디옥(Antioch) 7-7

기뻐하더라

사도행전 15:30-35

30-31 그들이 작별하고 안디옥에 내려가 무리를 모은 후에 편지를 전하니 읽고 그 위로
한 말을 기뻐하더라

이방인에게 복음을 전할 때 발생하는 선교지의 실제적인 문제에 대한
안디옥교회의 질의를, 유다와 실라를 통해 편지로 그 결과를 보낸다. 예
루살렘 공회의 결정을 받은 안디옥 성도들은 그 위로의 말을 기쁘게 받아
들였다. 복음이 유대인이나 이방인이나 차별이 없으며, 예루살렘이나 이
방이나 지역의 경계를 넘어선다는 것을 확신해 준 결과다. 복음의 주체가
성령 하나님이시기에, 복음이 전파될 때 그 복음을 받는 사람의 신분이
나, 지역이 문제되지 않는다. 성령 하나님께서 임하시는 자가 성도요, 성
령께서 역사하시는 곳이 거룩한 땅이다. 예루살렘에서 시작된 복음이 유
대와 사마리아 그리고 땅끝까지 전파되리라 하신 주님의 말씀이 이렇게
가시적으로 성취된 것이다.

하나님은 이스라엘 민족만을 위한 신이 아니다. 예수님도 유대인만을 위해 오시지 않았다. 성령님은 예루살렘에서만 역사하지 않으신다. 교회는 유대인 중심, 예루살렘 중심이 아닌, 성령 중심의 신앙이다. '힘으로 능력으로 되지 않고, 오직 하나님의 영으로' 이루어지는 교회의 본질이다. 성령님께서 우리 가운데 임재 하시고, 우리로 예수를 그리스도로 고백하게 하실 뿐만 아니라, 하나님을 예배케 하신다. 그러기에 우리가 성령 하나님과 함께 선 곳이 거룩한 땅이요, 예배의 자리인 것이다. 성지는 지리적, 장소적 개념이 아닌 영적 개념이다. 주님의 영이 계신 곳에 참 자유와 평안이 있기에, 하나님을 예배하고 찬양하는 일이 우리를 통하여 시작되는 것이다.

하나님은 범죄한 인간에게 성령을 부어주셔서 하나님의 성전으로 삼으시고, 장소나 혈통이 아닌 성령으로 하나 되게 하시고 교회를 세우셨다. 유대교에서 기독교로, 예루살렘에서 로마로, 유대인에서 이방인으로 옮겨가는 전환점이 사도행전 15장이다. 복음은 장소, 혈통에 매이지 않는다. 자유하게 된 복음이 성령의 사람들을 통해서 땅끝까지 전해지는 이야기가 '도시로 읽는 사도행전'의 내용이다. 예수님은 제자들에게 성령을 받고 예루살렘에 머무르라 하지 않으셨다. 성령의 전인 교회는 한 곳에 머무는 존재가 아니라, 끝없이 길 떠나는 존재다. 그것이 교회의 DNA이다. 성령 받은 자는 순례자다. 즉 땅끝까지 복음을 전하며, 온 땅을 돌아다니며 예배하는 자다.

나의 기도 • • •
주님 나라에 이르기까지 예배자로, 복음 전도자로 살아가게 하소서!

교회를 견고하게 하니라

사도행전 15:36–41

39–41 서로 심히 다투어 피차 갈라서니 바나바는 마가를 데리고 배 타고 구브로로 가고
바울은 실라를 택한 후에 형제들에게 주의 은혜에 부탁함을 받고 떠나 수리아와 길리
기아로 다니며 교회들을 견고하게 하니라

주를 섬겨 금식할 때 성령께서 "내가 불러 시키는 일을 위하여 바나바
와 사울을 따로 세우라." 하여 이방인들을 위하여 금식하며 기도하고 안
수하여 보내셨던(행 13:2-3) 1차 선교 여행과는 달리, 2차 선교 여행의 출
발은 바울이 바나바에게 "우리가 주의 말씀을 전한 각 성으로 다시 가서
형제들이 어떠한가 방문하자." 하는 제안으로 시작된다(행 15:36). 즉 성
령의 인도하심을 따라 시작한 것이나, 새로운 선교의 장을 열기 위한 계
획이라기보다는 바울의 생각과 계획으로 각 지역에 세워진 교회들을 돌
아보고 그들을 심방하기 위한 목적이었다. 또 예루살렘 공회의 결정 사항
을 알리고 이방인 성도들을 격려하려는 목적도 있었다.

그런데 선교 팀 구성 문제로, 시작부터 바울과 바나바의 의견충돌이 일어난다. 바나바는 마가라 하는 요한도 데리고 가자고 하나, 바울은 밤빌리아에서 선교지를 이탈했던 것을 문제삼아 데리고 가는 것이 옳지 않다 한다. 이 문제로 인해 서로 심히 다투게 되고, 급기야는 피차 갈라선다. 우리가 신앙생활을 하며 간과하는 것이 목적이 좋으면 모든 것이 가하다는 생각이다. 한때 『목적이 이끄는 삶』이라는 책이 베스트셀러에 오르면서 목적에 의해 움직이는 삶이 정당화되던 기억이 있다. 물론 목적이 중요하다. 그런데 그 목적보다도 중요한 것이 하나님께서 그 일을 우리에게 맡기셨는가, 그것을 요구하시는가 하는 것이다.

바나바는 마가를 데리고 배를 타고 구브로로 가고, 바울은 실라를 택한 후 시리아와 길리기아로 다니며 교회들을 견고하게 한다. 다툼과 이별을 겪은 두 사역자는 자기의 소견대로 길을 떠난다. 그러나 모든 것을 합력하여 선을 이루시는 분이 하나님이시다. 심한 다툼은 있었지만 복음이 여러 모양으로 전해지고 교회가 견고하여진다. 하나님은 우리의 무지와 우매함을 선으로 바꾸시는 분이다. 하나님의 생각과 사람의 생각은 다르다. 성령보다 앞서지 말자. 앞서 행하시는 성령 하나님을 따라가는 것이 선교이다. 작은 성공에 매이지 말자. 성령이 이루신 것이다. 선교에 자기 의지가 개입되면, 성령보다 경험을 앞세우게 된다.

나의 기도 • • •
나의 의지나 경험보다 성령 하나님을 따라 살아가게 하소서!

* 바울의 2차 선교 여행은 바울과 바나바의 의기투합이 아닌 성령의 인도하심을 따라, 아시아가 아닌 유럽에서 새로운 장을 열게 된다. 바울의 생각과 의도를 가로막아 그의 길을 성령으로 인도하셨듯이, 우리의 생각이 가로막히고 성령이 우리의 삶과 사역을 친히 이끌어 가시기를 기대한다.

4부
....

2차
전도 여행
(사도행전 16-18장)

디모데라 하는 제자

사도행전 16:1-5

1-2 바울이 더베와 루스드라에도 이르매 거기 디모데라 하는 제자가 있으니 그 어머니는 믿는 유대 여자요 아버지는 헬라인이라 디모데는 루스드라와 이고니온에 있는 형제들에게 칭찬 받는 자니

바울은 바나바와의 결별 이후 길리기아 지방 고향 다소를 지나 더베를 거쳐 루스드라에 이른다. 루스드라는 1차 선교 여행을 하면서 가장 힘들었던 도시다. 마치 롤러코스터를 타듯, 발을 쓰지 못하는 자를 성령의 능력으로 일으키는 치유의 역사를 경험하며 신으로 추앙받는가 하면, 또 유대인들에게 돌에 맞아 죽은 줄 알고 끌어 내쳐질 정도로 죽을 고비를 겪은 곳이기도 하다. 바울은 다시 그곳 교회를 찾는다. 어찌보면 바울에게 다시 찾고 싶지 않은 곳일지 모르지만 그곳에 하나님의 위로가 있었다. 바울이 아들이라 부르는 디모데를 만난다. 선교사에게 가장 큰 기쁨과 위로는 복음의 결실을 보는 것이다.

디모데에 대하여 몇 가지 특징적인 묘사가 있는데 그를 제자로 표현하며 "그 어머니 믿는 유대 여자요 아버지는 헬라인이라." 즉, 다문화 가정의 자녀임을 밝힌다. 또 "루스드라와 이고니온에 있는 형제들에게 칭찬받는 자"로 소개한다. 그리고 바울은 그 지역에 있는 유대인으로 말미암아 그를 데려다가 할례를 행한다. 당시 부계 혈통 중심의 헬라 문화 속에서 그는 헬라인이다. 그러나 모계 혈통 중심의 유대 문화에서 그가 할례를 받는 것이 회당에서 유대인들을 대하고 복음을 전하는 데 거리낌이 없게 하려는 의도와 여러 모양으로 복음을 전하는데 장애가 없게 하기 위한 바울의 선교적 전략이기도 했다.

바울이 "유대인들에게 내가 유대인과 같이 된 것은 유대인들을 얻고자 함이요 율법 아래에 있는 자들에게는 내가 율법 아래에 있지 아니하나 율법 아래에 있는 자 같이 된 것은 율법 아래에 있는 자들을 얻고자 함이요."(고전 9:20)라고 말한 것은, 비본질적인 문제에 대하여 복음을 위해서 열린 마음을 가졌다는 것이다. 할례를 구원의 조건이 아닌 유대인의 문화로 생각하고 디모데에게 할례를 행한다. 그러나 그가 여러 성, 여러 교회에 전한 사도와 장로들이 작정한 규례에는 이방인들에게 할례를 행하는 짐을 지우지 않겠다는 결의가 있었다. 선교에 있어서 가장 중요한 것은 복음의 본질이 무엇인가 하는 것이기 때문이다. "여러 교회가 믿음이 더 굳건해지고 수가 날마다 늘어가니라"(행 16:5).

나의 기도 • • •
복음을 위하여 열린 마음을 가지고 살아가게 하소서!

예수의 영

사도행전 16:6-10

6-7 성령이 아시아에서 말씀을 전하지 못하게 하시거늘 그들이 브루기아와 갈라디아 땅
으로 다녀가 무시아 앞에 이르러 비두니아로 가고자 애쓰되 예수의 영이 허락하지 아
니하시는지라

사도행전 2장 오순절 성령강림 사건 이후, 모두가 다 놀라며 당황하여
소동하고, 또 어떤 이들은 조롱하여 새 술에 취하였다 할 때 베드로는 요
엘 선지자를 통하여 말씀하신 것을 일렀다. "하나님이 말씀하시기를 말
세에 내가 내 영을 모든 육체에 부어 주리니 너희의 자녀들은 예언할 것
이요 너희의 젊은이들은 환상을 보고 너희의 늙은이들은 꿈을 꾸리라."
말세에 성령이 임하시면 환상을 보리라 하신 말씀을 바울이 경험했다. 하
나님께서 육체에 부어주신 하나님의 영이신 성령께서 바울에게 환상을
보이시고 인도하신다. 사람이 아닌 성령께서 바울 전도단의 행로에 직접
개입하시고 인도하신다.

바울의 2차 전도 여행의 출발은 바울과 바나바가 의기 투합한 안디옥에서 시작되는 것이 아니라, 드로아에서 환상을 통하여 바울을 인도하시는 성령님에 의해 시작된다. 교회의 출발이 그랬듯이 전도도, 선교도 성령님께서 시작하시고 함께하시지 않으면 무의미하다. 선교는 순종이다. 정복이 아니다. 우리 안에서 우리를 인도하시는 성령님께 순종함으로 생명의 역사가 쓰여진다. 성령님의 역사 없는 복음 증거는 없다. 생명의 열매는 인간의 노력이나 열심, 계획이 만들어 내는 것이 아니라, 오로지 하나님께서 부어주신 영을 받은 자들이 예수의 영이신 성령님께 순종함으로 맺어지는 열매다.

성령님께서 아시아에서 말씀을 전하지 못하게 하셨다. 브루기아, 갈라디아 땅으로 다녀가 무시아 앞 비두니아로 가고자 애쓰되 예수의 영이 허락하지 아니하셨다. 바울의 계획은 철저히 무시되고, 하나님의 뜻이 환상 가운데 드러날 때 바울은 "하나님이 저 사람들에게 복음을 전하라"고 부르신 줄 인정하게 된다. 사람이 그 길을 계획할지라도 인도하시는 이는 여호와 하나님이다. 우리의 계획이 막히는 것이 은혜다. 우리의 계획과 생각이 막힐 때, 주님께서 보여주시는 환상을 바라 보아야 한다. 우리의 계획과 뜻이 막힌 것이 문제가 아니라, 하나님께서 우리를 어디로 인도하시는가를 아는 것이 중요하다.

나의 기도 • • •
드로아에 바울을 찾아오셨던 예수의 영이 나와 함께하고 계심을 경험하며 살아가게 하소서!

빌립보(Philippi) 16-1

기도할 곳

사도행전 16:11-13

12-13 거기서 빌립보에 이르니 이는 마게도냐 지방의 첫 성이요 또 로마의 식민지라 이
성에서 수일을 유하다가 안식일에 우리가 기도할 곳이 있을까 하여 문 밖 강가에 나가
거기 앉아서 모인 여자들에게 말하는데

호머의 작품에 등장하는 고대 도시가 있었던 트로이의 옛터를 둘러싼
지역을 트로아드(Troad)라 불렀는데 드로아라는 도시의 이름도 거기서
나왔다. 아시아에서 말씀을 전하지 못하게 하시는 성령님, 우리의 애씀
을 허락하지 않으시는 예수의 영께서 보여주신 환상을 따라 대륙을 넘는
다. 드로아에서 배를 타고 사모드라게로 직행하여 네압볼리로 가고 거기
서 빌립보에 이른다. 빌립보는 마게도냐 지방의 첫 성이고 로마의 식민지
이다. 마게도냐 동부 판개우스(Pangaeus) 산 동쪽에 위치했으며, 알렉산더
대왕의 아버지 빌립 2세가 부근의 금광을 확보하기 위해 이 도시를 세웠
다. BC 168년 이래 로마의 통치 아래 있었고 퇴역 군인들을 주로 정착 시
켰다.

로마인의 도시로 만들어졌기에 유대인 회당이 없다. '와서 우리를 도우라.'는 마게도냐 환상을 따라 빌립보까지 와서 수일을 유하고 낯선 곳에서 안식일을 맞이했지만 아무도 그들을 찾지 않는다. 일행은 기도할 곳을 찾아 문 밖 강가로 나간다. 지난 1차 전도 여행 때 바울이 보여준 선교의 패턴은 회당을 중심으로 말씀을 강론하는 것이었지만, 빌립보는 회당이 없는 도시이기에 기도처를 찾아 나선 것이다. '성문 밖', '강 가', '여자들'이란 표현이 말하는 것은 도시의 중심이 아닌 변두리, 도시를 움직이는 주류가 아닌 비주류, 유대인의 편견 속에 수에도 넣지 않던 여자들을 만나 말을 건다. 심지어 그 여자들은 외국인이다. 어찌보면 아무것도 기대할 수 없는 상황이다.

성령님께서는 우리가 가지고 있는 편견을 깨뜨리신다. 인간들이 가지고 있는 편견으로는 이해할 수 없는 일들을 하나님께서 이루어 가신다. 예수님이 사마리아 수가성 남편이 다섯인 여인과 대화하신 일, 오순절 성령강림 이후 배움이 없는 제자들를 통해 교회가 세워지는 일, 유대의식에 사로잡혀있던 베드로가 이방인 고넬료를 만나는 일, 예수 믿는 자들의 핍박자인 바울이 이방인의 사도로 거듭나는 일 등의 사건을 통해 하나님의 생각과 우리의 생각의 다름과, 복음은 인간의 계획이나 노력이 아닌 성령님의 역사하심을 통해서만 전달된다는 것을 알 수 있다. 우리 생각이나 경험이 앞설 때 하나님은 보이지 않는다. "주께서 그 마음을 열어 바울의 말을 따르게 하신다."

• • •
나의 편견이 아닌 성령의 가르치심을 따라 살아가게 하소서!

하나님을 섬기는 루디아

사도행전 16:14-15

14-15 두아디라 시에 있는 자색 옷감 장사로서 하나님을 섬기는 루디아라 하는 한 여자
가 말을 듣고 있을 때 주께서 그 마음을 열어 바울의 말을 따르게 하신지라 그와 그 집
이 다 세례를 받고 우리에게 청하여 이르되 만일 나를 주 믿는 자로 알거든 내 집에 들
어와 유하라 하고 강권하여 머물게 하니라

빌립보는 이른바 '3권리', 자치행정권(libertas), 납세 면제권(immunitas),
이탈리아권(Italicum)을 누렸다. 빌립보에 바울과 같은 시기에 머물렀던
루디아는 두아디라 시 출신이다. 두아디라는 헤르무스 강(river Hermus)
언덕에 위치하여 한때 펠로피아(Pelopia)라고 불리었던 성이다. 누가는 자
색 옷감 장사로서 하나님을 섬기는 여자로 루디아를 소개한다. 하나님을
섬기나 복음을 몰랐던 그녀의 마음을 주께서 열어 바울의 말을 따르게 하
신다. 환상을 통하여 베드로로 하여금 고넬료를 최초 이방 남성 회심 자
가 되게 하였다면, 환상을 통해 바울을 마게도냐로 인도하신 주님이 루디
아의 마음을 열어 최초 이방 여성 회심자가 되게 하신다.

고넬료와 그 가정이 그랬듯이, 루디아와 그 집이 다 세례를 받을 뿐만 아니라 바울과 그 일행들을 청하여 그의 집에 머물 것을 강권한다. 루디아의 집이 빌립보에 세워지는 첫 번째 가정 교회이자 이방인 선교의 전초기지가 된다. 나중 바울과 실라가 빌립보 감옥에서 나와 루디아의 집으로 갔을 때 '형제들'을 만나 위로할 수 있도록 하는 믿는 자들이 모이는 코이노니아, 즉 교회로서의 역할을 하게 된다. 또 새롭게 전개되는 바울 선교의 새 터전인 유럽 선교의 출발점이다. 주님은 한 여인의 마음만을 여신 것이 아니라 새로운 이방 땅 유럽 선교의 문을 여셨다. 또한 바울과 일행들의 생각에 갇혀 있던 이방인 구원의 문을 활짝 열어가신다.

바울이 루디아에게 강청하거나 강권하는 것이 아니라, 루디아가 강청하여 자신의 집에 머물 것을 강권한다. 이 또한 이방인 고넬료가 베드로에게 사람을 보내어 자신의 집으로 초대한 일과 같이 하나님은 유대인이나 이방인에게 편견 없이 역사하시며 하나님의 일을 이루어 가신다는 증거다. 하나님의 선교는 유대인이나 이방인, 남자나 여자, 부자나 빈자, 지혜자나 야만인, 기존 신자나 새 신자 사이의 각종 차별들이 극복되어 그리스도 안에서 성령의 하나 되게 하심을 통하여 신앙의 동질성을 확인하고, 교회로 결속하게 하신다. 선교는 수여자와 수혜자가 있는 것이 아니라, 성령님의 임재 속에서 모두가 주님의 행하심을 경험하고, 주님께로 시선을 향하는 것이다.

나의 기도 • • •
편견 없이 역사하시는 하나님께 시선을 향하여 살아가게 하소서!

구원의 길

사도행전 16:16-18

17-18 그가 바울과 우리를 따라와 소리 질러 이르되 이 사람들은 지극히 높은 하나님의 종으로서 구원의 길을 너희에게 전하는 자라 하며 이같이 여러 날을 하는지라 바울이 심히 괴로워하여 돌이켜 그 귀신에게 이르되 예수 그리스도의 이름으로 내가 네게 명하노니 그에게서 나오라 하니 귀신이 즉시 나오니라

빌립보에는 귀신 들려 점을 치는 노예 소녀가 있었다. 그리스어의 표현을 그대로 옮기면, 이 소녀는 프뉴마 피토노스(pneuma pythonos), 즉 피톤의 영에 붙들려 있다. 이 표현은 유명한 델포이 신탁에서 나왔다. 델포이의 옛 이름은 피토다. 그리스 신화에 따르면 델포이 산에 사는 거대한 뱀 피톤이 여신 테미스의 신탁을 수호하고 있었는데 아폴론이 피톤을 죽여서 대지가 갈라진 틈에 밀어넣고 델포이의 신탁소를 열었다고 한다. 나중에 피톤이라는 단어는 점쟁이와 강신술사를 두루 가리키는 명칭이 되었다. 또한 이런 영이 뱃속에 있다고 여겼던 복화술사를 지칭하기도 했다.

바울 일행은 기도하는 곳으로 향하던 중 '피톤 신', 즉 점치는 신에 들린 여종을 만나게 된다. 그 여종은 점으로 그 주인들에게 큰 이익을 주는 자였다. 주인들은 여종을 통해 자신들의 경제적 이익을 도모했을 것이고, 여종은 그 이익 창출을 위한 도구로 존재하고 있었다. 로마 시대의 노예는 도구요, 재물이며, 무인격적 존재다. 그런데 그 여종이 바울과 일행을 따라와 소리를 지른다. "이 사람들은 지극히 높은 하나님의 종으로서 구원의 길을 너희들에게 전하는 자라." 즉 점치는 여종은 바울 일행의 정체를 알아본다. 예수님이 하나님의 아들이심을 귀신이 먼저 알아본 것과 같다(눅 4:41).

바울이 심히 괴로워하여 돌이켜 "예수 그리스도의 이름으로 내가 네게 명하노니 그에게서 나오라"하니 귀신이 즉시 나온다. 예수님께서 제자들에게 더러운 귀신을 제어하는 권능을 주셨고(막 6:7), 승천하시기 전 믿는 자들에게 따를 표적 중 "그들이 내 이름으로 귀신을 쫓아내며"(막 16:17)라고 말씀하셨다. '예수 그리스도의 이름'은 부적 같은 주술적 능력에서 비롯되는 것이 아니라, 성령으로 함께하시는 그분의 현존과 인격에 대한 선포이다. 바울은 권세와 능력을 그리스도에게만 돌려 드리면서 자신이 그분의 사역자임을 선언하고, 주님과 원수되는 악한 영의 정체를 드러낸다.

나의 기도 • • •
성령으로 함께하시는 예수 그리스도의 현존과 인격을 선포하게 하소서!

빌립보(Philippi) 16-4

많이 친 후에 옥에 가두고

사도행전 16:19-24

22-24 무리가 일제히 일어나 고발하니 상관들이 옷을 찢어 벗기고 매로 치라 하여 많이
친 후에 옥에 가두고 간수에게 명하여 든든히 지키라 하니 그가 이러한 명령을 받아
그들을 깊은 옥에 가두고 그 발을 차꼬에 든든히 채웠더니

무엇에 소망을 두고 사는가? 소망을 두고 사는 것이 그의 신이요, 종교
이다. 여종의 주인들의 소망은 노예 소녀를 통해 얻어지는 수익이었다.
신의 이름을 빙자하여 수익을 얻으려는 종교의 허울을 쓴 탐욕이다. 성경
은 탐욕을 우상숭배라 규정한다. 그들에게는 신탁이 목적이 아니라, 그것
으로 얻는 수익에 소망을 두고 돈을 탐하는 자들이다. 종교가 가지고 있
는 기본적인 덕목인 자기변화와 이타성도 갖추지 못한 미신의 모습이다.
사탄은 타락한 인간의 욕구와 탐욕을 이용하여 인간의 마음을 사로잡고
그것을 이용한다. 그 사람을 자신의 노예로 만들어 자신을 섬기게 한다.
여종의 주인들이라 하지만 그들이야말로 사탄의 노예가 되어 탐욕에 사
로 잡혀 사는 것이다.

사탄은 거짓의 아비요, 속이는 영이다. 여종의 주인들은 바울 일행을 관리들에게 고소한다. "이 사람들이 유대인인데 우리 성을 심히 요란하게 하여, 로마 사람인 우리가 받지도 못하고 행하지도 못할 풍속을 전한다." 여종의 주인들이 고소한 문제의 핵심은 여종을 통해 얻어지는 사사로운 수익에 있었다. 그러나 그들의 고소 내용은 공익을 빙자한 소란과 풍속 문제였다. 또 유대인과 로마인이라는 인종적 차별을 부각시킴으로 그 문제의 본질을 호도한다. 자신들이 가지고 있는 사욕을 채우기 위하여 문제의 본질을 왜곡하고 공익을 내세운다. 분쟁이 일어날 때마다 사탄은 거짓과 속임수로 현혹하고 고소한다. 사탄은 거짓과 분리의 영이기 때문이다.

무리의 고소에 상관들은 "옷을 찢어 벗기고 매를 치라, 많이 친 후에 옥에 가두고 든든히 지키라." 판결은 가혹하다. '예수 그리스도의 이름으로' 귀신이 나간 것에 대한 감사와 감격이나, 사로잡힌 것으로 부터 자유케 되는 여종의 기쁨이 아닌, 사욕을 가진 자들에 의해 바울과 일행은 모진 고난과 함께 옥에 갇힌다. 바울이 생각하거나 의도했던 결과는 아닐 것이다. 그러나 바울은 "형제들아 내가 당한 일이 도리어 복음 전파에 진전이 된 줄을 너희가 알기를 원하노라."(빌 1:12), "나의 매임으로 말미암아 주 안에서 신뢰함으로 겁 없이 하나님의 말씀을 더욱 담대히 전하게 되었다."(빌 1:14)라고 빌립보서를 기록하면서 고백한다. 우리는 무엇에 매여 살아가는가?

나의 기도 • • •
예수 그리스도에 매여 살아가게 하소서!

빌립보(Philippi) 16-5

기도하고 하나님을 찬송하매

사도행전 16:25-28

25-26 한밤중에 바울과 실라가 기도하고 하나님을 찬송하매 죄수들이 듣더라 이에 갑자기 큰 지진이 나서 옥터가 움직이고 문이 곧 다 열리며 모든 사람의 매인 것이 다 벗어진지라

기도란 인간이 문제 앞에서 자신의 한계를 인정하고, 하나님의 도움을 구하는 행위다. 또 찬송은 자신을 위하여 행하신 하나님의 일을 인정하고, 그의 높고 위대하심을 고백하는 것이다. 즉 기도와 찬양은 예배의 중요한 요소이자 하나님을 알고 인정하는 자만이 행할 수 있는 영적인 일이다. 영적 일이란 땅에 두 발을 두고 육신으로 살아가는 인생들이, 영이신 하나님을 상대하고 살아가는 것을 의미한다. 바울과 실라는 빌립보에서 예수 그리스도의 이름으로 귀신들린 여종을 치유한 뒤 무고한 죄명을 쓰고 감옥에 들어왔다. 인간적인 생각으로는 분하고 원통해하며 사람을 원망할 수 있는 상황이었지만 그들은 기도와 찬양으로 사람이 아닌 하나님을 상대한다.

바울과 실라는 인간 육신의 몸으로 이 땅을 살고 있지만, 영이신 하나님을 상대하며 자신들에게 벌어진 일을 영적으로 반응하고 있다. 인간의 모든 일은 하나님의 허락과 섭리하심 속에 이루어진다는 사실을 인정할 때 비로소 영적인 눈이 뜨이고 하나님 앞에 서게 된다. 그리고 그 앞에서 자신의 무력함을 인정하는 기도 속에서 상황과 환경의 변화가 아니라 높고 위대하신 하나님의 임재를 경험할 때 우리 가운데 격발되어 나오는 것이 찬송이다. 바울과 실라는 옥중에서도 자신들 앞에 닥친 어려움의 해결이나 이 땅의 소망이나 기대를 두지 않고, 살아 계신 하나님과 교통하는 기도와 하나님의 영광스러움을 인정하고 찬양한다. 그들의 기도와 찬송은 기적을 만들었다.

갑자기 큰 지진이 나서 옥터가 움직이고 옥문이 다 열리며 모든 사람의 매인 것이 벗어진다. 베드로가 감옥에서 구출될 때 경험했듯이(행 12:6-11), 바울과 실라를 구출하는 도구로 지진이 사용된다. 그러나 그러한 재해의 상황 속에도 바울과 실라는 아무런 요동없이 그대로 옥중에 남아있다. 간수가 자다가 깨어 옥문들이 열린 것을 보고, 죄수들이 도망한 줄 생각하고 칼을 빼어 자결하려 한다. 그 때 바울이 크게 소리 질러 "네 몸을 상하지 말라 우리가 다 여기 있노라."고 한다. 바울은 기도와 찬양으로 인한 큰 지진, 감옥 터의 흔들림, 감옥 문이 열림, 죄수들의 묶음이 풀림의 기적적 상황을 억울한 투옥으로부터의 탈옥이나 도피가 아닌 한 영혼을 살리는 기회로 삼는다.

나의 기도 • • •
모든 상황 속에서 사람이 아닌 하나님을 상대하며 살아가게 하소서!

빌립보(Philippi) 16-6

주 예수를 믿으라

사도행전 16:29-34

31-34 이르되 주 예수를 믿으라 그리하면 너와 네 집이 구원을 받으리라 하고 주의 말
씀을 그 사람과 그 집에 있는 모든 사람에게 전하더라 그 밤 그 시각에 간수가 그들을
데려다가 그 맞은 자리를 씻어 주고 자기와 그 온 가족이 다 세례를 받은 후 그들을 데
리고 자기 집에 올라가서 음식을 차려 주고 그와 온 집안이 하나님을 믿으므로 크게
기뻐하니라

지진의 공포와 두려움 죄수들의 탈옥에 대한 자신을 책임감을 느껴 목
숨을 포기하려 했던 간수의 죽음을 가로막은 바울에게 간수는 "내가 어
떻게 하여야 구원을 받으리이까?"라는 질문을 한다. 이 질문은 비단 간
수 뿐 아니라 육신을 입고 인생의 유한함을 아는 이 땅의 인생이라면 누
구나 가져야 하는 질문이다. 죽음 앞에서 모든 인간은 그가 지닌 재물, 명
예, 지식 등이 자신을 구원할 도구가 되지 못함을 알기 때문이다. 그 물음
에 바울은 "주 예수를 믿으라 그리하면 너와 네 집이 구원을 받으리라."
하고 주님의 복음을 그 사람과 그 집에 있는 모든 사람에게 전한다. 인생
의 모든 문제의 답은 예수 그리스도이다. 예수님으로만 죽음의 문제를 해
결하실 수 있기 때문이다.

간수의 물음은 "내가 어떻게 하여야" 하는 구원을 받기 위한 행위에 대한 질문에, 바울의 대답은 "주 예수를 믿으라." 하는 믿음으로 대답한다. 기독교는 구원을 받기 위하여 "내가 어떤 일을 하여야 하는가?"라는 행위에 근거한 것이 아니라, "내가 무엇을 믿었는가?"라는 믿음에 근거한다. 인간이 구원을 위하여 행한 일이 아닌, 하나님께서 인간을 구원하시기 위하여 하신 일을 믿는 것이다. 그 믿음은 하나님께서 주시는 것이며, 인간의 입장에서는 값없이 주시는 믿음을 수용하고 받아들이는 것이다. 모든 인간은 죄로 인하여 형벌을 받아 사망에 이른다. 그런데 예수님께서 우리의 형벌을 대신 당하사 죽으시어 죄값을 치루시고 부활하셨기에 그분을 믿음으로 우리가 산다.

그 밤, 그 시간에 간수가 그들을 데려다가 그 맞은 자리를 씻어 주고, 자기와 그 온 가족이 다 세례를 받은 후 그들을 데리고 자기 집에 올라가서 음식을 차려 주고 그와 온 집안이 하나님을 믿으므로 크게 기뻐한다. 점치는 여종의 주인들로부터 고발 당해 체벌 후 억울하게 투옥되어 있던 바울과 실라는 환경을 초월하는 기도와 찬양 속에서 기적적인 지진 사건을 통하여 간수의 생명을 살리고 감옥에서 나와 간수와 가족들에게 복음을 전하고 그와 그 가족이 구원을 얻는 생명의 역사를 경험한다. 사방이 막혀 있는 감옥에서 하늘을 향한 기도와 찬양은 하나님께 상달되었고, 하나님께서 기적적인 구원의 역사를 일으켜주심을 목격하게 하시고 그 일의 증인이 되게 하신다.

나의 기도 • • •
인생의 모든 문제의 답이신 예수 그리스도를 신뢰하며 살아가게 하소서!

빌립보(Philippi) 16-7

로마 사람

사도행전 16:35-40

37-39 바울이 이르되 로마 사람인 우리를 죄도 정하지 아니하고 공중 앞에서 때리고 옥에 가두었다가 이제는 가만히 내보내고자 하느냐 아니라 그들이 친히 와서 우리를 데리고 나가야 하리라 한대 부하들이 이 말을 상관들에게 보고하니 그들이 로마 사람이라 하는 말을 듣고 두려워하여 와서 권하여 데리고 나가 그 성에서 떠나기를 청하니

빌립보 간수와 가정이 구원받은 밤이 지나고 날이 밝자 상관들이 부하를 보내어 "이 사람들을 놓으라." 한다. 간수는 바울에게 "상관들이 보내어 너희를 놓으라 하였으니 나가서 평안히 가라." 한다. 바울은 석방을 통보받은 후에 자신이 로마 사람인 것을 밝힌다. 부하들은 상관들에게 보고하고 로마 사람이라는 말에 두려워하여 와서 권하여 데리고 나가 그 성을 떠나기를 청한다. 바울과 실라는 옥에서 나와 루디아 집에 들어가서 형제들을 만나 보고 위로하고 떠난다. 드로아에서 마게도니아 사람의 환상을 통한 성령의 인도하심을 받아 시작된 바울의 2차 선교 여정 첫 번째 방문지인 빌립보에서의 일정은 이렇게 끝난다.

바울은 빌립보에서 루디아와 간수의 가정이 회심하는 선교의 귀중한 열매를 얻는다. 유대인 회당도 없었던 곳에 두 가정이 초석이 되어 빌립보 교회가 시작된다. 또 점치는 여종을 사로 잡고 있었던 귀신을 쫓는 일로 투옥되고 옥고를 치렀으나 바울은 인간적인 방법으로 해결하려 하지 않았다. 로마 시민권을 내밀어 체벌과 투옥을 면할 수도 있었다. 또 지진이 일어났을 때 도망갈 수도 있었다. 그러나 바울은 상황과 환경이 아닌, 하나님을 바라본다. "너희가 아는 바와 같이 우리가 먼저 빌립보에서 고난과 능욕을 당하였으나 우리 하나님을 힘입어 많은 싸움 중에 하나님의 복음을 너희에게 전하였노라"(살전 2:2).

신앙이란 우리가 가진 것으로 하나님을 섬기는 것이 아니라, 하나님의 방법으로 세상을 사는 것이다. 성령에 이끌리는 자는 세상의 힘이나 자신의 능력이 아니라, 하나님을 힘입어 살아가는 사람이다. 세상의 방법이 아니라 하나님의 방법으로, 로마 시민의 권리가 아닌 하늘 시민으로 살아간다. 우리의 소망은 하늘에 있고, 다시 오실 예수 그리스도의 재림을 기다리는 것이다. "그러나 우리의 시민권은 하늘에 있는지라 거기로부터 구원하는 자 곧 주 예수 그리스도를 기다리노니 그는 만물을 자기에게 복종하게 하실 수 있는 자의 역사로 우리의 낮은 몸을 자기 영광의 몸의 형체와 같이 변하게 하시리라"(빌 3:20-21).

나의 기도 • • •
하나님을 힘입어 하늘 시민으로 살아가게 하소서!

데살로니가(Thessalonica) 17-1

예수가 곧 그리스도라

사도행전 17:1-3

2-3 바울이 자기의 관례대로 그들에게로 들어가서 세 안식일에 성경을 가지고 강론하며 뜻을 풀어 그리스도가 해를 받고 죽은 자 가운데서 다시 살아나야 할 것을 증언하고 이르되 내가 너희에게 전하는 이 예수가 곧 그리스도라 하니

빌립보를 떠난 바울 일행은 데살로니가로 향한다. 그들은 암비볼리와 아볼로니아를 거치는데, 암비볼리는 빌립보에서 48km 떨어진 곳이고, 그곳에서 43km 떨어진 곳이 아볼로니아이다. 그리고 아볼로니아에서 56km를 더 가면 데살로니가가 있다. 그 길을 '에그나티아 길'(Via Egnatia) 이라 부르는데 그리스 반도 북부를 동서로 잇는 길이다. 이 길은 BC 146 년 비잔티움에서부터 로마까지 건설된 무역과 군사용 포장도로다. 이스탄불(비잔티움)에서 네압폴리스, 빌립보, 암비볼리, 아볼로니아, 데살로니가, 펠라를 지나 아드리아 해를 건너 이탈리아 브룬디시움 등 주요 도시를 경유한다. 바울은 이 길을 따라서 유럽 전도 여행을 다녔다.

데살로니가는 BC 315년경 마게도냐 왕 카산드로스가 인근 26개 촌락을 중심으로 도시를 건설한 뒤 알렉산더 대왕의 이복 동생인 아내 '데살로니가'의 이름을 붙여 세운 도시다. 바울은 데살로니가에 이르러 관례대로 유대인 회당을 찾는다. 바울은 낯선 도시에 들어가면 회당을 중심으로 복음을 전하는 선교 전략을 취한다. 이전에도 비시디아 안디옥(행 13:14)과 이고니온(행 14:1)에서 회당에 들어가 복음을 전했고, 추후 일정에도 베뢰아(행 17:10), 고린도(행 18:4), 에베소(행 19:8)에서 유대인들에게 먼저 성경을 강론한다. 바울이 증거한 내용의 핵심은 예수님의 고난과 부활 그리고 예수님이 구약에 예언된 그리스도이심이다.

그리스도인은 황제 숭배를 거부하고, 로마의 생활방식을 존중하지 않았다. 바울이 가르친 내용은 데살로니가교회에 쓴 편지를 보면 알 수 있다. 바울은 데살로니가 사람들이 우상숭배를 버리고 참되신 하나님을 섬기게 했고(살전 1:9), 진노와 심판의 날을 경고했으며, 예수가 하나님의 아들이고(살전 1:10), 하나님의 부르심을 좇아 새 나라에 들어가라고 격려했다(살전 2:12). 또 영적 자녀들에게 절제하며, 이방인과 다르게 살며(살전 4:5), 서로 착취하지 말라고 했다(살전 4:6). 이는 근본적으로 비로마적인 태도다. 그리스도인은 모두가 황제를 숭배하고 그 법을 따를 때, 예수가 주인임을 고백하고 생명의 논리으로 사는 자다.

나의 기도 • • •
힘의 논리, 황제의 법이 아닌 생명의 논리, 성령의 법으로 살아가게 하소서!

데살로니가(Thessalonica) 17-2

천하를 어지럽게

사도행전 17:4-9

5-6 그러나 유대인들은 시기하여 저자의 어떤 불량한 사람들을 데리고 떼를 지어 성을
소동하게 하여 야손의 집에 침입하여 그들을 백성에게 끌어내려고 찾았으나 발견하지
못하매 야손과 몇 형제들을 끌고 읍장들 앞에 가서 소리 질러 이르되 천하를 어지럽게
하던 이 사람들이 여기도 이르매

데살로니가 회당에서 바울의 강론은 바로 열매를 맺는다. 경건한 헬라
인의 큰 무리와 귀부인들이 말씀을 받아 바울과 실라를 따른다. 그러나
바울을 시기하는 유대인 지도자들은 패거리를 지어 성을 소동하며 바울
을 잡으려고, 바울 선교단을 사법관들에게 고발한다. 고발의 내용은 첫
째, 세상을 혼란스럽게 했다는 점, 둘째, 가이사의 칙령을 거역했다는 점,
셋째, 예수라는 또 다른 왕이 있다고 주장했다는 점으로 요약된다. 성경
을 강론한 종교적인 면이 쟁점이 아니라 바울과 선교단의 징벌을 유도하
기 위해 정치적인 내용을 부각시키려는 의도가 있는 고발이었다. 예수님
께서 십자가에 돌아가실 때도 죄명이 '자칭 유대인들의 왕'이었다.

복음이 전파되는 곳에는 악의 세력들의 저항도 같이 드러난다. 사탄과 세상의 패역한 상대들이 공격해 오기 때문이다. 사탄의 세력들은 자신이 선동하여 복음을 공격하면서 자기들이 일으켰던 소란과 소동의 책임을 선교단에게 돌리고 있다. '천하를 어지럽게 하던 이 사람들', 힘의 논리, 황제의 법이 아닌 생명의 논리, 믿음의 논리, 사랑의 논리로 살아가는 바울 선교단과 성도들의 모습은 당시 로마의 시대정신과 달랐기에 세상에 큰 파장을 주었다. 성도는 세상 속에 존재하지만 하나님 나라 백성으로 하나님의 다스림과 통치 속에 하나님 나라의 법을 따라 신앙의 방법을 가지고 살아간다. 그런 삶의 모범이 데살로니가교회다.

바울은 데살로니가교회 성도들에게 쓴 첫 번째 편지에서 "마게도냐와 아가야에 있는 모든 믿는 자의 본이 되었다."(살전 1:7)고 칭찬하였다. 데살로니가교회는, 칭찬할 뿐만 아니라 여러 교회에서 친히 자랑하였던(살후 1:4) 공동체였다. 또한 바울은 하나님께 감사하며 기도할 때에 데살로니가교회의 "믿음의 역사와 사랑의 수고와 주 예수 그리스도에 대한 소망의 인내를" 하나님 아버지 앞에서 끊임없이 기억하였다(살전 1:3). 바울의 칭찬과 자랑 그리고 하나님 앞에서 기억된 데살로니가교회의 출발은 고난이었다. 그러나 그 나라를 위하여 받는 고난은 '하나님 나라'에 합당한 자로 여김을 받게 하기 위함이었다(살후 1:5).

나의 기도 • • •
하나님 나라에 합당한 자로 여김받고 살아가게 하소서!

날마다 성경을 상고하므로

사도행전 17:10-14

11-12 베뢰아에 있는 사람들은 데살로니가에 있는 사람들보다 더 너그러워서 간절한
마음으로 말씀을 받고 이것이 그러한가 하여 날마다 성경을 상고하므로 그중에 믿는
사람이 많고 또 헬라의 귀부인과 남자가 적지 아니하나

바울과 실라는 밤에 데살로니가를 몰래 빠져나와 베뢰아로 향한다. 에
그나티아 도로를 따라 48km 쯤 서쪽으로 가서 펠라란 곳에 이르러 거기
서 남서쪽으로 32km 더 가면 베뢰아에 닿을 것으로 추정된다. 베뢰아는
주요 도로에서 벗어나 있기 때문에 험한 길을 지나야 했다. 베뢰아로 가
는 이유는 거기가 데살로니가의 공권력을 피하여 바울이 은신해 있을 만
한 지역이었기 때문이다. 바울은 베뢰아에서 늘 하던 대로 회당에 들어갔
다. 바울의 선교 전략이다. 베뢰아 사람들은 데살로니가 사람보다 간절한
마음으로 말씀을 잘 받아들이고, 그것이 사실인가 하여 날마다 성경을 상
고한다. 그중 믿는 사람이 많았는데 헬라 귀부인들과 남자들이 믿었다.

그러나 데살로니가 출신의 유대인들이 베뢰아에 와서 다시 무리를 선동하고 소동하여 이런 상황이 오래 지속되지는 못한다. 그러자 형제들이 곧바로 바울을 보내어 바다까지 가게 하였다. 이 일이 일어날 무렵에는 이미 회심자 수가 상당했고, 이 때쯤 디모데가 데살로니가에서 와서 바울과 실라와 합류한 상태라 디모데와 실라는 베뢰아 사역을 다지기 위해 남는다. 실라와 디모데가 베뢰아에 남아 있는 동안, 베뢰아 신자들은 바울을 데리고 남쪽으로 가는데 마게도냐를 벗어나 고대 세계의 문화 중심지 아테네로 향한다. 이들이 아테네로 향하게 된 것은 주변의 사법권역으로부터 벗어나고, 유대인 반대자들의 방해를 피하기 위함이다.

드로아에서 '와서 도우라.'는 환상을 따라 시작된 전도 여행을 통해 빌립보, 데살로니가, 베뢰아, 마게도냐 지역에서 복음의 결실을 얻는다. 또 빌립보서와 데살로니가서를 기록하게 만든 지역교회가 설립되었다. 그러나 복음 전파를 방해하는 적대적 유대인들의 박해와 핍박이 따랐다. 하지만 박해와 핍박은 복음 확장의 중요한 동력이 되었다. 박해가 오히려 교회 본질을 찾고 순수하게 한다는 교회 역사의 역설을 볼 수 있다. 복음 전도자들이 박해와 핍박으로 인한 고난을 두려워하지 않는 것은 성령으로 함께하시어, 예수 그리스도를 힘입어 모든 상황을 넉넉히 이기게 하시기 때문이다. 또한 그들의 소망이 이 땅이 아닌 하늘에 있었기 때문이다.

나의 기도 • • •
날마다 성경을 상고하며 살아가게 하소서!

아테네(Athens) 19-1

마음에 격분하여

사도행전 17:15-18

16-18 바울이 아덴에서 그들을 기다리다가 그 성에 우상이 가득한 것을 보고 마음에 격분하여 회당에서는 유대인과 경건한 사람들과 또 장터에서는 날마다 만나는 사람들과 변론하니 어떤 에피쿠로스와 스토아 철학자들도 바울과 쟁론할새 어떤 사람은 이르되 이 말쟁이가 무슨 말을 하고자 하느냐 하고 어떤 사람은 이르되 이방 신들을 전하는 사람인가보다 하니 이는 바울이 예수와 부활을 전하기 때문이러라

아테네에 먼저 도착한 바울은 실라와 디모데를 기다린다. 그런데 그 성 아테네에 우상이 가득한 것을 보고 격분하였다. 아테네 아크로폴리스에는 아우구스투스, 티베리우스, 게르마니쿠스, 드루수스의 신상이 서 있다. 또한 로마와 아우구스투스의 신전이 지평선을 주름잡는다. 사방에 황제 가족에게 헌정한 기념물이 즐비하고, 아우구스투스에게 헌정한 작은 제단도 많고, 리비아 드루실라의 조각상도 있다. 당시 아테네 인구보다 그들이 섬기던 신의 숫자가 더 많았다고 한다. 당시 아테네 사람들은 인간의 모든 것이 부도덕한 신들에 의해 만들어졌다고 생각하고 그 신들의 지배를 받았다. 또 신이 된 황제들을 숭배하고 살았다.

바울은 회당에서 유대인과 경건한 사람들과 장터에서 만나는 사람들과 변론하고, 에피쿠로스, 스토아 철학자들과 쟁론하였다. 바울이 변론과 쟁론을 한 이유는 '예수와 부활'을 전했기 때문이다. 만약 바울이 '이성추구', 즉 행복이 무엇인가, 지식이 무엇인가, 만물이 무엇으로 구성되었는가를 이야기했다면 변론과 쟁론할 필요가 없다. 그런데 바울은 예수와 부활을 전한다. 그것은 당시 아테네 사람들이 생각하는 신관에도, 인간관에도 부합할 수 없는 일이었다. 죽음이라는 인간의 한계가 인간에 의해서가 아니라, 하나님에 의해서, 즉 오직 그분의 희생과 사랑으로만 극복된다는 이야기는 들을 귀 있는 자에게만 들렸다.

매일같이 신전마다 신에게 바쳐지는, 즉 인간의 섬김으로 불태워지는 재물 타는 냄새를 맡고 살아온 사람들에게, 인간, 즉 나를 위하여 신이신 예수 그리스도가 죽었다는 이야기는 전혀 들리지 않는다. 신을 위해 살아야 하는 인간에게 인간을 위하여 죽은 신의 이야기는 믿겨지지 않는다. 한번 죽으면 끝이기에 한번 사는 세상, 자아와 이성을 추구하고 실현하며 사는 것을 행복으로 여기는 자들에게, 죽음이 끝이 아니고 죽은 자가 다시 살아난다는 부활의 가르침 또한 미련한 이야기로 들릴 수 있다. 자아성취를 통해 탈육하려는 자들에게, 성육하라는 가르침 또한 이해하기 힘들다. 그것이 그 시대를 사는 사람들의 시대정신이었다.

나의 기도 • • •
세상을 지배하는 시대 정신이 아닌, 하나님의 통치와 다스림 속에 살아가게 하소서!

아테네(Athens) 19-2

아레오바고

사도행전 17:19-21

19-20 그를 붙들어 아레오바고로 가며 말하기를 네가 말하는 이 새로운 가르침이 무엇
인지 우리가 알 수 있겠느냐 네가 어떤 이상한 것을 우리 귀에 들려 주니 그 무슨 뜻인
지 알고자 하노라 하니

아테네는 신들의 도시이자 철학의 도시다. '그 신들의 지배 속에 있는
인간은 행복한가?' 하는 질문의 답은 '신들은 인간에게 행복을 주지 못한
다'이다. 멋진 조각상, 전함, 성곽, 신전 등에 신들의 형상을 새겨 놓았지
만, 그 앞에 선 자가 행복을 느끼지 못한다면 무슨 의미가 있을까? 그 신
들은 인간들에게 끝없는 희생과 헌신만을 요구하는 신들이었다. 신들에
게 바쳐진 제물 타는 냄새가 인간을 행복하게 할 수 없다. 이런 모순과 딜
레마를 지적하는 질문을 한 사람이 소크라테스다. 소크라테스는 질문을
통해 인간 이성을 발견한다. 신들에게 집중되어 있던 인간의 관심을 인간
자신에게 돌린 것이다. 그때를 그리스의 전성기로 본다(BC 5세기).

소크라테스는 글로 남기는 것은 지식을 가두는 일이라 생각해서 기록으로 남기지 않지만, 제자 플라톤에 의해 기록으로 그 사상들이 정리되었다. 그들의 관심은 인간의 도덕과 윤리였다. 인간의 딜레마를 해결하기 위해 행복을 추구하고 영혼을 가꾸는 것을 가장 가치 있는 일로 여겼다. 즉 옳고 그름을 가르는 것, 즉 보편적 정의를 찾는 것이다. 옳고 그름을 가르는 끝장이 전쟁이다. 그런데 전쟁도 그들에게 행복을 가져다 준 것이 아니라 죽음과 질병 그리고 난민, 전염병 등을 남겨 두었다. 전쟁에 이기고 지고의 문제가 아니라 그 전쟁으로 인하여 인간은 인간 본연의 존엄성마저도 잃어버린 것이다. 그런 혼돈 속에서 '소피스트'들이 출현한다.

소피스트는 입담으로 청중에게 돈을 얻는 사람들이다. 그들의 주장은 '부는 비영구적인 것, 지식과 사랑은 영구적인 것'이다. 전쟁을 통하여 그들이 깨달은 것은 국민이 국가를 위해 존재하는 것이 아니라, 국가가 국민을 위하여 존재하여야 한다는 것이다. 인간 자아를 존중함으로 시작된 '민주주의'가 2,500년 전 아테네에서 실현되었다. 그들은 '인간의 진정한 아름다움이란 무엇인가?'를 논하며, 인간의 정의, 행복, 선의 추구를 통하여 인간의 한계를 극복 하려는 그들에게 '예수와 부활'은 전혀 새로운 가르침이다. "유대인은 기적을 찾고, 그리스인은 지혜를 구한다."(고전 1:22-23)는 바울의 이야기처럼 새롭고 흥미로운 철학적 지혜를 요청한다.

나의 기도 • • •

삶의 여정 속에 주시는 복음 증거의 기회를 선용하며 살아가게 하소서!

아테네(Athens) 19-3

알지 못하고 위하는 신

사도행전 17:22-25

22-23 바울이 아레오바고 가운데 서서 말하되 아덴 사람들아 너희를 보니 범사에 종교
심이 많도다 내가 두루 다니며 너희가 위하는 것들을 보다가 알지 못하는 신에게라고
새긴 단도 보았으니 그런즉 너희가 알지 못하고 위하는 그것을 내가 너희에게 알게 하
리라

아레이오스 파고스(Areios pagos), 곧 아레스 언덕은 아크로폴리스 옆에
있었다. 아레스는 전쟁의 신이다. 국회라는 단어가 국회의원이나 국회 건
물을 뜻할 수 있는 것처럼, 아레이오스 파고스도 아레오바고 법정을 가
리키거나 그곳에서 열리는 사법위원회를 가리키기도 한다. 바울을 법정
에 세운 이유는 '새로운 가르침'이 무엇인지 알고자 함이다. 그리스인들
은 늘 그랬듯이 종교를 지식추구로 여긴 것이다. 새로운 것을 말하고 듣
는 것에 시간을 쓴다. 그러나 신앙이란 지식 추구의 방편이 아니라 육신
의 몸을 입은 인간이 영이신 하나님과 관계하는 것이다. 영이신 하나님과
관계는 인간의 지식이나 노력으로 되는 것이 아니라 하나님의 임재를 통
해서만 가능하다.

바울은 "너희를 보니 범사에 종교심이 많다." 하며 그들의 새로운 지식추구의 욕구를 종교심으로 규정한다. "너희가 섬기는 많은 신 가운데 '알지 못하는 신'이라 새겨 놓은 단도 보았다." 하고, 바울은 '알지 못하는 신'으로 하나님을 소개한다. 아테네에는 알지 못하는 신들의 제단이 여럿 있었다. 그리스 지리학자 파우사니아스와 필로스트라토스도 이런 제단을 언급한다. 예수라는 이름은 전혀 언급하지 않고, '우주와 그 안에 있는 모든 것을 창조하신 하나님'을 말한다. 바울은 처음에는 BC 6세기 시인 에피메니데스를, 다음으로 BC 3세기의 스토아주의자로 길리기아 출신인 아라토스를 인용한다. 청중에게 친숙한 언어와 문체를 사용하고 청중이 잘 아는 문화를 언급한다.

바울은 자신이 섬기는 하나님을 인간의 희생을 통해 인간의 손으로 지어진 건물에 거하는 그들이 믿는 신이 아니라, 천지 만물을 지으신 창조주이시자 주인이신 하나님은 사람 손의 섬김을 받지 않으시고, 오히려 그분이 우리에게 생명과 호흡과 만물을 주시는 섬기시는 하나님으로 소개한다. 인간의 수고와 희생을 통해 신을 위한 신전을 짓고, 자신을 희생하여 신들에게 재물을 바치며 무사안일과 복을 빌던 자들에게 하나님이 우리를 위해 희생하시고 자기 자신을 내어 주신다는 이야기는 결코 받아들이기 쉽지 않았을 것이다. 세상의 모든 신은 인간의 희생과 헌신을 요구하지만, 우리가 믿는 하나님은 자기 자신을 희생하시어 생명과 호흡과 만물을 주시는 '섬기는 하나님'이시다.

나의 기도 • • •
세상 신과는 비교할 수 없는 창조주 하나님만 신뢰하게 하소서!

아테네(Athens) 19-4

그를 힘입어

사도행전 17:26-29

28-29 우리가 그를 힘입어 살며 기동하며 존재하느니라 너희 시인 중 어떤 사람들의 말과 같이 우리가 그의 소생이라 하니 이와 같이 하나님의 소생이 되었은즉 하나님을 금이나 은이나 돌에다 사람의 기술과 고안으로 새긴 것들과 같이 여길 것이 아니니라

바울의 아테네 설교는 이방인만을 향한 유일한 설교이다. 그래서 다른 설교들과는 달리 이스라엘의 구원 역사에 대한 언급이나, 구약성경을 직접적으로 인용하지 않는다. 즉 하나님이 자기 백성에게 행하셨던 구원의 계시나 유대인들의 특권에 대하여 이야기하지 않았다. 하나님을 모르는 세상 속에서 기독교가 가지고 있는 고유한 특징들을 그들의 입장에서 접근해 간다. 이방인 선교의 모범을 보여주는 설교라 할 수 있다. 이방인 선교의 출발은 '그들은 누구인가?', '그들이 어떻게 사는가?', '그들에게 어떻게 복음을 전할 것인가?'라는 질문에서 시작한다. 그러나 선교의 결실은 주님께서 맺어 주신다. 우리가 최선을 다하여 복음을 전하되 결과는 주님께 맡겨야 한다.

천지를 창조하신 하나님께서는 인류의 출발을 한 혈통 아담으로부터 시작하신다. 그러므로 모든 인류는 하나님의 소생이다. 하나님께서 인간의 시대를 정하시고 거주의 경계를 한정하셨다. 바울은 구약적 개념으로 직접적으로 명시하지는 않지만 세계와 인간을 지으신 창조주로 하나님을 소개한다. 하나님께서 시대와 경계를 정하신 것은 인간으로 하여금 그를 찾게 하기 위함이었다. 인간들은 살아가는 세상 속에서 하나님의 세계 경영의 질서와 인간 삶의 한계를 알게 되고 하나님을 부르고 찾게 된다. 즉 하나님이 인간을 창조하신 이유는 이 땅에 살아가면서 하나님을 더듬어 발견하게 하려 하심이다. 하나님은 인간과 멀리 계시지 않으시고 가까이 계신다.

"우리가 그를 힘입어(in Him) 살며(Live), 기동하며(Move), 존재한다 (Being)." 추측하기는 크레타 출신의 에피메니테스가 쓴 시구를 인용한 것이다. "우리가 그의 소생이라." 시인이 더듬어 발견하였듯, 하나님과 인간은 신비한 연합관계를 이루고 있다. 생명을 가지고 살아가는 일과 기동하는 일은 다른 생명체도 공유하는 것이나, 하나님의 형상을 따라 지어지고, 성령님을 통해 예수님과 하나되는 인간 존재의 신비는 하나님을 아는 우리에게만 주신 축복이다. 사람의 기술과 고안으로 새긴 신들을 위한 삶이 아니라, 하나님의 소생으로 그를 힘입어 사는 것이 신앙이다. 신을 섬겨 복 받는 자가 아니라, 복 받은 자로 하나님께 기대고 살아가는 것이 우리 존재다.

나의 기도 ● ● ●
그를 힘입어 살며 기동하며 존재하며 살아가게 하소서!

천하를 공의로 심판할 날

사도행전 17:30-34

31-32 이는 정하신 사람으로 하여금 천하를 공의로 심판할 날을 작정하시고 이에 그를 죽은 자 가운데서 다시 살리신 것으로 모든 사람에게 믿을 만한 증거를 주셨음이니라 하니라 그들이 죽은 자의 부활을 듣고 어떤 사람은 조롱도 하고 어떤 사람은 이 일에 대하여 네 말을 다시 듣겠다 하니

사람들이 오랫동안 진리에서 떠나 방황한 이유는 하나님께서 그의 손을 펴주시지 아니하셨기 때문이다. 사람들의 이성과 판단력을 가지고 중대한 일에 어리석게 잘못을 범하는 것에 대하여 수치심을 가지지만, 하나님께서 도움을 주시기 위하여 찾아오시기 전에는 사람들은 끝없는 과오를 범하고, 그 결과로 사망한다. 이제 하나님께서 그 해결 방법을 제시하시고 회개하라 하셨으니 심판의 날을 작정하시고, 그를 죽은 자 가운데서 다시 살리신 것으로 모든 사람들에게 믿을 만한 증거를 주셨다. 즉 주님이 허락하신 복음으로 돌이킬 때, 복된 삶을 누리게 된다. 진정한 삶은 예수 그리스도와 함께 죽고 예수 그리스도와 함께 사는 부활을 통해서만 가능하다.

하나님이 허락하신 복음이 내 삶의 실제가 되기 위해서는 내가 죽고 예수로 다시 살며 기동하며 존재하여야 한다. 복음은 자기 성취, 자아실현의 메시지가 아니다. 자기 포기, 자기 부인의 메시지가 되어야 한다. 복음으로 내가 무엇을 이루었다는 자기 자랑이 아니라 복음으로 내가 죽었다는 자아 부인의 고백이다. 아직도 내안에 교묘히 살아 있는 자아라는 우상이 복음으로 죽지 않았다면 내 안에서 내가 드러나고 싶은 생각, 나를 자랑하고 싶은 생각이 물밀듯 몰려온다. 복음이신 예수가 내 삶의 실제가 되는 길은 철저히 내가 그 복음으로 매일 죽는 일 밖에 없다. 내 자아가 죽어야 예수님과 하나가 될 수 있고, 그의 능력과 고귀한 성품이 나를 통해 드러나게 된다.

이 시대는 손으로 만들어진 신에 절하지 않는다. 마음 속에 죽지 않은 자아가 신이 되는 시대다. 부활신앙이 아닌 다른 그 어떤 것도 우리를 살게하지 못한다. 예수님을 죽은 자들 가운데서 살리신 이의 영이 부활의 영이다. 성령님이 우리를 일으키실 때 그를 힘입어 그 안에서 살아가는 삶이 복음의 실제다. 죽은 자의 부활을 말하자 어떤 사람은 조롱하고 어떤 사람은 다시 듣겠다 하고, 몇 사람 디오누시오와 다마리 또 다른 사람이 믿는다. 철학과 신들의 도시 아테네에서 기독교 복음의 핵심인 부활을 다룬 바울의 변증적 설교의 결과는 단 몇 사람 믿게 된 것이었다. 복음의 목표는 수적 성장과 성공에 있는 것이 아니라, 성령에 반응하는 거룩한 몇 사람에 있다.

나의 기도 • • •
주님이 허락하신 복음으로 돌이켜 복된 삶을 살아가게 하소서!

함께 살며 일을 하니

사도행전 18:1-3

2-3 아굴라라 하는 본도에서 난 유대인 한 사람을 만나니 글라우디오가 모든 유대인을
명하여 로마에서 떠나라 한 고로 그가 그 아내 브리스길라와 함께 이달리야로부터 새
로 온지라 바울이 그들에게 가매 생업이 같으므로 함께 살며 일을 하니 그 생업은 천
막을 만드는 것이더라

아테네 아레오바고 설교를 마치고 바울은 배를 타고 고린도 지역에 이
른다. '고린도'라는 도시는 고대 부의 상징으로 간주되면서 호머(Homer)
이후 그리스의 광채, 영광이라고까지 불렸다. 고린도는 BC 146년에 뭄
미우스(Lucius Mummius)라는 로마 장군에 의해 약탈, 방화로 멸망당한 후
100년 동안은 이름 없이 사라졌다가 BC 46년 카이사르(Julius Caesar)에 의
해 재건되어 많은 해방노예를 정착시킴으로 도시 발전의 기틀을 다졌다.
바울이 방문했던 시기는 아가야의 '원로원 지방 수도'였다. 지리적으로
동쪽으로 사로닉만의 겐그레아(Cenchreae)항과 북쪽으로 고린도만의 레가
이온(Lechaion)항에 접해 있었다.

겐그레아를 통해서는 에게해를 건너 아시아 지역과 레가이온 항을 통해서는 고린도만을 지나 아드리아해를 건너 이탈리아와 교류가 가능했기에 동서남북을 잇는 교통과 교역의 요충지 역할을 하였다. 여러 민족이 모여 사는 도시이기에 다양한 문화와 종교가 혼합되어 있었다. 또 항구도시의 특성과 아프로디테(Aphrodite) 신전에서 신전 노예들의 성적 제사행위들은 성적 문란을 조장하였다. 바울은 고린도에서 본도 출신의 아굴라와 브리스길라를 만난다. 그들은 클라우디우스 즉위 9년 대략 BC 49년 있었던, '클라우디우스 칙령', 즉 유대인 추방 명령으로 로마를 떠나 고린도에 머물고 있었는데 바울은 그 부부를 찾아갔다.

바울은 아굴라와 브리스길라 집에 머물면서 함께 천막 만드는 일을 했다. 선교 용어 중 자비량 선교를 일컫는 '텐트 메이커'(Tent maker)라는 용어가 여기서 나왔다. 바울은 생업을 하면서 선교했다는 것을 고린도 전서 4장 12절에서 "자신의 손으로 친히 일했다."라고 명시한다. 바울이 고린도에서 노동한 것은 단순히 생활에 필요를 얻기 위해서라기보다는, 자신의 일터를 복음 전도의 장으로 활용하기 위함이었다. 고린도에 생겨난 첫 교회 에클레시아(ekklesia)는 바울의 작업장에서 시작된다. 초대 교회는 집에서 모였고, 교회 건물은 있지도 않았다. 성경에서 언급되는 교회들도 예수 그리스도의 이름으로 모이는 공동체를 의미한다.

나의 기도 • • •
우리의 일터와 삶의 현장이 복음의 장이 되게 하소서!

고린도(Corinth) 20-2

하나님의 말씀에 붙잡혀

사도행전 18:4-8

5-6 실라와 디모데가 마게도냐로부터 내려오매 바울이 하나님의 말씀에 붙잡혀 유대인
들에게 예수는 그리스도라 밝히 증언하니 그들이 대적하여 비방하거늘 바울이 옷을 털
면서 이르되 너희 피가 너희 머리로 돌아갈 것이요 나는 깨끗하니라 이후에는 이방인
에게로 가리라 하고

다른 도시에서와 마찬가지로 바울은 안식일에 먼저 회당에서 강론하
고 유대인들과 헬라인들에게 권면한다. 데살로니가에서 내려온 실라와
디모데는 바울을 만난다. 바울은 이들에게서 데살로니가교회의 좋은 소
식을 전해 듣고 감사로 가득한 편지를 쓴다. 데살로니가전서는 히브리 성
경(구약)을 전혀 인용하지 않는다. 구성원이 주로 이방인이고 성경을 알
지 못하기 때문이다. '우상을 버리고 하나님께로 돌아온' 이들의 소문은
마게도냐와 아가야에도 전해졌다(살전 1:9). 현실적인 문제에 직면해 있는
데살로니가 성도들에게 보내는 바울의 편지는 신학적인 분석이나 논쟁이
아닌 실천에 강조점을 두고 있다.

회당에서 바울은 "오직 말씀을 전하는 일에만 힘을 쓰고, 예수께서 그리스도이심을 유대 사람들에게 밝히 증언하였다"(행 18:5). 늘 그랬듯이 마지막에는 충돌이 일어난다. 바울은 옷에서 먼지를 털고 이들의 피가 자신들의 머리로 돌아갈 것이라고 선언한다. 회당을 나온 바울은 이방인들을 찾아간다. 그래봐야 이웃집이다. 바울은 회당 바로 옆에 있는 하나님을 경외하는 디도 유스도의 집으로 갔다. 고린도전서 1장 14절에서 언급한 디도와 나중에 전체 교회를 돌보는 가이오(롬 16:23)를 동일 인물로 보기도 한다. 이 경우 그의 완전한 이름은 가이오 디도 유스도이고, 이름으로 보아 로마 출신일 것이다.

바울은 회당에서 사람들을 계속 만나고, 회당장 그리스보와 그의 모든 가족이 그리스도인이 된다(행 18:8. 그리스보는 아르키수나고고스〔archisunagogos〕). 회당 지도자였던 그의 회심은 고린도에 소문이 돌 만한 사건이다. 고린도 선교는 18개월간 계속되는데, 대부분의 회심자가 하류층이었다. 바울이 이들 가운데 "육신의 기준으로 보아서, 지혜 있는 사람이 많지 않고, 권력 있는 사람이 많지 않고, 가문이 훌륭한 사람이 많지 않았습니다."라고 말하고, 고린도교회를 '약하고', '세상에서 멸시받는 것들'이라고 묘사하기 때문이다(고전 1:26-28). 수많은 고린도 사람도 복음을 듣고 믿어 세례를 받는다.

육신의 기준이나 권력과 지혜가 아닌, 성령의 눈으로 영혼을 바라보게 하소서!

내 백성이 많음이라

사도행전 18:9-11

10-11 내가 너와 함께 있으매 어떤 사람도 너를 대적하여 해롭게 할 자가 없을 것이니
이는 이 성 중에 내 백성이 많음이라 하시더라 일 년 육 개월을 머물며 그들 가운데서
하나님의 말씀을 가르치니라

고린도에 있을 때 바울은 멸시를 당했을 뿐만 아니라 두려움과 떨림으
로 그 곳에 머물고 있었다(고전 2:3). 그 두려움과 떨림 가운데 있는 바울
을 주님께서 환상 가운데 말씀으로 위로하신다. 주님께서 환상 가운데 말
씀하심은 선교의 주체가 바울이 아니라 주님이심을 분명히 하고 있다. 드
로아에서 환상을 통해 마게도냐로 인도하신 하나님께서 고린도에서 환상
을 통하여 두려움에 있는 바울을 위로하고 격려하신다. 우리를 엄습하는
가장 큰 두려움은 핍박이나 환난이 아니라 하나님의 부재를 느낄 때이다.
우리의 삶이 하나님과 분리되어 살 수 없고, 우리의 사역이 하나님의 계
획과 뜻을 이루는 것이기에 하나님의 임재가 가장 큰 위로이다.

"내가 너와 함께하리라."라는 말씀은 아브라함에서 시작하여 다윗에 이르기까지 하나님의 사람들에게 주셨던 언약이다. 또 임마누엘 되시는 예수님께서 제자들을 세상에 보내시며 말씀하신 약속이다(마 28:20). 선교란 '보내다'라는 의미다. 선교사는 '보내심을 받은 자'다. 보내심을 받은 자는 보내신 분이 계심을 인정하고, 자신의 일이 아닌 그분의 의지를 따라 일해야 한다. 사역의 내용과 성과를 떠나 보내신 분의 뜻과 무관한 일은 선교가 아니다. 보내신 분은 보내실 뿐만 아니라, 위로하시고 그의 뜻을 이룰 능력을 주신다. '두려워하지 말며 침묵하지 말고 말하라.' 하신 그분이 모든 것을 책임지시기에 당당히 복음을 선포하고 결과는 주님께 맡긴다.

바울의 설교와 가르침은 세련되지는 않지만 열매를 맺기도 하고 적을 낳기도 한다. 적이 너무 많이 생겨 폭행을 당할까봐 두려웠던 바울은 환상을 통해 자신감을 되찾는다. 환상 중에 주님께서 그에게 약속하신다. "아무도 너에게 손을 대어 해하지 못할 것이다. 이 도시에는 나의 백성이 많다." 하나님은 바울에게 환상 가운데 그분의 구원 계획을 말씀하신다. 하나님은 바울의 사역을 통하여 많은 백성을 부르실 것이고, 그들을 자기 백성이라 칭하실 것이다. 선교는 하나님 나라에 하나님의 백성을 부르는 일이다. 우리가 그 일을 지속할 수 있는 힘의 원동력은 성령이시고, 성령님께서 여러 가지 방법으로 우리를 위로하시고, 하실 일을 가르치시고 인도하신다.

나의 기도 • • •
세상에 대한 두려움이 아닌 하나님에 대한 경외함으로 살아가게 하소서!

스스로 처리하라

사도행전 18:12-17

14-16 바울이 입을 열고자 할 때에 갈리오가 유대인들에게 이르되 너희 유대인들아 만일 이것이 무슨 부정한 일이나 불량한 행동이었으면 내가 너희 말을 들어 주는 것이 옳거니와 만일 문제가 언어와 명칭과 너희 법에 관한 것이면 너희가 스스로 처리하라 나는 이러한 일에 재판장 되기를 원하지 아니하노라 하고 그들을 법정에서 쫓아내니

"갈리오가 아가야 지방의 총독으로 있을 때"라고 언급한 것은 성경 사건의 시기를 일반 역사 속에서 찾아볼 수 있는 좋은 단초가 된다. 갈리오 (Lucius Iunius Gallic)는 네로의 스승이었던 유명한 철학자 세네카(Seneca)의 형이었고, 클라우디우스에 의해 아가야 지방의 총독으로 임명되었다가 1년 만에 물러났다. 사도행전의 기록들을 역사의 흔적에서 찾아볼 수 있는 것은 성경이 허구가 아니라, 지나간 역사의 실체라는 것을 증명해 준다. 하나님께서는 역사의 주관자이시며, 역사적 사건들과 사람들 속에서 하나님을 더듬어 발견할 수 있도록 자기 자신을 드러 내신다. 시간의 흐름 속에서 하나님의 흔적을 찾아가는 것이 기독교 역사다.

바울이 고린도 체류 중에, 유대인들이 일제히 그를 대적하여 재판정으로 끌고 갔다. 바울은 아가야 지방의 신임 총독으로 고린도에 부임한 갈리오 앞에 끌려갔다. 경험 없는 신임 총독은 고발을 즐기는 사람들에게 좋은 먹잇감이 되었다. 심리는 아고라 중앙에 있는 판결의 자리 베마에서 이루어졌다. 이번에도 고발 내용은 바울이 반로마 행위를 하고 율법을 어기면서 하나님을 섬기라고 선동한다는 것이다. 고발자 유대인들이 '하나님 섬김', 즉 신앙의 문제를 세상의 법정으로 가져와 바울을 선동자로 고발한 것이다. 이들이 그리스 시민이라면 갈리오도 좀 더 관심을 가졌을 테지만, 반유대주의자였던 갈리오는 그 고발을 받아들이려 하지 않는다.

"유대인 여러분, 사건이 무슨 범죄나 악행에 관련된 일이면, 내가 송사를 들어주는 것이 마땅할 것이오. 그러나 문제가 언어와 명칭과 여러분의 율법에 관련된 것이면, 여러분이 스스로 알아서 처리하시오. 나는 이런 일에 재판관이 되고 싶지 않소." 고발은 기각되고 싸움이 일어난다. 무리가 또 다른 '회당장' 소스데네를 붙잡아 재판정 앞에서 때린다. 고린도전서 1장 1절에 따르면 소스데네는 그리스보처럼 그리스도인 가운데 하나였고, 더구나 지도자급이었던 그가 개종해버렸으니 회당의 다른 지도자들이 분노했을 법하다. 갈리오의 판단에 따라 바울은 한동안 숨 돌릴 틈을 얻어서 거의 1년 동안 안전을 확보하고 고린도교회를 굳건히 세울 수 있었다.

나의 기도 • • •
역사의 주관자되신 하나님께 내 삶을 맡기고 살아가게 하소서!

겐그레아에서

사도행전 18:18

18 바울은 더 여러 날 머물다가 형제들과 작별하고 배 타고 수리아로 떠나갈새 브리스길
라와 아굴라도 함께 하더라 바울이 일찍이 서원이 있었으므로 겐그레아에서 머리를 깎
았더라

바울이 고린도에 여러 날을 머무는 동안 교회는 성장했고, 바울의 힘
든 수고는 결실을 맺었다. 디디우 유스도와 회당장 그리스보 외에도 글
로에와 그의 집 사람들, 소스데네, 브드나도와 아가이고 등이다. 또 스데
바나와 그의 가족을 '아가야에서 맺은 첫 열매'라 했다. "형제들아 스데
바나의 집은 곧 아가야의 첫 열매요 또 성도 섬기기로 작정한 줄을 너희
가 아는지라 내가 너희를 권하노니 이같은 사람들과 또 함께 일하며 수고
하는 모든 사람에게 순종하라 내가 스데바나와 브드나도와 아가이고가
온 것을 기뻐하노니 그들이 너희의 부족한 것을 채웠음이라 그들이 나와
너희 마음을 시원하게 하였으니 그러므로 너희는 이런 사람들을 알아 주
라"(고전 16:15-18).

바울은 뵈뵈 자매를 로마교회에 보내는 편지에서 "내가 겐그레아 교회의 일꾼으로 있는 우리 자매 뵈뵈를 너희에게 추천하노니 너희는 주 안에서 성도들의 합당한 예절로 그를 영접하고 무엇이든지 그에게 소용되는 바를 도와 줄지니 이는 그가 여러 사람과 나의 보호자가 되었음이라"(롬 16:1-2) 라고 소개한다. 고린도 도심에서 동부에 있는 항구 겐그레아까지는 9km 거리이다. 그곳에 뵈뵈 자매의 수고와 후원으로 교회가 세워진 것이다. 바울은 형제들과 작별하고 배를 타고 첫 출발지였던 수리아 안디옥을 향하여 출발한다. 브리스길라와 아굴라도 함께 먼저 겐그레아로 간다. "이 도시에 나의 백성이 많다."(행 18:10)는 말씀이 바울의 사역을 통해 드러난다.

바울은 서원한 것이 있어 겐그리아에서 머리를 깎았다. 무엇을 서원하였는지 구체적으로 알 수 없으나 '나실인의 서원'으로 추측한다. 즉 하나님께 대한 헌신의 맹세다. 환상 가운데 마게도냐로 인도하신 하나님, 빌립보와 데살로니가, 뵈뢰아와 아테네 그리고 고린도에서 지켜주시고, 위로해 주신 하나님께 유럽 땅을 떠나기 전 다시 헌신을 고백한 것이다. 그는 마게도냐, 아가야 사역을 통해 하나님을 경험하였고, 살아 역사하시는 하나님 앞에 결단과 서원을 한다. 선교사는 일을 하는 사람이 아니라 하나님의 일하심을 경험하는 자이다. 선교 현장에서 하나님을 경험 할 때 그 앞에 무릎 꿇게 된다. 하나님의 역사를 경험한 자만 서원과 헌신을 할 수 있다.

나의 기도 • • •
살아 역사하시는 하나님 앞에 결단과 서원을 하며 살아가게 하소서!

에베소(Ephesus) 21-1

하나님의 뜻이면

사도행전 18:19-23

21-23 작별하여 이르되 만일 하나님의 뜻이면 너희에게 돌아오리라 하고 배를 타고 에
베소를 떠나 가이사랴에 상륙하여 올라가 교회의 안부를 물은 후에 안디옥으로 내려가
서 얼마 있다가 떠나 갈라디아와 브루기아 땅을 차례로 다니며 모든 제자를 굳건하게
하니라

　　바울 일행은 겐그레아를 출발해서 에게해의 건너 에베소에 도착한다.
에베소는 로마 속주였던 아시아 지방의 총독 거주지였고, 고대의 거대도
시였다. 바울은 에베소에서 일행들과 떨어져 회당에 들어가 유대인들과
변론한다. 유대인들을 향한 바울의 독자적인 설득과 선교는 그들에게 긍
정적인 반응을 일으켰다. "여러 사람들이 더 오래 있기를 청하였으나" 바
울을 허락하지 않았다. 고린도에서부터 함께 동행했던 브리스길라와 아
굴라를 에베소에 머물게 하고 "하나님의 뜻이면 너희에게 돌아오리라."
말하며 그들과 작별하고 떠난다. 바울이 이들을 에베소에 남겨둔 목적은
나중 방문을 대비한 것이다. 에베소는 바울의 세 번째 선교 여행의 중요
한 거점이 된다.

바울은 배를 타고 에베소를 떠나 가이사랴에 도착하여 예루살렘에 올라가 교회의 안부를 물은 후, 선교 여행의 출발지였던 안디옥으로 내려갔다. 바울은 실라와 함께 떠나 2년 여간 긴 박해와 고난의 4,300km에 이르는 두 번째 선교 여행을 마치고 돌아왔으나 환영하거나 위로하는 자가 없다. "찬송하리로다 그는 우리 주 예수 그리스도의 하나님이시요 자비의 아버지시요 모든 위로의 하나님이시며 우리의 모든 환난 중에서 우리를 위로하사 우리로 하여금 하나님께 받는 위로로써 모든 환난 중에 있는 자들을 능히 위로하게 하시는 이시로다 그리스도의 고난이 우리에게 넘친 것 같이 우리가 받는 위로도 그리스도로 말미암아 넘치는도다"(고후 1:3-5).

바울을 아시고 위로하시는 분은 오직 하나님 한 분이시다. 하나님의 위로가 있었기에 그의 입술에서 찬송이 나오고 환난과 고난 속에서도 감사할 수 있었다. 그리고 그 길을 멈추지 않고 끝없이 전진할 수 있었다. 선교의 원동력은 사람들이 보내는 박수나 칭찬이 아니라 하나님의 위로와 돌보심이다. 바울의 여정은 여기서 끝나지 않는다. 얼마 있다가 떠나 갈라디아와 브루기아 땅을 차례로 다니며 모든 제자들을 굳건하게 한다. 바울의 3차 선교 여행의 시작이다. 생명의 복음을 가진 자는 머물러 있을 수 없다. 복음의 사명을 받은 자는 사명을 위하여 목숨을 내어던진다. 생명으로 또 다른 생명을 얻는, 천성을 향한 끝없는 전진은 멈추지 않는다.

나의 기도 • • •
하나님의 위로와 돌보심으로 살아가게 하소서!

하나님의 도

사도행전 18:24-28

24-26 알렉산드리아에서 난 아볼로라 하는 유대인이 에베소에 이르니 이 사람은 언변이 좋고 성경에 능통한 자라 그가 일찍이 주의 도를 배워 열심으로 예수에 관한 것을 자세히 말하며 가르치나 요한의 세례만 알 따름이라 그가 회당에서 담대히 말하기 시작하거늘 브리스길라와 아굴라가 듣고 데려다가 하나님의 도를 더 정확하게 풀어 이르더라

    바울은 고린도에서부터 함께 에베소까지 동행했던 브리스길라와 아굴라를 에베소에 머물게 하고 '하나님의 뜻'이면 다시 돌아오겠다고 떠났었다. 바울이 없는 에베소에 알렉산드리아 출신 아볼로라하는 유대인이 찾아온다. 그는 언변이 좋고, 성경에 능통한 자로 일찍이 주님의 도를 배워 열심으로 예수에 관한 것을 자세히 말하며 가르치나 요한의 세례만을 알고 있던 사람이다. 브리스길라와 아굴라는 그가 회당에서 담대히 말하는 것을 듣고, 데려다가 하나님의 도를 더 정확히 풀어 가르친다. 즉 요한의 세례만 아는 이에게 성령의 세례를 가르친 것이다. 성경을 통하여 주님의 도를 학습하여 깨달았으나, 성령 세례에 대해서는 알지 못하던 것이다.

성경에 세례에 대하여 세 가지가 언급된다. 첫째는 요한의 세례다. 자신이 죄인임을 고백하고 물로 받는 회개의 세례이다(마 3:11; 막 1:4; 눅 3:3). 둘째는 죄를 회개하고 예수 그리스도의 이름으로 죄 사함을 받는 세례다(행 2:38, 8:16). 마지막으로 예수님께서 약속하신 성령님께서 각 사람에게 임재하셔서 예수를 그리스도로 고백하게 하시는 성령 세례다(행 2:1-4, 10:47). "평안의 매는 줄로 성령이 하나 되게 하신 것을 힘써 지키라 몸이 하나요 성령도 한 분이시니 이와 같이 너희가 부르심의 한 소망 안에서 부르심을 받았느니라 주도 한 분이시요 믿음도 하나요 세례도 하나요 하나님도 한 분이시니 곧 만유의 아버지시라"(엡 4:3-6).

성령님께서는 성도를 한 소망 안에서 부르심으로 하나 되게 하신다. 우리가 살아가는 시대나 장소나 신분이나 환경이 다르다 할지라도 같은 고백으로 예수를 그리스도로 고백하는 것은 시공을 초월하시는 성령님의 역사다. 아볼로가 아가야로 건너가고자 함에 형제들이 그를 격려하며 제자들에게 편지를 써 영접하게 하였다. 그가 가매 은혜로 말미암아 믿은 자들에게 많은 유익을 주었다. 이는 성령으로써 예수는 그리스도라고 증언하여 공중 앞에서 힘있게 유대인의 말을 이겼다. 그가 예수를 그리스도로 증언할 수 있었던 것은 성령님이 함께하셨기 때문이다. "또 성령으로 아니하고는 누구든지 예수를 주시라 할 수 없느니라"(고전 12:3).

나의 기도 • • •
성령께서 고백하게 하신 예수 그리스도를 신뢰하며 살아가게 하소서!

5부
······

3차
전도 여행
(사도행전 19-21장)

에베소(Ephesus) 21-3

성령을 받았느냐

사도행전 19:1-7

2-4 이르되 너희가 믿을 때에 성령을 받았느냐 이르되 아니라 우리는 성령이 계심도 듣지 못하였노라 바울이 이르되 그러면 너희가 무슨 세례를 받았느냐 대답하되 요한의 세례니라 바울이 이르되 요한이 회개의 세례를 베풀며 백성에게 말하되 내 뒤에 오시는 이를 믿으라 하였으니 이는 곧 예수라 하거늘

바울은 2차 선교 여행을 마치고 시리아 안디옥에 도착하여 잠시 머물렀다가 다시 그곳을 떠나 윗지방 즉 갈라디아, 부르기아 지방을 거쳐 로마의 아시아 수도 에베소에 도착했다. 안디옥에서 에베소까지는 육로로 1,000km가 넘는 멀고 힘든 길이다. 에베소에서 발견된 비문에 따르면, 에베소는 스스로 '가장 뛰어난 도시'라고 생각했는데, 엄청난 폐허가 이를 뒷받침한다. 방문객은 포장된 거리를 걸으면서 위아래 광장을 돌아보고, 사도행전 19장 29절에 나오는 거대한 극장도 볼 수 있었다. 화려한 주택의 외관을 보고 공중 화장실도 이용할 수 있었다. 심지어 '홍등가 가는 길'이란 표지판도 볼 수 있었다.

눈에 보이는 가시적인 물질 문명과 제도와 조직으로 잘 짜여진 그리스 신들의 종교로 뒤덮여 있는 최첨단 자만심의 도시에서 바울은 영적인 물음을 한다. "너희가 믿을 때에 성령을 받았느냐?" 인간 삶과 믿음은 눈에 보이는 것과 인간의 지혜에 근거하는 것이 아니라 하나님으로 시작되는 영적인 일이다. 우리의 믿음은 인간의 노력이나 제도적 절차에 기인하는 것이 아니라, 성령께서 우리 가운데 임하여 주실 때 새로운 세계가 열리는 것이다. 성령님께서 열어 주시는 그 세계가 바로 하나님 나라. 성령의 존재도 모르던 자들에게 바울이 안수를 통해 성령이 강림하시고 방언과 예언하는 성령의 은사가 일어났다.

지금까지 성령강림의 역사가 예루살렘, 사마리아, 가이사랴 팔레스타인 땅에서 베드로의 주도 아래 벌어졌다면, 에베소의 성령강림은 바울의 주도 아래 이방 땅에서 유대인과 이방인의 구분이 없는 에베소 사람들을 새로운 공동체로 묶는 사건이다. 예수님께서 승천하시기 전 말씀하셨던 사도행전 1장 8절의 예언적 선포가 가시적으로 성취된 일이며, 하나님의 교회는 힘으로, 능력으로 되지 않고 오직 영으로 이루어진다는 스가랴 선지자(스가랴 4:6)의 예언 성취. 바울의 안수를 받고 성령이 임한 사람이 열둘이었다. 이들은 예루살렘의 예수님의 열두 제자처럼, 에베소를 중심으로 성령님과 선교 행전을 쓴다.

나의 기도 • • •
성령께서 열어주신 새로운 세계를 누리며 살아가게 하소서!

에베소(Ephesus) 21-4

두란노서원에서 날마다

사도행전 19:8-10

8-9 바울이 회당에 들어가 석 달 동안 담대히 하나님 나라에 관하여 강론하며 권면하되 어떤 사람들은 마음이 굳어 순종하지 않고 무리 앞에서 이 도를 비방하거늘 바울이 그들을 떠나 제자들을 따로 세우고 두란노서원에서 날마다 강론하니라

바울은 에베소에서도 자신의 '관례대로'(행 17:2) 회당에 들어가 석 달 동안 담대히 강론하고 권면한다. 바울은 방문하는 도시마다 유대인 회당을 선교의 거점으로 사용한다. 동족인 유대인들에게 먼저 복음을 전하나 그 결과는 늘 둘로 나뉘었다. 복음을 받아들여 예수 그리스도를 영접하고 십자가와 부활의 도를 믿는 자들과, 마음이 굳어 순종하지 않고 비방할 뿐만 아니라 바울을 시기하고 위협하여 박해하는 자들이다. 바울은 동족인 유대인들로부터 회당의 공식적인 처벌인 '사십에 하나 감한 매'를 다섯 번 맞았으며(고후 11:24), 선교의 수 많은 위협 중 '동족의 위협'(고후 11:26)을 고린도후서에 기록하였다.

바울의 강론 내용은 하나님 나라다. '하나님 나라'는 예수님께서 가르치신 복음의 지향점이었다. 예수님께서 공생애를 시작하시며 비로소 전파하신 첫 번째 말씀이 "회개하라 천국이 가까왔느니라."(마 4:17)이고, 승천하시기 전 40일간 제자들과 함께 머무시며 가르치신 마지막 말씀도 '하나님 나라의 일'(행 1:3)이다. 예수님은 비유가 아니면 말씀하시지 않으셨는데 예수님의 모든 비유가 천국 비유, 즉 '하나님 나라' 비유이다. 바울은 예수님 선포의 핵심 내용이었던 '하나님 나라', 즉 예수님을 통하여 이 땅에 도래한 하나님의 왕권과 통치와 임재 그리고 그를 통한 구원과 다스림에 대하여 에베소 회당에서 담대하게 강론하고 권면한다.

바울은 마음이 굳어 순종하지 않고 비방하는 자들로 인해 유대인 회당을 떠나 새로운 곳으로 모임 장소를 옮겨야 했다. 바울이 복음을 가르친 곳은 '두란노서원'이다. '두란노'(Turannos)는 건물의 소유주 혹은 거기서 모임을 이끄는 사람을 지칭하는 것인지 확실치 않고, '서원'(schole)은 스승과 제자가 만나는 장소로 토론과 강론이 벌어졌던 장소다. 즉 유대적 전통과 가치, 의미의 결집체인 회당에서 나와, 이방인 소유와 모임 장소인 두란노서원으로 복음을 전하는 장소가 옮겨진다. 바울은 2년간 날마다 하나님 나라를 강론하며 제자들을 선교사로 양육한다. 그 사역을 통하여 아시아에 사는 유대인이나 그리스인이나 모두 다 주님의 말씀을 듣게 된다.

나의 기도 • • •
날마다 제자 삼는 삶을 살아가게 하소서!

하나님이 바울의 손으로

사도행전 19:11-20

11-12 하나님이 바울의 손으로 놀라운 능력을 행하게 하시니 심지어 사람들이 바울의
몸에서 손수건이나 앞치마를 가져다가 병든 사람에게 얹으면 그 병이 떠나고 악귀도
나가더라

에베소에서 기적이 일어나고 있었다. 종교의 중심지 에베소는 마술과
기적, 특히 치유로 유명했다. 아르테미스 여신은 특히 치유와 관련이 있
다. 아르테미스라는 이름이 붙은 까닭은 이 여신이 사람들을 아르테마
스(artemas)하게, 즉 안전하고 건강하게 만들어 주었기 때문이다. 사람들
은 아르테미스가 추종자들의 기도를 듣고 어려움에 처한 자들을 돕는다
고 믿었다. 에베소에서는 바울의 기적 이야기도 따라다녔다. 그러나 펼쳐
지는 기적들이 바울의 마술적 능력이나 힘에 의한 것이 아니라, 하나님께
서 이루신 일들이라는 것이다. "하나님이 바울의 손으로 놀라운 능력을
행하게 하시니" 바울의 기적은 그가 강론했던 '하나님 나라'가 현실 속에
이루어짐을 드러낸다.

하나님 나라의 선포와 기적은 긴밀한 관계가 있다. 하나님의 나라는 장소적 개념이 아니라 하나님의 통치권과 다스림을 의미한다. 하나님께서 바울의 손을 통하여 그 땅을 다스리시고, 악한 영의 세력을 물리치신다. 마술이 판을 치는 도시에서 마술사들이 바울의 능력에 주목한 것은 당연하다. 가장 먼저 주목한 사람들은 스게와의 일곱 아들로 알려져 있는 유대인 떠돌이 퇴마사들이다. 스게와의 일곱 아들은 예수를 들먹이며 귀신을 쫓아내려다 실패하고 오히려 귀신에게 흠씬 두들겨 맞고 도망한다. 예수의 이름은 시장에서 살 수 있는 주문이나 부적이 아니다. 이 사건은 마술사들에게 영향을 미쳤고, 그들은 모든 사람들 앞에서 은 오만이나 되는 분량의 마술책들을 불살랐다.

사람들이 이교도 신앙을 버리고 기독교 신앙으로 돌아오고 있었다. 이교도 신앙의 뿌리로 명성을 날리는 도시가 주의 말씀으로 변화된다. "주님의 말씀이 힘이 있어 흥왕하여 세력을 얻으니라." 바울의 에베소 선교 사역의 성과다. 즉 선교의 주체는 사람이 아닌 하나님이시며, 하나님의 말씀이 널리 전해지는 것이 선교의 결실이다. '하나님의 말씀'이 점점 왕성하여 예루살렘에 있는 제자의 수가 더 심히 많아졌고(행 6:7), '하나님의 말씀'은 흥왕하여 더하더라(행 12:24). 유대, 사마리아 지역으로 복음이 퍼져 나갔듯이, 이방 땅 에베소에서 바울의 선교 사역을 통해서 '주의 말씀'이 예수님의 '예언적 선포'(행 1:8)대로 시간과 공간 속에서 이루어져 감을 보여주고 있다.

나의 기도 • • •

하나님의 놀라운 능력을 드러내며 살아가게 하소서!

에베소(Ephesus) 21-6

로마도 보아야 하리라

사도행전 19:21-22

21-22 이 일이 있은 후에 바울이 마게도냐와 아가야를 거쳐 예루살렘에 가기로 작정하
여 이르되 내가 거기 갔다가 후에 로마도 보아야 하리라 하고 자기를 돕는 사람 중에
서 디모데와 에라스도 두 사람을 마게도냐로 보내고 자기는 아시아에 얼마 동안 더 있
으니라

에베소에서의 사역을 마무리 하면서 다음 일정에 대하여 간단히 소개
한다. "바울이 마게도냐와 아가야를 거쳐 예루살렘에 가기로 작정하여
이르되 내가 거기 갔다가 후에 로마도 보아야 하리라"(행 19:21). 바울은
제 2차 선교 여행 때 방문했던 마게도냐 아가야 지역, 즉 빌립보, 데살로
니가, 아테네, 고린도를 방문하고자 한다. 또 로마에도 가고자 한다. 이런
계획은 자신의 의지적 결정이라기보다는 하나님의 계획과 인도에 따르는
신적 명령에 순종하는 것이다. 바울은 드로아에서 환상을 통하여 성령 또
는 예수의 영이 아시아로 가는 것을 막기도하고, 비두니아로 들어가는 것
을 허락하지 않는 경험을 하였기에, 그의 계획을 성령의 개입하심 가운데
결정한다.

바울이 가고자 했던 최종 목적지는 로마였다. 그러나 그가 로마서(롬 1:10, 15, 15:22-29)에서 밝혔듯이 그 뜻이 여러 번 가로 막혔다. 또 그는 유럽의 끝인 서바나(스페인)까지 가고자 했다. 그의 길이 막힌 것은 선교에 대한 열정과 헌신 혹은 복음의 능력에 관한 문제가 아니다. 바울은 당대 최고의 신학자이자, 전도자다. 또한 로마시민권자이며 선교에 자신의 목숨을 내어놓은 자다. 그런데 하나님은 그가 로마에 가는 것을 여러 번 막으셨다. 인간적인 생각으로는 이해되지 않는다. 당대 최고의 전도자가 제국의 수도 로마에 가서 복음을 전하면 많은 결실을 맺을텐데 왜 막으실까? 그것은 일의 당위성이나 사람의 능력이 결실을 얻을 수 없기 때문이다.

선교는 인간의 능력이나 전략으로 되지 않는다. 하나님의 섭리를 따라 성령의 역사하심을 통해서만 이루어진다. 우리가 어떤 계획을 가졌느냐, 어떤 능력이 있느냐가 중요한 것이 아니라, 하나님의 말씀에 순종하고 있는가, 성령님의 역사하심에 민감하게 반응하고 있느냐의 문제다. 선교는 순종이다. 예수님께서 이미 완전히 이루어 놓으신 복음을 성령님의 지시하심에 따라 순종하는 것이다. 성령님 없이 인간의 계획과 능력으로 이룰 수 없는 것이 선교라는 사실을 바울은 알고 있다. 바울은 자기를 돕는 사람 중에서 디모데와 에라스도를 먼저 마게도냐로 보내고, 자신은 아시아에 얼마 동안 더 머문다. 성령님이 그의 삶의 주인으로 살아 주신다.

나의 기도 ● ● ●
하나님의 계획과 인도에 순종하며 살아가게 하소서!

에베소(Ephesus) 21-7

신이 아니라

사도행전 19:23-31

25-26 그가 그 직공들과 그러한 영업하는 자들을 모아 이르되 여러분도 알거니와 우리의 풍족한 생활이 이 생업에 있는데 이 바울이 에베소뿐 아니라 거의 전 아시아를 통하여 수많은 사람을 권유하여 말하되 사람의 손으로 만든 것들은 신이 아니라 하니 이는 그대들도 보고 들은 것이라

에베소는 종교 순례의 중심이었다. 그래서 방문객들이 찾아오고 무역이 이뤄지고 현금이 들어왔다. 에베소에는 숙박업자, 식료품 상인, 안내원, 매춘부가 있었다. 그리스-로마 세계의 인기 있는 여행지로서 세련된 오락 시설을 갖추었고 기념품을 파는 사람들, 특히 은 세공인들이 있었다. 이들은 아르테미스 여신의 신상과 아르테미스 신전의 모형을 만들어 팔아 돈을 벌었다. 데메드리오는 에베소 직공들에게 돈벌이를 시켜주었다. 그런데 사람들이 기독교로 눈을 돌린다. 바울은 매일 두란노 학당에서 '사람의 손으로 만든 신은 신이 아니라'고 말한다. 이 때문에 데메드리오의 종교는 악평을 받고 금전적으로도 타격을 입는다.

데메드리오는 신전 자체도 위협을 받을 것을 알고 직공들을 선동해 소요를 일으킨다. 이 사건이 아르테미시온(Artemision), 즉 아르테미스 여신과 연결된 봄 축제 기간에 일어났다. 하지만 상인들이 '자신들의 여신'에 대한 공격이 자신들의 수입과 직결된다고 느끼면, 이런 소요는 언제라도 일어날 수 있다. 이들은 "에베소 사람의 아데미(아르테미스) 여신은 위대하다."라고 외치며 길드 회관에서 극장까지 행진하면서 가이오와 아리스다고 그리고 몇몇 그리스도인을 붙잡아 끌고 갔다. 이들은 바울의 여정에 동행하던(골 4:10) 마게도냐 사람으로 가이오는 더베 사람이고(행 20:4), 아리스다고는 데살로니가 출신의 그리스도인이다(행 27:2).

수많은 군중이 대극장에 모였다. 피온 산 기슭을 깎아 만든 거대한 원형 극장으로 수용 인원이 25,000명에 달했다. 바울은 직접 내려가 시위대(demos)와 대면하려 한다. 그러나 동료 그리스도인들은 바울이 가지 못하도록 만류하고 고관들도 가지 말라 한다. 고관들은 지역 지도자이자 귀족이고 축제를 감독하고 황제 숭배를 독려하는 등 여러 책임을 맡은 사람들이다. 그들이 지키려는 것이 무엇인가? 그들이 믿고 있는 종교와 신앙인가? 아니면 그것을 통해 얻어지는 경제적인 수입과 기득권인가? 우리도 마찬가지다. 믿음과 신앙을 통하여 얻으려고 하는 것이 우리의 신이다. '사람의 손으로 만든 신은 신이 아니다.'

나의 기도 • • •
사람의 손으로 만든 허탄한 신에 마음 두지 않고 살아가게 하소서!

크다 에베소 사람의 아데미여

사도행전 19:32-41

> 34-35 그들은 그가 유대인인 줄 알고 다 한 소리로 외쳐 이르되 크다 에베소 사람의 아데미여 하기를 두 시간이나 하더니 서기장이 무리를 진정시키고 이르되 에베소 사람들아 에베소 시가 큰 아데미와 제우스에게서 내려온 우상의 신전지기가 된 줄을 누가 알지 못하겠느냐

에베소에서 군중들의 소동이 일어나고, 바울은 그곳에 있지 않다. 바울의 3차 선교 여행의 정점에 해당하는 에베소이지만 바울의 설교나 구체적인 선교활동으로 마무리되지 않는다. 에베소 소동의 원인은 "이 도(道) 때문"이다. 즉 "사람의 손으로 만든 것은 신이 아니라."는 기독교의 진리가 은 세공 장인들의 수입과 직결되었기에 그들이 분노한 것이다. 그들이 지키려고 한 것은 그들의 신앙이 아니라 수입이었다. 이방 종교의 일면을 보여주는 것이다. 그들이 신앙하는 이유는 신의 이름을 불러 자기 주머니를 채우려는 이기적인 욕심 때문이다. 자기 성취, 자기만족, 자기를 채우려는 욕심이 이방인들이 가진 신앙의 근거다.

그러나 기독교는 다르다. 기독교 신앙의 근거는 자기 성취가 아니라 자기 포기다. 자기 포기조차도 스스로 하는 것이 아니라 성령의 임재를 통해 자아가 부정되고, 오롯이 내 삶에 주님만 드러나는 것이 기독교이다. 자기 만족과 자신을 채우려는 욕심에 근거한 신앙은 자기 자신을 신으로 섬기는 우상숭배일 뿐이다. 사태는 걷잡을 수 없게 전개된다. 모인 군중들은 유대인과 그리스도인을 구별하지 못한다. 알렉산더라는 유대인이 앞으로 밀려나와 자신을 변호하려 하지만, 그가 유대인이라는 것을 알고는 곧바로 소리 질러 입을 막아버린다. 두 시간 동안 그들은 '아데미 여신은 위대하다.'라는 구호를 연호한다.

에베소인들이 외치는 '위대하다'라는 표현은 아데미 여신이 가졌던 풍요의 상징인 신상의 '많은 유방'들과 관련된 것이다. 마침내 서기관이 개입하여 설득하며 소요를 진정시킨다. 그의 연설 내용은 에베소인들을 안심시키고 경솔한 행동을 자제할 것을 권유하고, 바울 일행의 무죄를 구체적인 사례를 들어 옹호한다. 또 그는 지방 총독과 함께 사람들을 위협하고 폭동죄로 기소할 수 있다고 경고한다. 로마는 에베소에 특권을 부여했지만, 군중의 행동이 선동으로 해석되면 로마가 직접 개입할 수도 있다. 서서히 모인 군중들이 해산한다. 바울의 부재 속에서도 하나님은 이교도인 서기장을 통해 소요를 마무리하신다.

나의 기도 • • •
이방 신앙의 근거인 자기 성취, 자기 만족, 자기 욕심을 버리고 살아가게 하소서!

마게도냐로 가니라

사도행전 20:1–5

1-3 소요가 그치매 바울은 제자들을 불러 권한 후에 작별하고 떠나 마게도냐로 가니라 그 지방으로 다녀가며 여러 말로 제자들에게 권하고 헬라에 이르러 거기 석 달 동안 있다가 배 타고 수리아로 가고자 할 그 때에 유대인들이 자기를 해하려고 공모하므로 마게도냐를 거쳐 돌아가기로 작정하니

소요가 그치고 바울은 제자들과 작별하고 에베소를 떠나 마게도냐로 향한다. 사람들의 도움으로 위험에서 벗어났다고 1년 후 로마의 그리스도인들에게 쓴 편지에서 바울은 브리스길라와 아굴라를 언급하면서 '생명의 위험을 무릅쓰고 내 목숨을 구해준 사람들'이라며 칭찬한다(롬 16:3). 드로아에 잠시 내렸다 다시 떠난다. 복음을 전할 기회가 열렸으니 지체할 수 없었다. 바울은 다시 배에 올라 마게도냐로 건너갔다. 빌립보나 데살로니가를 거쳐 그리스 지역 고린도에 3개월 머문다. 고린도는 인적, 물적 교류와 교통의 중심지다. 바울은 그곳을 거점 삼아 주변 도시로의 진입과 선교 확대를 위한 발판으로 삼고자 했다.

고린도에서 바울은 가이오의 집에 머물면서(롬 16:23) 로마서를 기록했다. 여러 번 가려고 하였으나 길이 막혀 가지 못했던 제국의 수도 로마 교회 성도들에게 복음의 본질을 가르치고자 했다. "형제들아 내가 여러 번 너희에게 가고자 한 것을 너희가 모르기를 원하지 아니하노니 이는 너희 중에서도 다른 이방인 중에서와 같이 열매를 맺게 하려 함이로되 지금까지 길이 막혔도다 헬라인이나 야만인이나 지혜 있는 자나 어리석은 자에게 다 내가 빚진 자라 그러므로 나는 할 수 있는 대로 로마에 있는 너희에게도 복음 전하기를 원하노라"(롬 1:13-15). 바울은 빚진 자의 심정으로 이방인 선교의 열정을 편지로 적어 보낸다.

그리고 고린도에서 직접 시리아로 떠나려던 바울은 유대인들로 인해 신변의 위험을 느끼고 마게도냐의 빌립보를 거쳐 우회하여 드로아로 가기로 작정한다. 바울은 "우리가 마게도냐에 이르렀을 때에도 우리 육체가 편하지 못하였고 사방으로 환난을 당하여 밖으로는 다툼이요 안으로는 두려움이었노라"(고후 7:5). 고린도교회에 보낸 편지에 고백했다. 그때 바울과 동행했던 사람들이 있었는데, "부로의 아들이며 베뢰아 사람인 소바더, 데살로니가 사람인 아리스다고와 세군도, 데베 사람 가이오, 디모데, 아시아 사람인 두기고와 드로비모"라고 이름을 열거한다. 이 일곱 사람들이 먼저 드로아로 가서 바울과 일행을 기다린다.

나의 기도 • • •
복음의 빚진 자의 심정으로 열방을 품고 살아가게 하소서!

드로아(Troas) 15-2

생명이 그에게 있다

사도행전 20:6-12

9-11 유두고라 하는 청년이 창에 걸터 앉아 있다가 깊이 졸더니 바울이 강론하기를 더
오래 하매 졸음을 이기지 못하여 삼 층에서 떨어지거늘 일으켜보니 죽었는지라 바울이
내려가서 그 위에 엎드려 그 몸을 안고 말하되 떠들지 말라 생명이 그에게 있다 하고
올라가 떡을 떼어 먹고 오랫동안 곧 날이 새기까지 이야기하고 떠나니라

바울 일행은 무교절 후에 빌립보에서 배를 타고 닷새가 걸려 드로아에
도착하였고, 먼저 출발한 일행과 합류하여 함께 지낸다. 바울의 목표는
오순절에 맞춰 예루살렘에 도착하는 것이다. 바울 일행은 일주일간 묵으
며 떠나기 전날 밤, 드로아 지역의 그리스도인 공동체 모임에 참석했다.
신약성경에서 초대 교회의 모임을 묘사하는 곳은 바울 서신에서 예배에
무엇이 포함되었는지에 관해 암시를 주기는 하지만, 지역 교회의 모임을
엿볼 수 있는 것은 이곳뿐이다. 한 주의 첫날, 즉 '안식 후 첫날'이며, 예
수님께서 부활하신 날과 같다(눅 24:1). 그리스도인들이 일요일 저녁에 떡
을 떼러 모였고, 바울은 이튿날 배를 탈 예정이었다.

모임은 한밤중까지 길게 이어진다. 바울이 설교하고 있었던 것이 아니라 토론(dialegomai)을 하고 있었다. 대화(dialogue)라는 영어 단어가 여기서 나왔다. 바울의 일방적인 설교가 아니라 상호 간의 긴 토론이었다. 예수님도 그러셨듯이 바울은 랍비 전통을 따라 강론을 질문과 대답, 대화와 논쟁으로 이뤄갔다. 똑같은 형식을 초대 교회도 채용했다. 그때 유두고라 하는 청년이 졸다가 3층에서 떨어져 죽는 사건이 벌어진다. 바울은 내려가 구약성경의 엘리사가 그랬듯이(왕하 4:34) 그 위에 몸을 엎는다. 바울은 죽은 청년을 안고 하나님께서 생명을 소생시켜 주시기를 간절함으로 기도할 때 그의 생명이 다시 회복되었다.

드로아에서 벌어진 유두고 사건을 단지 졸다가 떨어져 죽은 청년을 살려낸 기적이라기보다는 이 사건을 통해서 하나님께서 드러내고자 하시는 영적인 유익들이 있다. 초대 교회가 유대인의 안식일 회당 모임과 달리 '한 주의 첫날' 정기적인 모임을 갖는 것은 예수님의 부활을 기념하기 위한 뜻이 있다. 또한 그들이 떡을 떼러 모인 것도 안식일에서 주일로 거룩한 날이 변화되었음을 보여준다. 유두고가 죽음에서 다시 살아난 사건도 기적을 넘어 안식일이 주님이 부활하신 주일로 시간적 이동, 유대인 중심에서 이방인 포용으로 혈통적 이동, 예루살렘 성전과 회당에서 땅끝으로의 공간적 이동으로 기독교의 자리매김을 의미한다.

나의 기도 • • •
날마다 부활의 생명으로 회복하며 살아가게 하소서!

배를 타고

사도행전 20:13-16

14-16 바울이 앗소에서 우리를 만나니 우리가 배에 태우고 미둘레네로 가서 거기서 떠나 이튿날 기오 앞에 오고 그 이튿날 사모에 들르고 또 그 다음 날 밀레도에 이르니라 바울이 아시아에서 지체하지 않기 위하여 에베소를 지나 배 타고 가기로 작정하였으니 이는 될 수 있는 대로 오순절 안에 예루살렘에 이르려고 급히 감이러라

앗소(Assos)는 드로아(Troad)에서 약 30km 떨어진 항구로 아폴로니아(Apollonia)로 불리어졌다. 그것은 그곳이 이토리아인들(Aetolians)의 식민지였기 때문이다. 바울은 제자들에게 먼저 배를 타고 앗소로 떠나라고 정해주고, 바울 자신은 육로를 통해 걸어서 간다. 바울 혼자 걸어서 간 이유를 정확히 알 수는 없으나 항해에 어려운 건강상의 이유나 지나는 길에 성도들을 심방하기 위함이라 추측할 수 있다. 바울과 제자들은 앗소에서 다시 합류하여 배를 타고 레스보스 섬의 수도 미둘레네(Mitylene)를 거쳐서 이튿날 기오(Chios) 앞에 이르고, 그 다음날 사모(Samos)에 들러서 에베소를 지나쳐 밀레도(Miletus)까지 내려간다.

바울이 아시아에서 지체하지 않고 급히 예루살렘에 가려는 이유 때문이라고 하나, 에베소로 가는 것보다 밀레도까지 가는 시간이 더 걸린다. 왜냐하면 에베소에서 밀레도까지는 약 50km가 떨어져 있고, 에베소교회 장로들을 밀레도로 불러서 오기를 기다렸기 때문이다. 그럼에도 불구하고 밀레도에서 만나려 했던 이유는 에베소에는 아직도 바울을 반대하는 자들이 있어서 신변의 위협이 있었기 때문이다. 때로는 배를 타고 항해를 하고, 때로는 걸어서 육로로, 지역과 경계를 넘을 뿐 아니라 여러 가지 위협들이 도사리고 있지만 하나님께서 자신에게 주신 사명을 다하기까지 그의 길을 멈추지 않고 묵묵히 간다. 그것이 선교사의 길이다.

그리스 철학자 탈레스(Thales, BC 650-540)의 고향인 밀레도는 바울 당시에 매우 번성한 항구로 잘 알려진 도시였다. 특히 목양을 통한 양모, 면 양산업이 활발했던 도시였고, 바울의 고별 설교 중에 "자기 자신과 모든 양떼를 살피십시오."(행 20:28)라는 바울의 교훈이 보다 지역적 특색을 반영한 것으로 이해된다. 바울이 오순절 전에 급히 예루살렘에 가기 원하였던 것은 '오순절'이라는 날에 대한 절기의 거룩함이라기보다는 도처에서 이방인들이 절기에 예루살렘으로 몰려드는 기회를 선용하고자 했다. 바울은 이방 지역에 그리스도의 교회가 확장되었음을 보고하고, 아직 그리스도의 도를 모르는 자들에게는 복음을 전하고자 했다.

나의 기도 • • •
하나님께서 주신 사명이 다하기까지 그리스도의 도를 전하며 살아가게 하소서!

시험을 참고 주를 섬긴 것

사도행전 20:17-21

19-21 곧 모든 겸손과 눈물이며 유대인의 간계로 말미암아 당한 시험을 참고 주를 섬긴 것과 유익한 것은 무엇이든지 공중 앞에서나 각 집에서나 거리낌이 없이 여러분에게 전하여 가르치고 유대인과 헬라인들에게 하나님께 대한 회개와 우리 주 예수 그리스도께 대한 믿음을 증언한 것이라

바울은 밀레도에서 에베소로 사람을 보내어 교회 장로들을 청하여 오자 고별 설교를 한다. 바울의 설교는 지난 3차에 걸친 선교 여행을 마무리하는 중요한 내용들이다. 특별히 그동안 했던 불특정 다수를 향한 설교가 아닌 장로들과 제자들, 즉 '교회 지도자들'만을 상대로 한 설교로는 밀레도 설교가 유일하다. 또한 죄수의 신분으로 예루살렘에서 체포되기 전 자유인의 신분으로 행한 마지막 설교이기도 하다. 고별 설교의 내용은 자신의 과거 행적을 기억하고 회고함으로 시작하여, 현재 상황을 진술하고, 교회 지도자들에게 권고하고 미래 예루살렘에서 일어날 일들을 예측하는 내용으로 설교를 마무리한다.

바울은 설교를 통하여 아시아에서의 선교 사역이 바울 개인이 이루어 놓은 업적이 아니라, 동역자들과 함께 경험하며 공감하는 사역이었음을 회고한다. 하나님의 일은 사역을 통하여 개인의 업적을 쌓아가는 것이 아니라, 공동체 가운데 합력하여 선을 이루시며 역사하시는 하나님을 경험하는 것이다. 또한 하나님이 삶과 사역 속에서 행하시는 일을 경험한 자들만이 그가 행하신 일의 증인으로 살아갈 수 있는 것이다. 지난 선교 여행을 통해 바울에게 남겨진 것은 그의 업적이나 무용담이 아니다. 사명을 주신 하나님께서 신실하게 그와 함께하셨으며, 그의 삶과 사역 속에서 친히 역사해 주신 경험이다.

선교 사역의 어려움이나 간계로 인한 시험 속에서도 주님을 섬기고 전하고 가르치며, 하나님께 대한 회개와 우리의 주인되신 예수 그리스도께 대한 믿음을 증언할 수 있었던 것이 바울에게 복이다. 죄된 인간이 자신의 삶 속에서 하나님의 살아 계심과 역사하심을 경험한다면 그것이 축복이요 영광스러움에 참여하는 것이다. 우리 안에 역사하시는 하나님을 경험한 자는 그를 신뢰함으로 고난의 길이라 할지라도 그 길을 갈 수 있다. 예수님께서 예루살렘에 입성하실 때 그를 기다리는 환난과 핍박을 피하지 않고 죽기까지 순종하셨던 것처럼, 바울도 예수님을 본받아 그에게 허락된 길을 묵묵히 따르고자 했다.

나의 기도 • • •
예수 그리스도를 본받아 허락하신 길을 묵묵히 따르며 살아가게 하소서!

밀레도(Miletus) 22-3

성령에 매여

사도행전 20:22-24

22-24 보라 이제 나는 성령에 매여 예루살렘으로 가는데 거기서 무슨 일을 당할는지 알
지 못하노라 오직 성령이 각 성에서 내게 증언하여 결박과 환난이 나를 기다린다 하시
나 내가 달려갈 길과 주 예수께 받은 사명 곧 하나님의 은혜의 복음을 증언하는 일을
마치려 함에는 나의 생명조차 조금도 귀한 것으로 여기지 아니하노라

바울은 과거를 회상한 다음 현재의 상황과 앞으로 그에게 닥쳐올 일
들에 대하여 예견한다. 예루살렘으로 향하는 바울은 그곳에서 무슨 일을
당할지 알지 못한다. 성령이 각 성에서 그에게 결박과 환난이 기다린다
고 증언하셨다. 또 바울은 고린도에서 '로마서'를 쓰며 예루살렘으로 가
는 자신의 심정을 기록한다(롬 15:25, 30-31). 불확실한 미래와 부정적 상
황 속에서 그가 그 길을 가는 것은 성령에 매여 있기 때문이다. 그의 여정
은 바울 자신의 의지가 아니라 그를 매어놓으신 성령의 뜻을 따라 진행된
다. 바울 삶의 모든 영역을 성령께서 사로잡으시고 통치하고 계심을 고백
한 것이다. 즉 '성령 안에 거한 존재'가 바울 자신의 정체성이다.

바울 사역의 본질은 자신의 계획이나 인간적인 전략에 의한 성취가 아니라, 성령과 하나 되어 그의 인도하심을 따라 그의 뜻에 순종하는 것이다. 자신의 능력이나 노력으로 성취하는 사역이 아니라. 자기 포기로 순종하는 사역이다. 우리 가운데 계신 성령님의 하나님 되심을 인정한다면, 그와 하나 되는 비결은 우리가 죽는 것이다. 나 없음을 고백할 때, 내 안에 계신 성령의 뜻이 나를 통해 드러난다. 안디옥에서 바울을 이방인들을 위한 사도로 따로 세우신 분이 성령이시고, 그의 선교 행전 속에서 그를 통해 역사하신 분도 성령이다. 또한 그의 달려갈 길과 주 예수께 받은 사명, 곧 하나님의 은혜의 복음을 마치는 일도 성령께서 친히 인도하신다.

복음에 눈이 멀어 있던 바울을 만나주셨던 분도, 그를 구별하여 따로 세우신 분도, 그에게 사명을 주신 분도 그의 주인이신 예수님이시다. 그의 삶은 예수님께 근거한 삶이자, 예수님과 연합된 삶이다. 그러기에 예수님을 주인으로 섬기는 바울에게 그의 생명보다 예수님께서 주신 사명이 더 큰 것이다. 복음에 눈이 멀어 있던 자신을 다시 살게 한 '하나님의 은혜의 복음'을 전하는 일이 바울의 사명이고, 그 일을 마치는 일은 생명보다 귀한 일임을 고백한다. 새 생명을 얻은 주님의 사람은 생명으로 생명을 살리는 일에 생명을 건다. 죽었던 생명이 다시 살았음을 고백한다면, 그 생명의 가장 큰 가치는 복음을 위하여 생명을 내놓으며 살아갈 때 드러난다.

나의 기도 ● ● ●
성령에 매여 자기 포기의 삶을 살아가게 하소서!

밀레도(Miletus) 22-4

자기 피로 사신 교회

사도행전 20:25-31

26-28 그러므로 오늘 여러분에게 증언하거니와 모든 사람의 피에 대하여 내가 깨끗하니 이는 내가 꺼리지 않고 하나님의 뜻을 다 여러분에게 전하였음이라 여러분은 자기를 위하여 또는 온 양 떼를 위하여 삼가라 성령이 그들 가운데 여러분을 감독자로 삼고 하나님이 자기 피로 사신 교회를 보살피게 하셨느니라

바울은 자신이 처한 상황을 이야기하고, 에베소 장로들에게 권고함과 동시에 장차 공동체에 가운데 벌어질 위기를 거론하며 지도자 역할을 충실히 수행할 것을 가르친다. 바울이 그동안 에베소를 왕래하면서 전한 것은 '하나님 나라'다. 바울이 에베소 회당에서 3개월간 '하나님 나라'에 관하여 가르쳤다(눅 19:8). 예수님의 첫 번째 메시지 그리고 승천하시기 전 마지막 가르침이 '하나님의 나라'였듯(행 1:3) 바울의 메시지도 '하나님 나라'가 핵심이다. 하나님 나라의 회복은 하나님의 꿈이자 비전이고, 성령님이 우리에게 임하시고 우리를 통해 이루려하시는 궁극적인 목적이다. 그러므로 우리의 모든 사역과 메시지가 '하나님 나라'에 귀결 되어야 한다.

바울은 예루살렘에서 벌어질 불확실한 미래를 예측하는 유언이 담긴 고별 설교이기에 자신의 지난 아시아 선교를 회고하며 자신의 책임에 대해 정리한다. "모든 사람의 피에 대해 깨끗하다."고 그의 결백을 이야기하는 것은 그가 복음을 선포하고, 증언하는 일에 최선을 다했기에 그 결과는 하나님께 맡긴다는 것을 의미한다. 즉 우리의 사역은 우리의 계획과 능력, 노력의 결과물이 아니라, 그 배후에 하나님의 뜻이 작용하고 그분께서 친히 이루어 가신다. 이 또한 예수님께서 죽음을 앞두고 자신의 뜻이 아닌 아버지의 뜻이 이루어지기를 소망하셨던 것처럼, 바울도 자신의 사역의 마무리가 하나님의 뜻에 의해 이루어지기를 소망하고 있다.

바울은 이제 장로들에게 엄숙하게 교훈한다. 먼저 "자신과 모든 양 떼를 살피라."는 목회적 권면을 한다. 성령께서 감독자를 세우시고, 하나님께서 자신의 피로 사신 교회를 맡기어 보살피게 하셨다. 즉 교회는 하나님의 소유이고, 목회는 감독자로 세워주신 하나님의 소유된 교회를 돌보고 섬기는 일이다. 교회 지도자는 성령께서 세우셨기에 교회를 통하여 자신의 목회적 야망을 이루어가는 것이 아니라, 하나님께로 맡기신 양 떼를 성령의 인도하심을 따라 섬기고, 교회를 하나님의 소유되게 하는 것이다. 또한 '사나운 이리'와 '어그러진 말을 하는 사람'들이 야기할 수 있는 교회의 위기에 깨어 있어 잘 대처하는 것이 지도자들의 역할이다.

맡기신 양 떼를 돌보고, 하나님의 소유된 교회를 섬기며 살아가게 하소서!

밀레도(Miletus) 22-5

은혜의 말씀에 부탁하노니

사도행전 20:32-38

32 지금 내가 여러분을 주와 및 그 은혜의 말씀에 부탁하노니 그 말씀이 여러분을 능히
  든든히 세우사 거룩하게 하심을 입은 모든 자 가운데 기업이 있게 하시리라

바울 설교의 마지막 결론으로 '주와 그 은혜의 말씀'에 지도자들을 맡
긴다. 비시디아 안디옥에서 장로들을 '주님께 맡긴다.'는 표현을 사용하
긴 하였지만(행 14:23), '그 은혜의 말씀에 맡긴다.'는 표현은 생소하다.
'장로들에게 말씀을 맡긴다.'는 표현은 사명을 이야기하는 말씀으로 쉽게
이해할 수 있지만, '은혜의 말씀에 장로를 맡긴다.'는 표현은 이해하기 쉽
지 않지만 그것은 축복의 선언이다. 즉 말씀이 장로들을 든든히 세우고,
거룩하게 하심을 받은 모든 자 가운데 기업이 있게 한다. 태초에 하나님
과 함께 계셨던 말씀, 또 말씀이 육신을 입어 이 땅에 오신 '로고스' 이신
예수 그리스도께 장로들을 위탁하는 것이다.

바울은 자신의 가르침 앞에, 자신의 삶의 모범을 먼저 말하고 그것을 따르라 한다. 특별히 물질적 탐욕을 경계하면서 은, 금, 의복을 탐하지 아니하고, 손으로 자신과 동행들이 쓰는 것을 충당하고, 약한 사람을 도움으로 예수께서 친히 말씀하신 '주는 것이 받는 것보다 복이 있다.'하심을 기억하라 권면한다. 은, 금, 옷으로 대표되는 물질적 욕구를 버리는 소극적 자세를 넘어, 오히려 적극적으로 약한 사람을 도우며 나누어 줄 것을 당부한다. 신앙은 '무엇을 소유하고 사느냐?'가 아닌, '무엇을 공유하고 사느냐?'로 표현된다. 예수님께서 자신의 몸을 나누어 주셨기에 구원이 성취되듯이, 나눔을 통해 생명이 흘러간다.

바울과 에베소 장로들이 '함께 무릎을 꿇고 기도하였다.' 무릎을 꿇는 행위의 본질은 하나님 앞에서 겸손을 나타낸다. 만왕의 왕이신 하나님께 서로를 위탁하며 기도로 마무리한다. 다시 보지 못할 것을 알았기에 모두가 크게 울었다. 또 바울의 목을 끌어 안고 입을 맞추었다. 바울의 죽음을 예견하고 있었기에 이별이 피차에 큰 아픔이자 괴로움이다. 모든 석별의 아쉬움과 슬픔을 서로 나눈 그들은 바울을 배까지 배웅한다. 이별 장면에서 바울의 모습은 초인적인 능력을 가지고 선교의 과업을 이루어가는 영웅의 모습이라기보다, 모든 시련을 견디고, 모든 겸손과 눈물로 주님께 순종으로 섬기는 연약한 인간의 모습이다.

나의 기도 • • •
은혜의 말씀에 우리의 삶을 맡기고 살아가게 하소서!

두로(Tyre) 23-1

성령의 감동으로

사도행전 21:1-6

4-6 제자들을 찾아 거기서 이레를 머물더니 그 제자들이 성령의 감동으로 바울더러 예루살렘에 들어가지 말라 하더라 이 여러 날을 지낸 후 우리가 떠나갈새 그들이 다 그 처자와 함께 성문 밖까지 전송하거늘 우리가 바닷가에서 무릎을 꿇어 기도하고 서로 작별한 후 우리는 배에 오르고 그들은 집으로 돌아가니라

에베소 교회에서 온 장로들 및 감독들의 배웅을 받고, 다시 배에 올라 항구를 따라 밀레도에서 고스(Cos) 섬으로, 고스에서 로도(Rhodes) 섬에 들렀다가, 로도에서 리키아 지방도시의 바다라(Patara)로 건너가는 여정이 이어졌다. 바다라는 루기아 남쪽 해변에 있고 무라에서 멀지 않았다. 바다라에서 두로로 향하는 배를 갈아타고 키프로스를 돌아 두로에 도착하였다. 두로는 시돈과 더불어 페니키아(Phoenicia)의 주요 항구이다. 두로에서 제자들을 찾아 거기서 일주일을 머물렀다. 두로의 제자들에 관해서는 알려진 게 없지만 기독교 초기 복음이 북쪽으로, 사마리아를 거쳐 시리아로 전파될 때 교회가 세워졌을 것이다.

두로의 제자들이 모두 예루살렘에 가지 말라며 바울을 간곡히 만류한다. 이들이 '성령의 지시를 받아서' 말하는 데도 바울은 이들의 말을 듣지 않는다. 바울이 성령께 불순종하고 있던 것일까? 다른 서신에서 바울은 예언을 분별하고 판단하며 평가해야 한다고 했다(고전 14:29). 두로의 제자들은 예루살렘에서 바울에게 무슨 일이 일어날지 성령을 통하여 알았고, 이것을 가지 말라는 명령으로 받아들인 것이다. 하지만 바울은 무슨 일이 일어날지 알면서도 간다. 성령의 감동을 받은 제자들은 바울이 고난과 어려움을 겪을 것을 알았기에, 예루살렘으로 가지 말 것을 권했다. 주님의 뜻을 알지만 인간적 정리로 만류한 것이다.

바울은 여러 날을 두로에서 머물다 떠났다. 바울이 떠날 때 두로의 제자들과 아내들과 자녀들 모두가 성문 밖까지 나와 전송하였다. 바울 일행은 바닷가에서 무릎을 꿇고 기도했다. 밀레도에서 그랬듯이 서로가 서로를 하나님께 부탁한다. 두로의 제자들과 작별하고 바울 일행은 배에 오르고 그들은 집으로 돌아간다. 두로에서 해안을 따라 돌레마이(Ptolemais)에 이르는 뱃길은 남쪽으로 50km도 안되는 거리에 위치한 항구다. 바울 일행은 형제들에게 안부를 묻고 하루를 보낸 후 다시 가이사랴로 향한다. 고난을 향해 가는 긴 여정이지만 제자와 형제로 불리우는 신앙의 동지들이 있기에 그 발길이 행복하고 아름답다.

나의 기도 • • •
주님의 뜻이라면 고난과 어려움을 피하지 않고 살아가게 하소서!

전도자 빌립의 집

사도행전 21:7-14

7-8 두로를 떠나 항해를 다 마치고 돌레마이에 이르러 형제들에게 안부를 묻고 그들과
함께 하루를 있다가 이튿날 떠나 가이사랴에 이르러 일곱 집사 중 하나인 전도자 빌립
의 집에 들어가서 머무르니라

가이사랴는 헤롯 대왕이 세련된 그리스-로마식 도시로 건설한 곳으로
원형극장, 경마장, 해변 궁전, 최신 로마 기술을 적용해 만든 아름다운 인
공 항구가 있었다. 도시 이름은 아우구스투스를 기념해 가이사랴로 정했
다. 가이사르 신전은 이 지역의 대표적인 상징물로 멀리 바다에서도 보였
다. 신전에는 아우구스투스의 조각상과 로마 여신의 조각상이 있었다. 가
이사랴는 로마가 파견한 유대 총독의 자연스런 거처가 되었다. 종교적이
고 뜨거우며 건조한 예루살렘과는 달랐으나, AD 50년 무렵 예루살렘의
분위기가 가이사랴까지 번졌고, 유대인과 그리스인이 도시 소유권을 놓
고 논쟁을 벌였다. 수십 년간 계속된 로마의 통치, 무지, 무능, 탐욕이 세
력화되어 가는 유대 민족주의와 혼합되어 도시를 형성하게 되었다.

바울은 가이사랴에서 전도자 빌립 집사를 만난다. 빌립 집사가 복음을
들고 사마리아와 가사를 비롯한 여러 해안 도시에서 사역한 지 20년 이
상이 지났다. 그의 네 딸들은 성장해 예언자가 되었다. 빌립이 가이사랴
에 정착한 것은, 바울이 사울 시절 자행한 스데반 처형 후 박해를 피해 예
루살렘을 떠나왔기 때문이다. 빌립의 집에 여러날 머물던 바울은 유대 지
역의 기근을 예언했던(행 11:28) 안디옥 출신 예언자 아가보를 만난다. 당
시 아가보의 예언 때문에 바울은 구호금을 가지고 예루살렘을 찾았고, 지
도자들을 만난 후 키프로스와 갈라디아로 갔었다. 아가보는 바울의 허리
띠로 자신의 손발을 묶으면서 바울의 결박을 상징적으로 표현하며, 예루
살렘에서 유대인들이 바울을 결박하여 이방인의 손에 넘겨줄 것을 성령
으로 예언한다.

바울이 예루살렘으로 가는 것은 용광로에 뛰어들어 가는 것이다. 바울
도 그 사실을 알기에, 여행을 시작하기 전에 로마교회의 성도들에게 쓴
편지에서 기도를 부탁한다. "나로 유대에서 순종하지 아니하는 자들로부
터 건짐을 받게 하고 또 예루살렘에 대하여 내가 섬기는 일을 성도들이
받을 만하게 하고"(롬 15:31). 바울은 예루살렘 유대인에게 어려움을 당
할 것으로 예상하는 게 아니라, 유대 지역의 그리스도인들도 어려움을 당
할 것으로 예상한다. 그러나 바울의 의지는 결연하다. "여러분이 어찌하
여 울어 내 마음을 상하게 하느냐 나는 주 예수의 이름을 위하여 결박 당
할 뿐 아니라 예루살렘에서 죽을 것도 각오하였노라." 바울이 만류를 받
아들이지 않자, '주님의 뜻이 이루어지이다.'하고 더이상 말하지 않았다.

나의 기도 • • •
주의 이름을 위하여 죽을 각오로 살아가게 하소서!

이방 가운데서 하신 일

사도행전 21:15-21

19-20 바울이 문안하고 하나님이 자기의 사역으로 말미암아 이방 가운데서 하신 일을 낱낱이 말하니 그들이 듣고 하나님께 영광을 돌리고 바울더러 이르되 형제여 그대도 보는 바에 유대인 중에 믿는 자 수만 명이 있으니 다 율법에 열성을 가진 자라

바울은 빌립의 집에서 여러 날을 보낸 후 가이사랴의 몇 제자들과 함께 예루살렘으로 올라 간다. 오래 전 제자가 된 구브로(Cyprus) 사람 나손도 동행하였다. 나손의 집은 예루살렘에 있었고, 바울과 일행들을 반겨 그의 집에 머물게 하였다. 나손은 '므낫세'라는 히브리 이름의 그리스어다. 그는 스데반의 박해로 인하여 일어난 환난으로 말미암아 흩어져 베니게와 구브로와 안디옥까지 가서 복음을 전한 초기 구브로 출신 그리스도인 가운데 하나이다(행 11:19-21). 또한 나손은 예루살렘교회 일곱 집사가 임명되던 때부터 함께하였던 초기 그리스파 유대 그리스도인 제자 가운데 하나다.

예루살렘 여정에 바울과 동행한 여덟 명의 이방인 대부분이 할례를 받지 않았기 때문에, 절기 중 예루살렘의 많은 기득권층에게 환영받지 못한다. 그러나 나손과 형제들은 바울 일행을 환대했고 맞아 주었다. 이튿날 바울은 일행들과 함께 야고보 사도를 찾아가니 장로들도 다 함께 있었다. 바울은 먼저 문안하고 자기 사역을 통하여 하나님께서 이방 가운데 하신 일을 보고 하였고, 그들이 듣고 함께 하나님께 영광을 돌린다. 바울 개인 사역의 업적이나 성과에 대한 자랑이 아닌, 하나님이 행하신 일의 증인으로 증거하였기에 함께 하나님께 영광을 돌릴 수 있다. 복음 사역의 주체가 하나님이시기 때문이다.

야고보와 장로들은 예루살렘교회 내에 율법의 열성을 가진 유대인들이 예수님을 믿고 교회로 들어온 사람이 수만 명 있다는 구실로 바울이 선교 여행을 하면서 율법에 어긋난 행동을 했다고 지적한다. '모세를 배반하고 할례를 행하지 않고, 관습을 지키지 말라 하였다.' 신앙생활을 하면서 복음의 본질이 아닌 비본질적인 일에 열정을 보이는 경우가 있다. 또 복음과 관계 없는 열심 때문에 교회의 교회 됨을 잃어버리곤 한다. 바울이 복음을 알지 못했던 과거에 그랬듯이, 그들도 율법과 전통에 매여 참된 하나님의 말씀인 성경을 왜곡하고, 자기 자신들의 경험과 철학을 우선하여 성령님의 인도하심과 역사하심을 놓친다.

나의 기도 • • •
하나님이 행하신 일의 증인 되어 살아가게 하소서!

함께 결례를 행하고

사도행전 21:22-26

23-24 우리가 말하는 이대로 하라 서원한 네 사람이 우리에게 있으니 그들을 데리고 함
께 결례를 행하고 그들을 위하여 비용을 내어 머리를 깎게 하라 그러면 모든 사람이
그대에 대하여 들은 것이 사실이 아니고 그대도 율법을 지켜 행하는 줄로 알 것이라

　　사탄은 성도들의 불화나 질투보다 하나님의 왕국을 흩어버리는 데 더
효과적인 것은 없다는 것을 알기에, 서로를 의심하게 하는 풍문을 쉬지
않고 퍼뜨린다. 따라서 우리는 좋은 소식을 제외하고는 그리스도의 충성
스러운 종들에 관한 어떤 비난도 믿지 않도록 귀를 닫아야 한다(존 칼빈).
야고보가 보기에 민첩한 정치적 처신이었을 것이다. 정결 의식은 이방인
과 같이 부정한 대상과 접촉해 부정해진 사람을 깨끗하게 하려고 제정한
것이다. 두세 달 전 바울은 로마에 있는 성도들에게 이렇게 썼다. "믿음
이 강한 우리는 믿음이 약한 자의 약점을 담당하고 자기를 기쁘게 하지
아니할 것이라"(롬 15:1). 바울은 자신의 말을 삶 속에서 그대로 실천한다.

바울에 대한 의심 때문에 유대인의 신뢰를 얻을 만한 행동을 보여주어야 했다. 장로들은 바울과 유대인 동행자들이 결례를 행하라 한다. 바울은 성전에 들어가는 정결 예식을 행하고, 나실인 서약을 끝맺는 제사 비용을 지불한다. 나실인 서약을 종결하려면 1년 된 흠 없는 새끼 숫양 한 마리를 번제물로 바치고, 1년 된 흠 없는 새끼 암양 한 마리를 속죄 제물로 바치며, 흠 없는 숫양 한 마리를 화목 제물로 바쳐야 한다. 그 외에도 누룩을 넣지 않은 빵과 누룩을 넣지 않은 속빈 과자 한 광주리를 곡식 제물과 함께 바쳐야 한다(민 6:14-15). 율법으로부터 자유한 바울이 교회의 결정에 따르는 것은 아무쪼록 몇 사람이라도 더 구원하기 위함이다.

"내가 모든 사람에게서 자유로우나 스스로 모든 사람에게 종이 된 것은 더 많은 사람을 얻고자 함이라 유대인들에게 내가 유대인과 같이 된 것은 유대인들을 얻고자 함이요 율법 아래에 있는 자들에게는 내가 율법 아래에 있지 아니하나 율법 아래에 있는 자 같이 된 것은 율법 아래에 있는 자들을 얻고자 함이요 율법 없는 자에게는 내가 하나님께는 율법 없는 자가 아니요 도리어 그리스도의 율법 아래에 있는 자이나 율법 없는 자와 같이 된 것은 율법 없는 자들을 얻고자 함이라 약한 자들에게 내가 약한 자와 같이 된 것은 약한 자들을 얻고자 함이요 내가 여러 사람에게 여러 모습이 된 것은 아무쪼록 몇 사람이라도 구원하고자 함이니 내가 복음을 위하여 모든 것을 행함은 복음에 참여하고자 함이라"(고전 9:19-23).

나의 기도 • • •
복음에 참여하는 자로 믿음이 약한 자의 약점을 담당하며 살아가게 하소서!

성전에서

사도행전 21:27-30

27-28 그 이레가 거의 차매 아시아로부터 온 유대인들이 성전에서 바울을 보고 모든 무리를 충동하여 그를 붙들고 외치되 이스라엘 사람들아 도우라 이 사람은 각처에서 우리 백성과 율법과 이 곳을 비방하여 모든 사람을 가르치는 그자인데 또 헬라인을 데리고 성전에 들어가서 이 거룩한 곳을 더럽혔다 하니

    7일간의 결례 기간이 차매 아시아 지역에 있던 유대인들이 예루살렘으로 왔다. 예루살렘 성도들의 오해를 풀기 위하여 결례에 참석하였는데, 이제는 아시아 지역 유대인들에게 바울이 붙잡혔다. 그들은 바울을 비난하며 외친다. 온 성이 소동하여 백성들이 바울을 잡아 성전 밖으로 끌어내고 문을 닫는다. 예견된 고난이었다. 그들이 가지고 있는 종교적 열심으로 바울을 위협한다. 잘못된 종교적 열심이 믿음으로 둔갑할 때, 신앙의 이름으로 악행을 자행하게 된다. 바울 자신도 그 열심에 사로잡혀 살았던 과거가 있다. 그러나 복음을 알고 그것이 얼마나 무서운 영적 교만인지 깨달았다. 신앙은 진리로 사람을 해하는 것이 아니라 진리로 하나님께 나아가는 것이다.

바울이 당하는 모함과 비난 속에 붙잡혀 있지만, 그를 견디게 하는 힘은 그리스도를 통해 얻은 진리다. 하나님께서 주신 믿음이 그의 삶의 주인이신 하나님을 신뢰하게 된다. 믿음은 우리가 가지고 있는 열심이나 바람, 소원 등이 아니다. 진정한 믿음은 우리에게서 시작되는 것이 아니라 하나님으로부터 나온다. 하나님이 주시는 믿음은 결코 폭력으로 드러나지 않는다. 비록 우리의 노력이 사람들에게 모해와 조소를 받게 된다 할지라도 하나님께 인정받고 있다는 믿음으로 지탱할 수 있다. 비록 불신자들이 우리의 선의를 불의로 갚는다 하여도 어떤 후회도 낙심도 하지 않는 것은 하나님께 대한 믿음 때문이다. 우리의 능력이 아닌 하나님을 신뢰하는 믿음이 이긴다.

우리는 하나님 앞에 선 자가 아닌, 하나님 안에 있는 자로 살아간다. 그들이 바울을 비방하는 것은 이방인 에베소 사람 드로비모를 바울이 성전 안뜰까지 데리고 들어간 줄 생각했기 때문이다. 그들의 추측만으로 바울을 정죄한다. 아직도 사람의 손으로 만든 외형적 성전에 매여 살아가는 자들에게는 그것이 율법을 어기는 일이요 신성모독이다. 사람의 손으로 만든 성전 앞의 삶을 살아가는 자들에게는 참 성전되시는 예수 그리스도 안의 삶을 살아가는 바울을 이해할 수 없다. 율법의 그늘 아래 있는 자들은 성령의 임재 가운데 살아가는 바울을 이해할 수 없다. 외형적 성전과 율법에 매여 있는 자들에게는 진리되시는 예수님과 성령께서 주시는 참 자유가 없다.

나의 기도 • • •
진리로 하나님께 나아가며 살아가게 하소서!

그를 죽이려 할 때

사도행전 21:31-40

31-32 그들이 그를 죽이려 할 때에 온 예루살렘이 요란하다는 소문이 군대의 천부장에게 들리매 그가 급히 군인들과 백부장들을 거느리고 달려 내려가니 그들이 천부장과 군인들을 보고 바울 치기를 그치는지라

유대인들이 바울을 죽이려 하는 이유는 그들이 가지고 있는 신앙적 열심 때문이다. 바울도 과거에 그 열심에 사로잡혀 스데반을 죽이는 일에 가담하였고, 다메섹 도상에서 주님을 만나기 전까지 신앙 전통과 율법 수호를 위하여 자신의 모든 것을 내던졌다. 그랬던 바울이 이제 죽음에 직면해 있다. 바울의 일 때문에 온 예루살렘이 요란하다. 천부장이 그 소문을 듣고 군대를 동원해 진압하려 한다. 바울을 때리고 죽이려고 하던 사람들은 천부장과 군인들을 보고 멈춘다. 동족에게 맞아 죽을 뻔했던 바울은 이방인의 손에 의해 죽음의 고비를 넘긴다. 예루살렘에 오기 전 여러 사람이 예언한 대로 고초를 치르고 있다.

천부장이 사태 파악에 나선다. 그런데 무리 가운데서 어떤 이는 이런 말로, 어떤 이는 저런 말로 소리쳤다. 천부장이 소동으로 말미암아 진상을 알 수 없어 바울을 군인들이 거주하는 영내로 데려가라 명령했다. 영내로 들어가려 할 때 백성의 무리가 바울에게 폭력을 가하며 죽이려고 한다. 바울은 천부장에게 말을 건넨다. 천부장은 바울에게 '헬라 말을 아느냐?' 묻고, 그를 3년 전 소요 사태를 일으켜 자객 사천 명을 거느리고 광야로 갔던 애굽인인가 확인한다. 그는 예루살렘에 나타나 자기가 선지자라고 하며 감람산에서 로마군과 싸우려 했다. 그러나 총독 벨릭스에게 진압되었고 많은 사람이 죽고 나머지는 흩어졌었다.

그에게 속은 유대인들은 그를 잡으려고 늘 벼르고 있었다. 천부장은 바울을 그 애굽인으로 오인했기에 유대인들이 분노하며 죽이려 한다고 생각했다. 바울은 자신의 신분을 먼저 밝혔다. 자신은 유대인이고, 길리기아 다소라는 도시의 시민이라 소개했다. 또 자기 동족들에게 말할 기회를 달라고 부탁했다. 천부장은 바울의 부탁을 허락한다. 바울은 층대 위에 서서 자기를 죽이려는 동족에게 히브리 말로 말을 한다. 바울이 동족들에게 하려는 말이 무엇일까? 단순히 자기 변명을 통해 자신의 안위를 지키려했다면 예루살렘에 오지 않으면 되었었다. 그러나 바울이 그들 앞에 선 것은 자신의 삶을 복음전도의 기회로 삼기 위한 것이었다.

나의 기도 • • •
우리의 삶을 복음전도의 기회로 삼고 살아가게 하소서!

6부
....

로마와
땅끝

(사도행전 22-28장)

큰 빛

사도행전 22:1-11

6-8 가는 중 다메섹에 가까이 갔을 때에 오정쯤 되어 홀연히 하늘로부터 큰 빛이 나를 둘러 비치매 내가 땅에 엎드러져 들으니 소리 있어 이르되 사울아 사울아 네가 왜 나를 박해하느냐 하시거늘 내가 대답하되 주님 누구시니이까 하니 이르시되 나는 네가 박해하는 나사렛 예수라 하시더라

많은 제자들의 만류에도 불구하고 예루살렘에 올라온 바울은 우려했던 대로 죽음의 자리로 내몰린다. 바울은 그가 처한 상황과 환경 속에서 자신의 삶을 복음 전도의 기회로 삼는다. 자신을 변호하는 듯하나 자신의 삶을 변화시키신 예수 그리스도께 초점을 맞추어 증거한다. 바울은 자신이 살아온 삶의 부분들을 세세하게 이야기한다. 길리기아 다소 출신의 유대인으로, 당시 존경받던 가말리엘 문하에서 율법의 엄한 교육을 받았고, 하나님에 대한 열심 있었던 자로 자신을 소개한다. 또한 자신의 종교적 열심으로 사람을 죽이고 결박하여 옥에 넘겼다는 사실도 밝힌다. 바울이 과거에 예수 믿는 자들을 박해할 때 대제사장에게 허락을 받았고 장로들도 이 사실을 알고 있다.

바울이 다메섹으로 향하던 이유도 대제사장과 장로들로부터 받은 공문을 가지고, 예수 믿는 자들을 결박하여 예루살렘으로 끌어다가 형벌을 주기 위함이었다. 그런데 다메섹으로 가는 길에 주님을 만난 것이다. 회심의 동기인 사도행전 9장의 사건을 바울 스스로 자기 민족 앞에서 간증한다. 이 바울의 간증은 나중에 아그립바 왕 앞에서 다시 한번 더 하게 된다(행 26:13-23). 다메섹에 가까이 이르렀을 때 정오쯤 되어 홀연히 하늘로부터 큰 빛이 바울을 둘러 비치고, "사울아 사울아 네가 왜 나를 박해하느냐?" 하는 소리를 듣는다. 성전에만 계시고 말씀하시는 줄 알았던 하나님의 음성을 이방 땅에서 듣게 되었고, 그 주님이 바울을 직접 만나 주셨던 것이다.

바울이 자신의 이름을 부르시는 소리에 대답한다. "주님 누구시니이까?" "나는 네가 박해하는 나사렛 예수라." 즉 바울이 종교적 열심을 가지고 했던 일들은 주님을 박해하는 것이었다. 예수님은 연약한 초대 교회를 자신과 동일시하셨다. 교회는 그리스도의 몸이기 때문이다. "무엇을 하리이까?" 아직도 바울은 자신이 무엇을 할 수 있다고 생각하고 있다. 그런데 주님은 "다메섹으로 들어가라." 하실 뿐 그에게 어떤 일도 지시하지 않는다. 바울은 광채로 볼 수 없게 되어 다메섹으로 들어가는 일조차 다른 사람의 손에 이끌려 들어간다. 그는 육신의 눈만 멀어 있는 것이 아니라 복음에 눈이 멀어 있었다. 바울은 비참하고 초라했던 자신의 허물을 정직하게 드러냈다.

나의 기도 • • •
나의 삶을 변화시킨 예수 그리스도에 초첨 맞추어 증거하며 살아가게 하소서!

증인이 되리라

사도행전 22:12-21

14-16 그가 또 이르되 우리 조상들의 하나님이 너를 택하여 너로 하여금 자기 뜻을 알게 하시며 그 의인을 보게 하시고 그 입에서 나오는 음성을 듣게 하셨으니 네가 그를 위하여 모든 사람 앞에서 네가 보고 들은 것에 증인이 되리라 이제는 왜 주저하느냐 일어나 주의 이름을 불러 세례를 받고 너의 죄를 씻으라 하더라

바울의 변명을 듣는 청중은 유대인들이다. 또 바울은 지금 히브리어로 말하고 있다. 바울은 유대인들이 중요시하는 '율법'이라는 단어를 사용한다. 같은 내용의 사도행전 9장이나 26장에서 사용하지 않은 것과 비교가 된다. 자신의 삶을 복음 전도의 기회로 생각했기에 복음의 대상인 유대인들이 복음을 받아들이기를 원하는 간절한 마음으로 그들 중심의 말씀을 전한다. 자신의 눈을 뜨게 한 이도 율법에 따라 경건한 사람으로 유대인들에게 칭찬을 듣는 아나니아라 소개한다. 또한 유대인 아나니아가 사울을 부르는 호칭도 "형제 사울아 다시 보라." 형제로 부른다. 뿐만 아니라 "우리 조상들의 하나님", 즉 '우리'라는 말로 자신을 청중과 동일시한다.

바울은 자신이 다메섹에서 유대인 아나니아의 지도를 받아 하나님의 뜻을 알게 되었고, 그 의인 즉 예수님을 보게 하시고, 그 입에서 나오는 음성을 듣게 하셨다고 강조한다. 또 그는 모든 사람 앞에서 바울이 보고 들은 것에 증인이 되게 하신 것도 알려주었다. 아나니아는 바울에게 "일 어나 주의 이름을 부르라." 했고, "세례를 받고 죄를 씻으라 했다." 바울 은 다메섹에서 자신에게 일어난 일들을 자세히 설명한다. 또한 예루살렘 성전에서 환상 중에 예수님을 보았는데, 예수님께서 그에게 복음을 이방 인에게 전하라 하셨다고 말한다. 바울의 영적 체험은 성령께서 하신 일이 다. 요엘 선지자의 예언과 같이 성령께서 환상을 통하여 영적 세계를 열 어 주신 것이다.

육적으로 뿐만 아니라 영적으로 눈이 멀었던 바울을 성령께서 영적 세 계를 열어 주시고, 예수님의 말씀을 듣게 하셨다. "속히 예루살렘에서 나 가라 그들은 네가 내게 대하여 증언하는 말을 듣지 아니하리라"하셨다. 듣고 있는 유대인들은 자신들이 죽인 예수가 성전에서 나타나셨다는 이 야기가 그들에게 신성 모독으로 들렸다. 또 유대인들의 신앙의 근거인 예 루살렘을 떠나라는 예수님의 말씀도 그들의 심기를 불편하게 만들었다. 바울은 그런 예수님의 말씀에 자신이 그동안 주를 믿는 사람들을 가두고 때렸고, 스데반의 죽음에 관여하였다고 고백한다. 그러나 예수님은 "떠 나가라 내가 너를 멀리 이방인에게는 보내리라."라고 말씀하셨다고 주님 께서 주신 사명을 증거한다.

나의 기도 • • •
성령께서 영적 세계를 열어 주시어 주님의 말씀을 듣고 순종하게 하소서!

로마 시민인 줄 알고

사도행전 22:22-29

27-29 천부장이 와서 바울에게 말하되 네가 로마 시민이냐 내게 말하라 이르되 그러하다 천부장이 대답하되 나는 돈을 많이 들여 이 시민권을 얻었노라 바울이 이르되 나는 나면서부터라 하니 심문하려던 사람들이 곧 그에게서 물러가고 천부장도 그가 로마 시민인 줄 알고 또 그 결박한 것 때문에 두려워하니라

바울의 간증과 말씀에 대한 유대인들의 반응은 소동으로 이어졌다. 바울을 죽이고자 소리를 지르며 옷을 벗어 던지고 티끌을 공중으로 날린다. 유대인들의 고칠 수 없는 완고함은 그들이 그토록 많은 기적들을 보고도 깨닫지 못하게 했다. 하나님의 말씀을 들어도 그들은 감동이 아닌 분노로 반응한다. 유대인들이 가지고 있었던 잘못된 영적 교만이 진리의 복음을 받아들이지 않는다. 그들이 지키려고 하는 것이 율법과 성전 중심의 신앙이라기보다는 유대인들의 민족적 우월 의식과 전통이다. 영적 교만은 하나님을 볼 수 없게 만든다. 하나님의 이름을 부르고 있지만 하나님께 관심갖지 않는다. 유대인들을 움직이는 동력은 그들의 종교적 신념이었다.

천부장이 바울을 영내로 데려가라 명하고 채찍질하여 심문하라 한다. 바울은 로마 시민권에 대한 권리를 말한다. 당시 로마 시민의 자유를 모독하는 것보다 더 큰 범죄가 없었다. 발레리우스(Valcrius), 포르시우스(Porcius), 셈프로니우스(Sempronius) 등의 황제들은 법률로 로마 시민권을 가진 사람들에게 육체적으로 벌을 가할 수 없게 금지하였다. 빌립보에서는 바울이 채찍의 벌을 받고 투옥되면서도 침묵했었다(행 16:23). 그러나 예루살렘에서 그는 나면서부터 로마 시민이라고 대답한다. 심문하려던 사람들이 물러가고 천부장도 바울을 결박한 것 때문에 두려워한다. 다음 날 천부장은 제사장들과 온 공회를 모아 그들 앞에 바울을 세운다.

복음이 거절 당한 것은 하나님께서 그 남은 자들을 함께 모으실 때까지 계속될 것이다. 유대인들은 혈통을 자랑하면서도 같은 혈통이셨던 예수님을 거절한다. 또 헬라인들은 지혜를 구하나 지혜의 근본이신 여호와 하나님을 믿지 않는다. 로마인들은 시민권을 자랑하지만 로마 시민인 바울은 결박되어 있다. 세상이 자랑하는 것은 자신들의 기득권을 지키기 위한 수단일 뿐이다. 세상의 자랑으로는 예수님도 복음도 알 수 없고 우리를 구원할 수도 없다. 오로지 하나님이 부어주시는 성령을 통해서만 예수를 알게 되고 구원의 복음에 이르게 된다. 그래서 바울은 "내게는 우리 주 예수 그리스도의 십자가 외에 결코 자랑할 것이 없으니"(갈 6:14)라고 고백한다.

나의 기도 ● ● ●
영적 교만과 종교적 신념을 버리게 하시고 하나님을 바라보게 하소서!

범사에 양심을 따라

사도행전 22:30-23:5

1-3 바울이 공회를 주목하여 이르되 여러분 형제들아 오늘까지 나는 범사에 양심을 따라 하나님을 섬겼노라 하거늘 대제사장 아나니아가 바울 곁에 서 있는 사람들에게 그 입을 치라 명하니 바울이 이르되 회칠한 담이여 하나님이 너를 치시리로다 네가 나를 율법대로 심판한다고 앉아서 율법을 어기고 나를 치라 하느냐 하니

천부장의 요청으로 예루살렘에서 공회가 열렸다. 바울은 하룻밤 구금되어 있던 안토니오 요세에서 산헤드린 공회 장소로 이송된다. 바울은 자신을 죽이려 하던 자들을 향하여 형제라 칭하며 "나는 범사에 양심을 따라 하나님을 섬겼노라."라고 담대하게 외친다. 바울이 입을 열기가 무섭게 대제사장 아나니아가 "그의 입을 치라."고 명한다. 대제사장 아나니아는 헤롯 아그립바의 동생의 후원으로 대제사장 직을 얻어(AD 47년) 11년 동안 재임하였다. 그는 친 로마파였으며 유대인들은 그를 미워하였다. 군인인 천부장의 요청으로 열린 공회에서 종교인인 대제사장이 죄수를 향해 무력을 행사하는 모습 속에서 당시 유대 종교의 면모를 엿볼 수 있다.

바울은 굴하지 않고 "회칠한 담이여 하나님이 너를 치시리로다 네가 나를 율법대로 심판한다고 앉아서 율법을 어기고 나를 치라 하느냐?" 하며 격분하여 대제사장을 정죄한다. 곁에 선 사람들이 "하나님의 제사장을 네가 욕하느냐?" 하니, 바울은 "나는 그가 대제사장인 줄 알지 못하였노라." 하며 곧 바로 사과한다. 바울의 사과는 말씀에 근거한 사과였다. 대제사장 아나니아는 경건한 사람이 아니다. 그러나 출애굽기 22장 28절 '너희 백성의 관리를 비방하지 말라.'고 인용하며 대제사장인지 알았더라면 그렇게 행동하지 않았다고 한다. 바울은 율법을 지켜 구원을 받고자 한 것이 아니라 은혜를 받은 자로 하나님의 말씀에 순종한 것이다.

성도들의 말과 행동은 하나님의 말씀에 근거하여야 한다. 하나님의 말씀이 우리의 삶과 우리가 상대하는 모든 사람들과의 관계에서 기준이 되어야 한다. 우리는 세상의 도덕과 윤리 상식적 기준을 따르는 사람들이 아니다. 세상의 일반 은총적 기준을 넘어선 하나님과의 관계 속에서 세상을 바라 보아야 한다. 우리가 부모님께 순종하는 것은 유교가 가르쳐 주는 효의 윤리적 개념 때문이 아니라 하나님께서 부모를 공경하라 하셨기에 공경하는 것이다. 부부 관계, 자녀와의 관계, 이웃과의 관계, 국가 위정자와의 관계 등 우리 삶의 모든 관계가 하나님의 말씀에 근거하여 행동하며 살아가는 것이 신앙생활이다. 말씀 순종의 상도 하나님이 주신다.

나의 기도 • • •
범사에 양심을 따라 하나님을 섬기며 살아가게 하소서!

로마에서도

사도행전 23:6-11

10-11 큰 분쟁이 생기니 천부장은 바울이 그들에게 찢겨질까 하여 군인을 명하여 내려
가 무리 가운데서 빼앗아 가지고 영내로 들어가라 하니라 그 날 밤에 주께서 바울 곁
에 서서 이르시되 담대하라 네가 예루살렘에서 나의 일을 증언한 것 같이 로마에서도
증언하여야 하리라 하시니라

바울은 공회에 참석한 자들이 한 파는 사두개파 사람이요, 다른 한 파
는 바리새파 사람인 것을 알고 큰소리로 신학적인 이슈를 던진다. "형제
들아, 나는 바리새인이요, 바리새인의 아들이라. 죽은 자의 소망 곧 부활
로 말미암아 내가 심문을 받노라." 바울은 어떻게 서로가 충돌하고 있는
지 알고 있었기에 자신을 바리새파라고 밝히면서 성전이나 모세 율법이
아니라 부활에 관한 문제가 이 재판의 핵심임을 말한다. 바울의 발언이
매우 선동적이다. 사두개파는 부활도 없고, 천사도 없고, 영도 없다고 하
나 바리새파는 다 있다고 믿는다. 바울 개인의 범법이 아닌 바리새파와
사두개파의 신학적 대립으로 다툼이 전개된다.

재판정에서는 격렬한 신학 논쟁이 벌어지게 되고, 바리새파 서기관이 바울을 변호하기 시작했다. "이 사람을 보니 악한 것이 없도다 혹 영이나 혹 천사가 그에게 말하였으면 어찌 하겠느냐?"라고 한다. 바리새파 서기관의 선악의 근거도 자기 자신의 신념에 있다. 우리의 신앙도 무엇에 근거하여 있는가가 중요하다. 그것이 나의 신념인가? 아니면 하나님의 말씀인가? 하나님의 말씀이 아닌 것은 다 거짓이다. 영 혹은 천사가 말했다 할지라도 하나님의 말씀에 근거한 것이 아니면 거짓이다. 영을 분별하는 것조차도 하나님의 말씀이 기준이 되지 않으면 악한 영에게 속을 수 있다. 천부장은 안전을 위해 바울을 다시 영내로 데려간다.

　　그날 밤 바울은 영내의 옥에서 예수님의 환상을 본다. 아주 오래전 다메섹으로 가던 길에 바울에게 나타나셨듯이, 예루살렘 성전에서 바울에게 나타나셨듯이, 고린도에서 위협에 처한 바울에게 나타나셨듯이 예수님께서 바울에게 다시 나타나셨다. 그리고 바울에게 말씀하신다. "담대하라 네가 예루살렘에서 나의 일을 증언한 것 같이 로마에서도 증언하여야 하리라." 예수님은 바울을 위로하시고 사명을 주신다. 바울이 여러 번 가려고 했으나 가지 못했던 로마에서 증언하라 하신다. 바울의 시간이 아닌 하나님의 시간이 되었다. 바울의 뜻이 아닌 하나님의 뜻대로 가라 하신다. 그리하여 바울은 개선장군이 아닌 죄수의 몸으로 로마에 가게 된다.

나의 기도 • • •
나의 신앙이 하나님의 말씀에 근거하여 영을 분별하게 하소서!

바울을 죽이기 전에는

사도행전 23:12-22

12-14 날이 새매 유대인들이 당을 지어 맹세하되 바울을 죽이기 전에는 먹지도 아니하고 마시지도 아니하겠다 하고 이같이 동맹한 자가 사십여 명이더라 대제사장들과 장로들에게 가서 말하되 우리가 바울을 죽이기 전에는 아무 것도 먹지 않기로 굳게 맹세하였으니

유대인 40여 명이 바울을 죽이기 전에는 먹지도 마시지도 않겠노라 맹세했다고 말한다. 그들의 맹세는 하나의 저주와 같은 것이었다. 그 맹세는 자신들의 계획을 바꾸지 않는다는 강한 다짐을 의미하며, 그들의 합의를 철회하지 못하도록 하는 의도가 있었다. 이들은 바울을 요새에서 데리고 나오라고 대제사장들과 장로들에게 부탁한다. 그때를 틈타 바울을 죽이려고 계략을 꾸민 것이다. 그러나 그 음모를 바울의 조카가 엿듣는 바람에 이들의 계획은 수포로 돌아간다. 그는 이런 음모가 있다며 바울에게 이야기했고, 바울은 이 정보를 천부장에게 알린다. 바울이 로마군 요새에 구금 중이기에, 이 음모는 단지 이단자 바울에 대한 것이 아니라 로마군에 대한 공격이기도 하다.

이 음모는 정치적인 성격이 강하다. 긴장이 팽팽한 정치 상황에 있다. 예루살렘으로 돌아오는 바울의 여정은 살해 위협으로 시작해 살해 위협으로 끝났다. 고린도의 유대인들은 바울을 바다에 던져버리려고 계획했고, 예루살렘의 열심당원들은 법정에서 바울을 살해하려고 계획했다. 그러나 바울은 또다시 그들의 음모로부터 벗어난다. 하나님께서는 악한 자들의 음모와 계획을 한시적으로 허용하신다. 그러나 바울에게 "담대하라 네가 예루살렘에서 나의 일을 증언한 것 같이 로마에서도 증언하여야 하리라."(행 23:11) 사명을 주신 주님은 바울을 보호하신다. 지혜의 왕 솔로몬도 "지혜로도 모략으로도 여호와를 당치 못하느니라."(잠 21:30)고 여호와를 높이며 고백한다.

바울이 희생 제단에 바쳐진 제물처럼, 언제 죽을지 모르는 위협과 음모 가운데 있으나 주님께서는 그의 생명을 신실하게 지키시고 보호하고 계신다. 인간들의 모든 노력은 헛된 것이다. 우리를 둘러싸고 있는 수많은 음모와 위협 가운데 있다하더라도, 우리의 생명과 목숨은 주인되시는 하나님의 주권 가운데 있기에 우리는 안전하다. "너희의 머리털 하나도 상치 아니 하리라."(눅 21:18) 하신 주님의 약속이 변하지 않으시기 때문이다. 바울은 자신이 죽어도 주의 것이요, 살아도 주의 것이라는 사실을 알고 주님을 섬기고 있다. 사명자는 주님께서 주신 사명을 이루기까지 죽지 않는다. 사명을 주신 분이 사명을 이룰 능력뿐만 아니라 사명이 다하기까지 보호하시고 지키시기 때문이다.

나의 기도 • • •
우리 생명과 목숨의 주인 되시는 하나님의 주권 가운데 살아가게 하소서!

가이사랴(Caesarea) 6-8

글라우디오 루시아

사도행전 23:23-35

26-28 글라우디오 루시아는 총독 벨릭스 각하께 문안하나이다 이 사람이 유대인들에게 잡혀 죽게 된 것을 내가 로마 사람인 줄 들어 알고 군대를 거느리고 가서 구원하여다 가 유대인들이 무슨 일로 그를 고발하는지 알고자 하여 그들의 공회로 데리고 내려갔 더니

천부장은 상황을 설명하는 편지를 쓰고, '보병 이백 명과 기병 칠십 명 과 창병 이백 명'을 붙여 바울을 벨릭스 총독이 있는 가이사랴로 이송한 다. 천부장은 편지에 바울은 "사형을 당하거나 갇힐 만한 아무런 죄가 없 다."고 판단하고, 보병, 기병, 창병 총 470명의 군인이 그를 호위하게 한 다. 천부장은 자기가 가지고 있는 판단으로 바울을 도와주기 위함이고, 그 반대파들이 부당한 행위에 관해 벨릭스에게 미리 권고함으로, 바울을 해칠 수 없도록 한 것이다. 바울을 겨냥한 동족으로부터의 위협을 이방인 천부장의 도움으로 피하게 된다. 주님께서 이방인을 자기 종 바울의 옹호 자로 사용하신다. 우리 주님은 자신의 일을 위하여 불신자들의 말과 손을 조정하고 움직이신다(존 칼빈).

많은 위험과 위협이 있었던 예루살렘, 그래서 그곳에 가는 것을 제자들이 막았지만, 복음을 전하는 일에 자기 목숨을 조금도 귀한 것으로 여기지 않겠다는 고백과 함께 들어갔던 그곳에서 자신의 인간적인 계획이나 자신을 보호하기 위한 노력이 아닌 주님의 섭리로 떠나온다. 우리 인생의 위험은 외부적 공격이나 위협이 아니라, 우리를 지키시고 보호하시는 하나님을 모르고 사는 것이 가장 큰 위험이다. 예루살렘에서는 바울을 죽이려고 금식하고 기다리던 사십여 명의 사람들, 그리고 분노한 대제사장 일파는 바울을 죽이지 못한 분풀이로 예수님의 형제인 야고보를 죽였다. 야고보는 몽둥이에 맞아 죽은 다음 성전 꼭대기에서 던져져 성전 옆에 묻혔다고 한다(클레멘트).

이튿날 바울은 가이사랴로 가서 벨릭스 총독 앞에서 심문을 받게 된다. 총독은 천부장이 보낸 편지를 읽고, 바울에게 어느 영지 사람이냐고 묻는다. 당시 로마의 영지는 둘로 나뉘어 있었다. 하나는 로마 황제의 직할이고, 다른 하나는 수리아 총독의 관할이다. 길리기아는 황제의 관할이었다. 그래서 바울이 황제에게 가서 재판을 받으리라 한 것도 로마법에 근거한 것이다. 그리고는 다시 헤롯 궁 지하 감옥에 갇힌다. 헤롯 궁은 대헤롯이 지은 궁전으로 후에 로마 총독이 점령하여 살았다. 바울은 이제 "담대하라 네가 예루살렘에서 나의 일을 증언한 것 같이 로마에서도 증언하여야 하리라." 하신 주님의 말씀과 같이 배 타고 로마로 가기 전 가이사랴 항구에 머물게 된다.

나의 기도 • • •
복음을 전하는 일에 나의 목숨을 귀한 것으로 여기지 않게 하소서!

가이사랴(Caesarea) 6-9

변호사 더둘로

사도행전 24:1-9

1-3 닷새 후에 대제사장 아나니아가 어떤 장로들과 한 변호사 더둘로와 함께 내려와서 총독 앞에서 바울을 고발하니라 바울을 부르매 더둘로가 고발하여 이르되 벨릭스 각하 여 우리가 당신을 힘입어 태평을 누리고 또 이 민족이 당신의 선견으로 말미암아 여러 가지로 개선된 것을 우리가 어느 모양으로나 어느 곳에서나 크게 감사하나이다

    사건이 일어난 지 닷새 후에 대제사장 일행이 가이사랴에 온다. 대제 사장 아나니아를 비롯해 몇몇 장로와 더둘로라는 변호사가 함께 왔다. 더 둘로는 총독 벨릭스에게 먼저 아첨을 한다. "우리가 당신을 힘입어 태평 을 누리고 또 이 민족이 당신의 선견으로 말미암아 여러 가지로 개선된 것을 감사하나이다." 대제사장이 고용한 변호사임에도 하나님께 하여야 할 감사를 이방인 총독에게 하는 것으로 보아 이들은 하나님께 대한 신앙 보다는 자신들이 얻고자 하는 것을 위하여 물불을 가리지 않는 이익집단 에 지나지 않는다. 그들에게 중요한 것은 그들이 누리고 있는 여러 가지 종교적 기득권과 그들의 제도이지 신앙의 본질은 아니다. 하나님이 아닌 세상 권력을 힘입어 살아가는 자들이다.

그는 이어 바울에 대해 고발한다. 첫 번째 고소 내용은 "바울은 전염병 같은 자"라는 것이다. 바울을 만나는 사람들이 예수를 믿으니 예수 전염자이다. 바울이 여러 나라에 흩어진 유대인 디아스포라들에게 복음을 전함으로 믿는 자들의 수가 늘어났다. 그런데 일부 유대인들은 바울을 이단으로 여기고 죽이려고 소요를 일으켰다. 당시 이스라엘을 점령하고 있던 로마인들에게 소요, 폭동 등의 표현은 굉장히 자극적인 것이었다. 두 번째 고소는 "바울이 나사렛 도당의 우두머리"라는 것이다. 그래서 그가 성전까지도 더럽히려고 하므로, 우리가 그를 붙잡아 왔다는 것이다. 로마 당국은 성전을 더럽히는 일에는 관심이 없다. 그러나 나사렛 도당의 우두머리라는 것은 로마 당국자에게 자극이 된다.

무고한 주님께서 유대인들에 이끌려 '유대인의 왕'이라는 죄명으로 빌라도의 심판을 받으시고 십자가의 길을 가셨듯이, 바울도 주님이 밟으셨던 십자가의 길을 '나사렛 도당의 우두머리'라는 죄명으로 심문을 받고 있다. 같은 하나님의 이름을 부르고, 같은 조상 아브라함의 자손이라 하지만 서로가 합일될 수 없는 대척점에 서 있다. 하나님을 힘입어 사는 자와 세상의 권력에 기대어 사는 자로 갈라져 있다. 바울을 고소하는 자들의 삶의 근거는 하나님이 아니다. 그들이 믿고 예배하는 대상도 하나님이 아니다. 그들이 목숨 걸고 지키려 하는 것도 신앙의 본질이 아니다. 그들은 자아라는 우상에 근거하여, 세상의 힘에 기대어 예배하며, 오직 자신이 누리는 기득권만을 지키려하는 것이다.

나의 기도 • • •
하나님을 힘입어 자아라는 우상을 버리고 십자가의 길을 가게 하소서!

죽은 자의 부활

사도행전 24:10-21

19-21 그들이 만일 나를 반대할 사건이 있으면 마땅히 당신 앞에 와서 고발하였을 것이요 그렇지 않으면 이 사람들이 내가 공회 앞에 섰을 때에 무슨 옳지 않은 것을 보았는가 말하라 하소서 오직 내가 그들 가운데 서서 외치기를 내가 죽은 자의 부활에 대하여 오늘 너희 앞에 심문을 받는다고 한 이 한 소리만 있을 따름이니이다 하니

바울의 혐의는 성전모독과 불신앙이었다. 바울은 혐의는 부정하면서도 '그들이 이단이라고 하는 그 도'를 따른다는 사실은 인정한다. 그런 후에 자신에게 무슨 일이 있었고 왜 체포되었는지 설명하는 데 있다. 바울의 변명의 특성은 복음을 수치로 여기거나 십자가를 회피하려고 하는 것이 아니라 당시 정황을 설명한 것이다. 바울은 자신이 예루살렘에 올라간 이유를 예배하기 위함이라 변명한다. 물론 궁핍한 형제들을 돕는 구호금을 전달하기 위한 목적이 있었으나 성전 모독의 죄가 없음을 분명히 하기 위함이었다. 그러나 그가 믿고 있는 신앙에 대하여는 단호하다. 조상의 하나님을 섬기고 율법과 선지자들의 글에 기록된 것을 다 믿는다고 고백한다.

바울이 믿고 따르는 신앙은 율법과 선지자의 기록, 즉 성경에 근거한 것이기에 그를 고소하는 자들이 이단이라 부르는 것은 근거 없는 소리라는 것이다. 바울은 성경을 믿고 있다는 점을 밝히고 나서 장차 올 부활 소망을 덧붙임으로써 그의 신앙이 인간의 육신적인 이해나 견해가 아니라 하나님 말씀으로부터 나온 것임을 명백히 보여주고 있다. 바울은 선지자들이 하나님께 소망을 가졌는데 그들이 기다리는 하나님을 향한 소망을 자신도 가지고 있다고 고백한다. 그 내용은 의인과 악인의 부활이 있으리라 한 예언이다. 즉 부활은 조상들이 바라던 신앙이라고 집중적으로 부활에 대하여 증거한다. 대제사장이 부활에 대하여 믿지 않았기 때문이다.

또한 바울은 의인과 악인이 부활하는 것 때문에 하나님을 대할 때나 사람을 대할 때 항상 양심에 거리낌이 없기를 힘쓴다고 고백한다. 바울의 전도의 핵심 주제는 '죽은 자의 부활'이었다. 바울이 증거하는 것은 '예수 부활'이었기에 그것을 믿지 않는 대제사장들이 자신을 공격하는 것이라고 변론한다. 바울은 율법적 의식을 떠나 영적인 하나님을 예배하는 것은 그분이 소망으로 주신 죽은 자의 부활을 믿는 믿음에서 나온 것이기에 자신에 대한 무고한 불신앙의 혐의를 벗고자 변론한다. 최후 부활을 소망하는 자들은 하나님을 경외함으로 내적으로 주시는 영적 자각인 양심을 따라, 주어진 세상 속에서 항상 선을 행하는 정직성을 추구하는 것이다.

나의 기도 • • •
최후 부활의 소망하며 하나님을 경외함으로 담대하게 살아가게 하소서!

가이사랴(Caesarea) 6-11

의와 절제와 장차 오는 심판

사도행전 24:22-27

> 25-26 바울이 의와 절제와 장차 오는 심판을 강론하니 벨릭스가 두려워하여 대답하되
> 지금은 가라 내가 틈이 있으면 너를 부르리라 하고 동시에 또 바울에게서 돈을 받을까
> 바라는 고로 더 자주 불러 같이 이야기하더라

마르쿠스 안토니우스 펠릭스는 클라우디우스 황제나 그의 어머니 안토니아의 해방 노예였다. 그는 클라우디우스 황제의 총애를 받았고, 황제한테 팔레스타인 통치권을 얻었다. 벨릭스는 "이 도에 관한 것을 더 자세히 아는 고로" 고발자들의 주장을 무시하고, 천부장 루시아의 말을 직접 들어보겠다며 심문을 연기한다. 다시 심문이 열릴 때까지 바울을 감옥에 두었으나 그에게 자유를 주었고, 면회를 허용하여 필요한 것을 받게 하였다. 벨릭스가 '그 도'에 관하여 잘 알 수 있었던 것은 그의 아내가 유대인이었기 때문이다. 드루실라는 헤롯 아그립바 1세의 딸이다. 시리아에 있던 에메사의 왕 아지주스와 결혼했으나, 벨릭스의 유혹에 넘어가 그의 아들을 낳았다.

벨릭스는 유대인 아내 드루실라와 함께 바울을 감옥에서 불러내 이야기를 듣는다. 벨릭스 부부가 바울의 말에 두려워한 것은 바울 강론의 주제는 의와 절제와 장차 오는 심판이었다. 바울은 죄수 신분으로 하나님의 의와 절제와 심판에 대하여 강론하는데, 그의 생사를 손에 쥐고 있는 총독은 바울의 말에 두려워하고 있다. 두려움은 죄의 결과다. 성령께서 바울의 입을 주장하여 벨릭스의 죄를 책망하신다. "그가 와서 죄에 대하여, 의에 대하여, 심판에 대하여 세상을 책망하시리라."(요 16:8)는 주님 말씀의 성취이자, "복음으로 말미암아 내가 죄인과 같이 매이는 데까지 고난을 받았으나 하나님의 말씀은 매이지 아니하니라."(딤후2:9) 바울 고백의 실현이다.

벨릭스는 바울의 결백함을 알면서도 석방하는 대가로 돈을 바랐다. 벨릭스가 총독 자리에 얼마나 있었는지 분명하지 않지만, 요세푸스의 자료는 벨릭스가 AD 57년까지 가이사랴에 있었음을 암시한다. 이 기간 바울은 감옥에 있었고 벨릭스는 적어도 2년동안 바울의 강론을 들었다. 그러나 그는 회개도 회심도 하지 않았다. 복음을 누가 전하느냐 혹은 복음을 듣는 자의 신분이 어떠냐가 회개와 회심을 결정하지 않는다. 하나님께서 회개의 영을 부어 주시지 않는다면 바울의 강론을 2년 동안 들었어도 회심하지 못한다. 또한 심판에 대한 두려움을 가졌다 해서 회개할 수 없다. 그러나 복음 전파의 결과가 무엇이든, 하나님께는 전도가 아름다운 향기다(고후 2:15).

나의 기도 • • •
회개의 영을 부어 주셔서 심판에 대한 두려움 없이 감사하며 살아가게 하소서!

죽이고자 함이더라

사도행전 25:1-5

1-3 베스도가 부임한 지 삼 일 후에 가이사랴에서 예루살렘으로 올라가니 대제사장들과 유대인 중 높은 사람들이 바울을 고소할새 베스도의 호의로 바울을 예루살렘으로 옮기기를 청하니 이는 길에 매복하였다가 그를 죽이고자 함이더라

벨릭스 총독은 바울에게 죄가 없는 것을 알고도 2년 동안 감옥에 구금해 두었다. 바라던 돈을 얻은 것도, 바울이 전했던 복음에 반응하여 예수님을 믿은 것도 아닌 상태에서 임기를 마쳤다. 그 후임으로 보르기오 베스도라는 새로운 총독이 부임해 왔다. 부임한 지 3일 후 가이사랴에서 예루살렘으로 올라간다. 이스라엘의 중심인 예루살렘 유력 인사들에게 부임 인사차 간 것이다. 대제사장들과 유대인의 지도자들은 새로운 총독 베스도에게 바울을 다시 고소한다. 2년 전 바울을 고소하고 죽이려 하였으나 실패하였고 총독이 바뀌자 다시 고소한 것이다. 이들은 사익을 위하여 로마의 편에 서는 자들이며, 법의 판결이 아닌 음모로 바울을 죽이고자 한다.

그들이 요구하는 것은 바울을 가이사랴에서 예루살렘으로 호송해 달라는 것이다. 재판을 위한 것이기보다는 호송 길에서 바울을 죽이려는 음모였다. 하나님은 사람을 해하려는 그 어떤 음모도 좋아하지 않으신다. 대제사장들과 유대인이 신앙의 이름으로 바울을 죽이고자 하는 음모는 신앙을 가장한 종교적 열심이요 불신앙이다. 세상의 권력과 힘으로 종교적 신념을 이루겠다는 것도 불신앙이다. 우리 가운데 함께하시고 역사하시는 하나님에 대한 자각이 없는 자들은 개인의 문제, 교회의 문제 등을 사사로운 개인의 이익을 위하여 하나님 아닌 다른 방법으로 해결하려고 한다. 이것은 하나님 없어 생겨나는 불신앙의 산물이요 사탄의 계략이다.

베스도는 이미 바울이 법에 의해 구류되어 있고, 자신도 다시 가이사랴로 돌아갈 것이기에 그들의 요구를 들어주지 않는다. 함께 가이사랴로 내려가 고발하면 판결을 내리겠다 한다. 사탄의 모든 계략과 바울을 해하려고 하는 자들의 생각을 아시는 하나님께서 베스도의 결정을 통하여 악한 자들의 음모로부터 보호하신다. 하나님의 허락이 아니라면 그 어떤 세력도 하나님의 사람을 해할 수 없고, 하나님의 허락하심이라면 그 어떤 고난과 고통도 받을 수 있다. 왜냐하면 모든 상황과 환경을 넉넉히 이기는 은혜와 힘을 주시며, 일을 통해 주시는 영적 유익이 있기 때문이다. 사탄은 죽이려 하나 하나님은 살린다. 살리는 것이 주님의 일이다.

나의 기도 • • •
하나님 편에 서서 살리는 자로 이 땅 살아가게 하소서!

가이사랴(Caesarea) 6-12

가이사께 상소하노라

사도행전 25:6-12

11-12 만일 내가 불의를 행하여 무슨 죽을 죄를 지었으면 죽기를 사양하지 아니할 것이
나 만일 이 사람들이 나를 고발하는 것이 다 사실이 아니면 아무도 나를 그들에게 내
줄 수 없나이다 내가 가이사께 상소하노라 한대 베스도가 배석자들과 상의하고 이르되
네가 가이사에게 상소하였으니 가이사에게 갈 것이라 하니라

　　베스도 총독은 예루살렘에서 8-10일을 머문 후 가이사랴로 돌아왔다.
첫 심문을 받은 지 2년 후 바울은 새로운 총독과 자신을 고발하기 위해
예루살렘에서 온 유대인 앞에 섰다. 바울의 두 번째 소송이다. 유대인들
이 여러 가지 중대한 사건으로 바울을 고발하지만 지난 첫 번째 재판과
같이 증거를 대지 못한다. 바울의 변명을 통하여 유대인들이 소송한 바울
의 거짓혐의는 첫째는 그가 율법을 뒤엎고 성전을 더럽혔다는 신성모독
의 죄이고, 둘째는 그가 가는 곳마다 소란을 일으켰다는 황제와 로마제국
에 대한 반역죄이다. 베스도 총독은 유대인의 마음을 얻고자 하여 바울에
게 예루살렘으로 올라가서 이 사건에 대하여 재판을 받고자 하는지를 물
었다.

바울은 로마로 가겠다는 계획이 있었기에, 로마 시민으로서 로마에서 재판 받을 권리를 내세웠다. 바울은 예루살렘에서는 사실상 공정한 재판을 받을 기회가 없다는 것을 알았다. 또한 2년 전, 예수님께서 바울에게 로마에서도 증언하여야 한다고 하셨기 때문이다. "그날 밤에 주께서 바울 곁에 서서 이르시되 담대하라 네가 예루살렘에서 나의 일을 증언한 것 같이 로마에서도 증언하여야 하리라"(행 23:11). 바울은 주님의 말씀을 기억하고 있기에 어떻게든 로마에 가려 했다. 바울이 로마에 가고자 하는 목적은 죄에 대한 자신의 누명을 벗기 위해서가 아니라, 예수 그리스도의 증인이 되기 위함이다. 그에게 성령이 임하셨기에 증인의 삶을 살고자 하는 것이다.

베스도는 바울의 범죄가 황제에게 보낼 만한 사건인가를 의논한다. 바울이 로마 시민이기에 로마 시민을 유대인들의 재판에 내어 줄 수 없었다. 왜냐하면 유대인들과 대제사장들까지 바울을 죽이려 하고 있기 때문이다. 그래서 베스도와 배석자들은 바울의 상소를 허락한다. 바울이 로마로 가도록 공적 결정을 한것이다. 역사가 사람들의 결정에 의하여 쓰여지는 듯하나, 하나님의 섭리에 의하여 이루어진다는 것을 알아야 한다. 예수님께서 바울에게 말씀 하셨기에 하나님께서 그 말씀을 이루신다. 우리가 하나님을 믿는다는 것은 하나님이 하신 약속의 말씀을 믿는 것이다. 하나님께서는 언약의 말씀 곧 성경을 우리에게 주시고, 역사 속에서 신실하게 그 말씀을 이루어 가신다.

나의 기도 • • •
역사 속에서 하나님이 신실하게 약속을 이루어 가실 것을 굳게 믿고 살아가게 하소서!

가이사랴(Caesarea) 6-13

죽은 것을 살아 있다고

사도행전 25:13-22

18-20 원고들이 서서 내가 짐작하던 것 같은 악행의 혐의는 하나도 제시하지 아니하고 오직 자기들의 종교와 또는 예수라 하는 이가 죽은 것을 살아 있다고 바울이 주장하는 그 일에 관한 문제로 고발하는 것뿐이라 내가 이 일에 대하여 어떻게 심리할는지 몰라서 바울에게 묻되 예루살렘에 올라가서 이 일에 심문을 받으려느냐 한즉

바울이 베스도 총독에게 심문을 받고 '며칠이 지난 뒤에' 아그립바 2세와 그의 누이 버니게가 가이사랴를 공식 방문했다. 아그립바 2세는 사람들의 마음을 사로 잡았다. 벨릭스와 친밀한 관계를 유지했지만, 이제 새로운 총독 베스도와 친분을 가진다. 이들이 가이사랴에 머무는 동안 베스도 총독은 바울의 얘기를 꺼냈다. 30년 전 아그립바의 증조부 헤롯은 예수님이 태어나셨을 때 아기 예수를 죽이려 했고, 할아버지 헤롯 안티파스는 세례 요한을 죽였다. 그리고 헤롯 아그립바 1세는 야고보 사도를 죽였다(행 12장). 이제 아그립바 2세는 예수님의 핵심 추종자인 바울을 직접 만나 이야기를 듣고자 한다.

베스도는 대제사장과 장로들 그리고 유대인들이 바울을 죽이려고 하여 그가 큰 죄를 지었다 생각했는데 막상 재판을 열어 고소의 내용을 들어볼 때 악행의 혐의는 하나도 제시하지 못했음에도 바울에게 이야기하게 한다. 대제사장과 유대인들이 바울을 고소하는 것은 예수 그리스도께서 죽은 자 가운데서 살아나신 부활을 전했기 때문이다. 베스도도 재판의 내용을 상세히 이해하고 파악하고 있었다. 이 사건이 정치적인 사건이 아니기에 자신의 소임이 아닌 줄 알고 있었다. 베스도가 아그립바에게 전한 내용들은 가감 없는 사실이었다. 이야기를 다 들은 아그립바는 바울에게 말을 직접 듣고자 만나려 한다.

바울이 전한 부활은 인간의 이성으로 이해할 수 없는 신비이자 하나님의 섭리이다. 부활은 하나님이 주신 믿음으로만 고백할 수 있는 영적 내용이기 때문이다. 부활을 증거한 바울의 설교는 세상의 철학으로나 혹은 인간의 이성으로 이해할 수 없고, 오직 성령님의 임재를 통해서만 받아들일 수 있다. 그러므로 부활은 신분의 고하나 학문의 유무, 선행, 율법의 준수 등의 인간적 노력으로 믿을 수 없다. 하나님께서 새 영, 새 마음을 부어 주신 자(겔 36:26)만이 입으로 예수를 시인하고, 하나님께서 예수 그리스도를 죽은 자 가운데서 살리신 것을 마음으로 믿어 구원을 받는다(롬 10:9).

나의 기도 • • •
하나님께서 주신 새 영, 새 마음으로 부활을 고백하며 살아가게 하소서!

가이사랴(Caesarea) 6-14

살려 두지 못할 사람

사도행전 25:23-27

24-25 베스도가 말하되 아그립바 왕과 여기 같이 있는 여러분이여 당신들이 보는 이 사람은 유대의 모든 무리가 크게 외치되 살려 두지 못할 사람이라고 하여 예루살렘에서와 여기서도 내게 청원하였으나 내가 살피건대 죽일 죄를 범한 일이 없더이다 그러나 그가 황제에게 상소한 고로 보내기로 결정하였나이다

이튿날 아그립바 2세와 버니게가 위엄을 갖추고 등장한다. 그리고 고관들이 접견 장소로 다 들어오자 베스도가 바울을 데려오라 명한다. 베스도는 이 사람 바울은 유대 모든 무리가 '살려두지 못할 사람'이라 하여 청원한 자라 소개한다. 그러나 총독이 볼 때 죄가 없어서 풀어 줄 수도 있지만 바울이 로마 황제에게 상소했기에 바울을 로마로 보내기로 결정했다. 바울에게 재판받을 만한 죄목이 없다는 말이다. 그래서 이 자리에서 심문하여 상소의 근거를 찾으려고 유력한 인사들을 모았다. 즉 바울은 자청한 죄인의 신분이지만, 하나님의 진리는 그를 통해 결박에서 벗어나 거침 없이 그를 통해 전달된다.

바울을 '살려두지 못할 사람'이라 칭하고 죽이려 하는 자들은 이방인이 아니라 유대인들이다. 또 그를 죽이려는 죄도 범법에 의한 사형이 아니라, 그들이 가지고 있는 종교적 신념과 기득권 또 그로 인해 얻어지는 이권 때문이다. 즉 자신들의 유익을 위하여 사람이 사람을 죽이고 살리는 것을 판단한다. 마치 예수님을 빌라도의 법정에 세워 십자가에 못박아 죽였듯이 이제 바울을 죽이려 한다. 그러나 바울은 상황과 환경, 사람들의 법 앞에 선 것이 아니라 하나님 앞에 서 있다. 그의 삶은 세상에 두 발을 붙이고 있지만 세상을 초월하여 하나님을 상대하고 살아간다. 바울은 하나님 앞에서 살아가는 사람이다.

"나를 능하게 하신 그리스도 예수 우리 주께 내가 감사함은 나를 충성되이 여겨 내게 직분을 맡기심이니 내가 전에는 비방자요 박해자요 폭행자였으나 도리어 긍휼을 입은 것은 내가 믿지 아니할 때에 알지 못하고 행하였음이라 우리 주의 은혜가 그리스도 예수 안에 있는 믿음과 사랑과 함께 넘치도록 풍성하였도다 미쁘다 모든 사람이 받을 만한 이 말이여 그리스도 예수께서 죄인을 구원하시려고 세상에 임하셨다 하였도다 죄인 중에 내가 괴수니라 그러나 내가 긍휼을 입은 까닭은 예수 그리스도께서 내게 먼저 일체 오래 참으심을 보이사 후에 주를 믿어 영생 얻는 자들에게 본이 되게 하려 하심이라"(딤전 1:12-17).

나의 기도 ● ● ●
상황과 환경, 사람들의 법이 아닌 하나님 앞에 서서 살아가게 하소서!

가이사랴(Caesarea) 6-15

조상에게 약속하신 것

사도행전 26:1-8

6-8 이제도 여기 서서 심문 받는 것은 하나님이 우리 조상에게 약속하신 것을 바라는 까닭이니 이 약속은 우리 열두 지파가 밤낮으로 간절히 하나님을 받들어 섬김으로 얻기를 바라는 바인데 아그립바 왕이여 이 소망으로 말미암아 내가 유대인들에게 고소를 당하는 것이니이다

바울 사도는 고난이 예고된 예루살렘에 올라가 유대인들의 고소로 체포되어 가이사랴 감옥에 약 2년간 투옥되어 있었지만, 사도행전 24장 벨릭스 총독에게, 25장 베스도 총독에게, 26장 아그립바 왕 앞에서 복음 전하는 것을 멈추지 않는다. 아그립바 왕이 바울에게 말할 기회를 주어 다시 고관들 앞에서 자기를 변명 할 기회를 얻는다. 그러나 바울은 그 기회를 자기 변명이 아닌 복음에 대해 변증한다. 바울의 삶의 목표는 자기 안일이나 성공, 자아실현이 아니라 오로지 삶의 모든 순간을 복음 증거의 기회로 삼는 것이다. 바울이 전한 복음의 핵심은 하나님께서 조상들과 맺으신 언약이 영원한 구원에 적용되었기에 새 생명의 근원이신 그리스도께 시선을 돌려야 한다는 것이다.

바울은 먼저 아그립바 왕에 대한 예의를 갖추며 변명의 기회를 준 것과 왕이 유대인의 풍속과 문제를 알고 있음을 인정한다. 그리고 자신이 로마 시민이지만 유대인인 것을 밝히며 다소에서 예루살렘에 와서 배웠음을 이야기한다. 뿐만 아니라 유대인 중 가장 엄한 바리새인의 생활을 하였기에 어려서부터 조상으로부터 내려오는 신앙을 철저히 지켰다고 말한다. 바울은 자신이 심문 받는 이유를 말하며, "하나님이 우리 조상에게 약속하신 것"을 바라는 까닭이라고 설명한다. 즉 약속하신 메시아, 그리스도를 보내시겠다는 약속을 바라는 것이 심문받는 이유라는 것이다. 바울이 죄수의 몸으로 심문을 받는 것은 여타 범죄로 인한 것이 아니라 하나님의약속에 대한 신실한 믿음 때문이었다.

바울은 자신이 전하는 복음의 초점을 잃지 않고 예수 그리스도의 부활을 전한다. 약속이란 열두 지파가 밤낮으로 간절히 하나님을 받들어 섬김으로 받기를 원하는 '그리스도'를 보내 주신다는 것이었다. 메시아에 대한 소망은 단지 바울만 가지고 있는 것이 아니라 모든 유대인들의 소망이고, 그 소망 때문에 바울이 고소를 당한 것이라고 설명한다. 그 소망은 바로 죽은 자의 부활이다. 약속을 따라 예수 그리스도께서 부활의 첫 열매 되셨고, 그를 믿는 모든 자들의 참 소망 되심을 증거한다. 신앙이란 하나님이 행하신 것을 믿는 믿음에서 출발한다. 예수를 죽은 자 가운데서 살리셨듯이 우리도 살리신다는 믿음을 성령을 통하여 주시고, 그것을 믿음으로 사는 것이 부활 신앙이다.

나의 기도 • • •
삶의 모든 순간을 복음 증거의 기회로 삼아 살아가게 하소서!

어둠에서 빛으로

사도행전 26:9-18

17-18 이스라엘과 이방인들에게서 내가 너를 구원하여 그들에게 보내어 그 눈을 뜨게 하여 어둠에서 빛으로, 사탄의 권세에서 하나님께로 돌아오게 하고 죄 사함과 나를 믿어 거룩하게 된 무리 가운데서 기업을 얻게 하리라 하더이다

기독교 신앙의 근거는 우리의 행함이나 우리가 가지고 있는 스스로의 생각에 근거하지 않는다. 하나님께서 우리를 위하여 행하신 일과 하나님의 약속의 말씀이 우리 신앙의 근거이자 기준이다. 바울도 예수 그리스도를 만나기 전 나사렛 예수의 이름을 대적하여 신앙의 이름으로 많은 일들을 행하였고, 스스로의 생각에 따라 움직였으며, 성도를 옥에 가두고 죽이는 일에 찬성하여 투표하고, 모든 회당에서 여러 번 형벌과 모독하는 말을 하게 하고, 격분하여 외국 성까지 가서 박해하는 일을 하였다. 바울은 제자 디모데에게 편지하면서 자기 자신을 비방자, 박해자, 폭행자, 죄인 중의 괴수였다고 고백한다(딤전 1:12-17).

바울은 자신이 부활의 주님을 만나기 전 하나님에 대한 죄가 얼마나 심각했었는가를 드러내는데, 그것이 예수 그리스도의 영광을 나타내는 데 도움이 된다면 자신의 허물도 부끄러움 없이 고백한다. 그래서 바울은 자신의 회심 장면인 사도행전 9장 1-9절 다메섹으로 가는 도중 부활하신 예수님을 만난 내용을 다시 이야기한다. 다메섹에서 만난 부활하신 예수님 이야기는 사도행전 22장 6-11절 설교, 간증과 동일한 것으로 사도행전에 세 번째 기록이다. 하늘로부터 '해보다 더 밝은 빛'이 둘러 비춤으로 동행들이 다 땅에 엎드려졌던 바울의 직접적인 체험적 경험과, "사울아 사울아!" 하시며 자신의 이름을 부르셨던 주님의 음성을 들었던 사건을 증언한다.

사울이 다메섹에서 만난 분은 부활하신 예수님이시고, 그분이 사울을 이방인의 사도로 삼으셨다. 바울은 자신이 체험적으로 만난 부활의 주님을 가는 곳마다 전하는 것이다. 부활의 주님께서는 바울에게 나타난 이유를 말씀하시며 바울이 부활의 주님을 본 일과 장차 주님이 나타나실 일에 바울을 종과 증인을 삼으려 하신다고 바울의 사명을 분명히 말씀하셨다. 영적으로 눈이 멀어 있어 어둠의 일을 자행하던 바울의 눈을 뜨게 하여 '어둠에서 빛으로', '사탄의 권세에서 하나님께로' 돌아오게 하신다. 또 죄 사함과 주를 믿어 거룩하게 된 무리 가운데 기업을 얻게 하시기 위함이었다. 부활하신 예수님과의 만남이 바울의 삶을 바꾼것이다.

나의 기도 ● ● ●
어둠에서 빛으로, 돌아오게 하신 부활의 주님이 주신 기업을 얻게 하소서!

회개의 합당한 일

사도행전 26:19-23

20-22 먼저 다메섹과 예루살렘에 있는 사람과 유대 온 땅과 이방인에게까지 회개하고
하나님께로 돌아와서 회개에 합당한 일을 하라 전하므로 유대인들이 성전에서 나를 잡
아 죽이고자 하였으나 하나님의 도우심을 받아 내가 오늘까지 서서 높고 낮은 사람 앞
에서 증언하는 것은 선지자들과 모세가 반드시 되리라고 말한 것밖에 없으니

바울이 아그립바 왕에게 항변하고 싶은 것은 자신은 땅의 도덕적 이치
나 윤리적 기준을 따라 살아가는 자가 아니라 하늘에서 보이신 것을 거스
리지 않는 영에 속한 자라는 것이었다. 즉 바울 자신도 율법과 육신의 일
에 매여 살아갈 때는 영의 일, 하늘의 일과 무관하게 살았지만 부활하신
예수님을 만나고 난 뒤 하늘의 일을 따르는 영의 사람이 되었다는 것이
다. 진정한 회개란 우리 육신의 눈의 허물이 벗겨져 영의 눈으로 하늘을
바라보는 것이다. 영의 눈은 인간의 노력이나 지혜로 알려지는 것이 아니
라 우리를 찾아 오신 부활하신 주님을 만남으로 떠지게 되는 것이다. 영적
인 눈이 떠지지 않고서는 하나님을 보여주시는 하늘의 일을 볼 수 없다.

'회개'란 말과 '하나님께 돌아가는 것'은 같은 의미다. 하나님을 떠난 것이 타락이고, 다시 하나님께로 돌아가는 것이 회개다. 회개는 종래에 생각하던 것과 같은 감정적이거나 잘못 행한 한두 가지를 뉘우치는 것이 아니다. 회개는 내면적이고 이성적이기에 바울은 그것을 입증 할 행위를 요구하고 있다. 그것은 바로 세례 요한이 외쳤던 말씀과 일치하는 "회개에 합당한 열매를 맺으라."는 것이다(마 3:8). 복음이 모두에게 회개할 것을 요청하는 것은 이 땅의 모든 인간은 전적으로 타락했으므로, 그것으로부터 돌이키는 유일한 길은 예수 그리스도의 은혜를 통한 회개라는 것이다. 예수님의 공생애 첫 외침도 "회개하라 천국이 가까이 왔느니라."였다(마 4:17).

바울은 자신의 회심 사건을 이야기하는 목적을 말한다. 그는 아그립바 왕과 모든 사람들에게 유대인들이 신성모독과 배도로 정죄하는 일의 권한은 하나님께 있다는 점이다. 바울의 가르침의 본질은 실제로 율법과 선지자들의 예언과 불일치하거나 동떨어진 것이 아니라 성경과 일치하는 것만을 가르치도록 하신 하나님의 말씀을 따랐다. 유대인들은 그를 죽이고자 하였으나 하나님의 도우심을 받아 오늘까지 높고 낮은 사람 앞에서 증언하게 하셨다. 그 증언의 내용은 다름 아닌 "그리스도가 고난을 받으실 것과 죽은 자 가운데서 먼저 다시 살아나서 이스라엘과 이방인들에게 빛을 전하시리라." 함이다. 즉 바울은 빛 되신 예수님의 십자가와 부활의 증인으로 산다.

나의 기도 • • •
육신의 눈의 허물이 벗어져 영의 눈으로 하늘을 바라보게 하소서!

나와 같이 되기를

사도행전 26:24-32

> 28-29 아그립바가 바울에게 이르되 네가 적은 말로 나를 권하여 그리스도인이 되게 하려 하는도다 바울이 이르되 말이 적으나 많으나 당신뿐만 아니라 오늘 내 말을 듣는 모든 사람도 다 이렇게 결박된 것 외에는 나와 같이 되기를 하나님께 원하나이다 하니라

사도행전에 기록된 바울의 설교 중에서 가장 길고 자세한 변론이다. 어떤 면에서 이 설교는 사도행전의 클라이맥스다. 바울은 로마와 유대의 권력자 앞에서 심문을 받는 자리에서 복음의 진수인 예수 그리스도의 십자가와 부활을 증거하였다. 자신의 회심 이야기와 더불어 실제 설교의 내용이 유대의 언약 역사를 중심으로 전개되었기에 베스도는 바울의 말을 이해할 수 없어 바울이 미쳤다 한다. 아니 예수를 그리스도로 인정하는 일은 성령이 아니고는 할 수 없기에 아무리 복음을 잘 설명한다 하여도 성령님의 조명 없이 받아들일 수 없다. 하나님의 진리가 버림받은 자들에게는 헛된 것이고, 그들의 교만으로 짓밟히고 만다는 것을 보여준다.

바울의 가이사랴에서의 마지막 변론은 아그립바와 버니게를 겨냥한 유대인을 위한 메시지다. 바울은 유대인에게 복음을 전하겠다는 생각을 결코 포기하지 않았기에 자신이 변명할 기회를 통해 로마로 떠나기 전 유대 땅에서 복음을 증거한다. 바울은 아그립바 왕이 오랫동안 대대로 유대 지역에 있었기에 메시아 사상을 아주 잘 알고 예수님에 관한 여러 사건을 틀림없이 접했을 것이라고 확신한다. 바울은 묻는다. "아그립바 왕이요, 선지자들을 믿으십니까? 믿으시는 줄 압니다." 설교는 신중하고 계획적이며 우아함과 품위를 갖췄다. 아그립바 왕은 바울이 자신을 변론하려는 것이 아니라 자기에게 전도하여 그리스도인을 만들려고 한다는 것을 알았다.

바울은 지금 수치스러운 죄수의 몸이다. 부당한 죄명으로 2년의 옥고를 치루었고 쇠사슬에 결박 당해 심문을 받는 상황이다. 그러나 그는 자신의 현실적 상황이나 감정적 분노가 아닌 하나님의 사랑으로 자신을 심문하는 자들을 향하여 그들이 결박되어 있는 죄의 속박과 악마의 올무에서 구출하기 위하여 호소한다. 자신이 결박된 것 외에 자신과 동일한 은혜에 참여하기를 바라며 하나님께 간구한다. 영혼 구원을 향한 그의 열정과 원수까지도 복음으로 품는 그의 사랑은 그를 구원하신 예수님으로부터 비롯된다. 왕과 총독과 버니게와 그 함께 앉은 사람들이 바울의 무죄함 즉 사형이나 결박 당할 행위가 없음을 인정하나 그를 풀어주지는 않는다.

나의 기도 • • •
영혼 구원을 향한 열정과 원수까지 복음으로 품으며 사랑하게 하소서!

시돈(Sidon) 24-1

우리가 배를 타고

사도행전 27:1-3

1-2 우리가 배를 타고 이달리야에 가기로 작정되매 바울과 다른 죄수 몇 사람을 아구스
도대의 백부장 율리오란 사람에게 맡기니 아시아 해변 각처로 가려 하는 아드라뭇데노
배에 우리가 올라 항해할새 마게도냐의 데살로니가 사람 아리스다고도 함께 하니라

　　드디어 바울의 마지막 선교 여행이 시작된다. 지난 세 번의 선교 여행
을 자유로운 신분으로 하였다면 로마로 향하는 마지막 여정에서는 그가
죄수의 몸으로 결박되어 이송된다. 바울이 가이사 황제에게 상소했기 때
문에 배로 이탈리아로 가기로 결정된 것이다. 바울의 의도된 상소는 여
러 가지 위협에도 예루살렘에 돌아온 이유이고 로마로 가기 위함이었다.
"내가 거기 갔다가 후에 로마도 보아야 하리라"(행 19:21) 바울의 로마로
향하는 배에는 사도행전의 저자인 누가와 다른 죄수 몇 사람도 함께 타고
있다. 아구스도대는 로마의 경찰군이고, 호송을 책임지는 백부장은 율리
오였다. 바울은 예루살렘과 유대를 넘어 여러 번 가고자 했던 당시 제국
의 수도인 로마로 향하여 떠난다.

'아드라뭇데노'는 바울이 타고 가는 배의 이름이다. 이 배는 가이사랴에서 출발하여 아시아 해변 각처를 거쳐 로마로 항해할 계획이고, 그 배에는 마게도냐 데살로니가 사람 아리스다고도 함께 타고 있었다. '아리스다고'는 에베소에서 데메드리오가 폭동을 일으켰을 때 연극장에 끌려 갔었다(행 19:29). 그는 바울과 가이사랴에서 있다가 로마로 호송된 후 바울과 함께 갇혔던 자이다. 바울은 골로새서를 기록하며 "나와 함께 갇힌 아리스다고"라 언급하며 하나님 나라를 위하여 함께 일하는 사람이며 바울에게 위로가 되었다고 그를 소개한다(골 4:10-11). 우리가 가는 길이 외롭지 않은 것은 주님이 함께하시고, 한 길 가는 동역자를 주셔 서로 위로하게 하시기 때문이다.

바울이 탄 배는 이튿날 베니게 지방의 항구 도시 시돈에 도착한다. 시돈은 신구약성경 여러 곳에 등장하는 도시로 창세기에 처음 가나안의 경계로, 스불론의 경계로 나온다. 또한 두로와 더불어 백향목의 산지로 예루살렘에 목재를 보내던 곳이기도 하고, 솔로몬 왕이 사랑했던 여인 중 시돈 여인이 있었다. 그러나 시돈은 가증한 여신 아스다롯을 섬겼으며, 엣바알의 딸 이세벨도 시돈 출신이다. 하나님께서는 엘리야 선지자를 시돈에 있는 사르밧 여인에게 보내시기도 하셨고, 예수님도 시돈을 지나셨으며, 고라신과 벳새다를 책망하시며 시돈을 언급하셨다. 백부장 율리오는 시돈항에서 바울에게 호의를 베풀어 배에서 내려 친구들에게 대접 받는 것을 허락해 준다.

나의 기도 • • •
인생 길에 주님이 함께하시고, 한 길 가는 동역자를 주심에 감사하게 하소서!

미항(Fair Havens) 25-1

항해하기가 위태한지라

사도행전 27:4-12

7-9 배가 더디 가 여러 날 만에 간신히 니도 맞은편에 이르러 풍세가 더 허락하지 아니
하므로 살모네 앞을 지나 그레데 해안을 바람막이로 항해하여 간신히 그 연안을 지나
미항이라는 곳에 이르니 라새아 시에서 가깝더라 여러 날이 걸려 금식하는 절기가 이
미 지났으므로 항해하기가 위태한지라 바울이 그들을 권하여

바울이 탄 배는 맞바람을 피하여 구브로 해안을 의지하고 항해하여 길
리기아와 밤빌리아 바다를 지난다. 바울은 1차 선교 여행 첫 방문지였던
구브로, 자신의 고향 다소가 속한 길리기아 바다를 지나, 계속 서쪽으로
항해하여 2, 3차 선교 여행의 기착지였던 밤빌리아 해안을 항해하면서
만감이 교차했을 것이다. 배는 루기아의 수도이며 무역의 중심지였던 무
라 시에 도착한다. 바울 일행이 타고온 배는 아드라뭇데노로 가기 때문에
그곳에서 백부장 율리오의 명령을 따라 배에서 내려 이탈리아로 가는 알
렉산드리아 배로 갈아탄다. 당시 로마는 엄청나게 많은 곡물이 필요했고,
알렉산드리아에서 곡물을 공급 받았다.

로마의 곡물 수요에 비해 제한된 공급은 항해로 큰 돈을 벌 수 있는 기반이 되었고, 배의 선장은 위험을 감수하며 로마까지 직행하려 했다. 백부장과 죄수들은 배를 갈아탔고 배는 출항했다. 배는 여러 날 동안 니도 해안을 따라 천천히 항해했지만, 정박하지 못하고 살모네 항에 정박할 목적으로 크레타 섬을 향해 나아갔다. 그러나 맞바람이 불어 살모네 항에도 정박하지 못하고 계속 내려가 라새아 근처에 있는 아름다운 항구(미항)에 닿았다. 하지만 겨울 동안 큰 배를 안전하게 지켜줄 만큼 항구가 크지 않았다. 또한 항해 시기도 부적당한 때가 되었다. 가을에 지키는 금식 절기가 이미 지났으므로 항해하기에 위험했다.

바울은 여러 차례 선교 여행을 위해 항해하며 바다에서 오랜 시간을 보냈다. 그런 바울이 출항을 만류했다. 예언이나 예지라기보다는 바울은 지금 주님의 약속의 말씀에 순종하여 로마로 향하고 있기에 성령님이 주시는 영적 통찰력이자, 바다에서 오랜 시간을 보낸 사람의 경험이 있었기 때문이다. 바울은 사람들의 무모한 욕심으로 인해 로마로 가는 길이 막히지 않기를 바랐을 것이다. 그러나 백부장은 죄수의 몸인 바울의 충고를 듣지 않고, 선장과 선주의 말을 더 신뢰한다. 그리고 그들의 소견을 묻고 다수의 의견을 따라 겨울을 지내기에 더 안전하다 생각하는 크레타 섬의 또 다른 항구 뵈닉스로 가기를 결정하고 출항한다.

나의 기도 • • •
세상의 무모한 욕심이 아닌 약속의 말씀에 근거하여 살아가게 하소서!

가우다(Cauda) 26-1

유라굴로라는 광풍

사도행전 27:13-20

14-17 얼마 안 되어 섬 가운데로부터 유라굴로라는 광풍이 크게 일어나니 배가 밀려 바람을 맞추어 갈 수 없어 가는 대로 두고 쫓겨가다가 가우다라는 작은 섬 아래로 지나간신히 거루를 잡아 끌어 올리고 줄을 가지고 선체를 둘러 감고 스르디스에 걸릴까 두려워하여 연장을 내리고 그냥 쫓겨가더니

다수의 결정을 따라 시작한 항해는 처음에는 순풍을 타고 그들이 뜻과 계획대로 순항할 듯하였다. 그들은 닻을 감아 그레데 해변을 끼고 항해를 시작한다. 그런데 바람이 바뀌었다. 유라굴로라는 강한 광풍이 불어와 거대한 배를 밀어냈고 배는 바람을 맞추어 원하는 항로로 항해할 수 없었다. 유라굴로는 동남풍을 뜻하는 '유로스'와 북풍 '아퀴로'의 합성어다. '광풍'이라는 표현에서 '광'은 바람의 아버지 '튀폰'에서 유래된 글자이다. 강한 바람 때문에 뱃머리를 바람 쪽으로 돌리지 못하고, 현재 유럽의 끝이자 그리스의 최남단에 위치한 가우다라는 작은 섬 아래까지 밀려났다. 가루다는 페닉스에서 남쪽으로 약 40km 떨어진 삼각형의 작은 섬이었다.

선원들은 거룻배(승객을 해변까지 수송하는 배)가 본선 옆구리를 때려 부서지는 것을 막으려고 거룻배를 갑판으로 끌어올렸다. 선체의 목재가 떨어져 나가거나 깨지지 않게 밧줄로 선체를 가로로 둘러 동여매어 묶는다. 선원들은 바람이 너무 거세 배가 남쪽으로 밀려나 암초나 '스르디스'에 걸릴까 걱정한다. '스르디스'는 구레네 해안 앞 또는 트리폴리타니아 해안의 사구, 즉 모래톱을 의미한다. 그러나 광풍과 조류에 배는 계속해서 바다로 밀려나고, 이튿날이 되자 선원들이 화물을 바다에 내던지기 시작한다. 사흘째 되는 날에는 배의 장비마저 바다에 버렸다. 여러 날 동안 해도 별도 보이지 않는 암울하고 캄캄한 광풍 속에서 이제는 구원의 희망마저 버려야 했다.

인생을 살아가면서 수 많은 결정들을 하며 살아간다. 그런데 성도들에게는 결정의 결과보다 그 결정이 무엇에 근거하는가가 더 중요하다. 선주와 선장의 의견을 신뢰하여 다수의 결정을 따라 시작한 항해다. 어찌보면 경제논리를 가지고 무모한 욕심으로 시작된 항해는 끝까지 지켜야 할 것이 무엇이며, 무엇이 중요한 가를 알려준다. 그들이 유라굴라 광풍 속 죽음의 위협 앞에서 중요하지 않은 것부터 바다에 던진다. 욕심으로 선적했던 짐들과 항해에 필요한 배의 도구들을 바다에 버렸다. 끝까지 버리지 말아야하는 구원에 대한 희망마저 풍랑 속에 사라질 것 같은 상황이었다. 인생의 항해에서 전문가의 지식이나 다수의 의견보다 중요한 결정의 근거는 하나님의 뜻이다.

나의 기도 • • •
하나님의 뜻에 근거하여 인생 항해의 중요한 결정을 하게 하소서!

하나님을 믿노라

사도행전 27:21-26

23-25 내가 속한 바 곧 내가 섬기는 하나님의 사자가 어제 밤에 내 곁에 서서 말하되 바울아 두려워하지 말라 네가 가이사 앞에 서야 하겠고 또 하나님께서 너와 함께 항해하는 자를 다 네게 주셨다 하였으니 그러므로 여러분이여 안심하라 나는 내게 말씀하신 그대로 되리라고 하나님을 믿노라

인생의 암흑과 풍랑 속에 구원의 여망마저 없는 자들에게 바울은 하나님의 약속의 말씀으로 위로한다. 같은 배에타고 있고, 같은 환경에 처해 있지만 '무엇에 매여, 무엇을 믿느냐'에 따라 삶을 대하는 태도와 반응이 다르다. 상황과 환경, 자신의 지식과 경험에 매여 살아가는 사람들은 그들 앞에 펼쳐진 암흑과 광풍 속에서 뱃멀미와 두려움으로 오래 먹지도 못하고 고통 당하고 있다. 그러나 하나님의 약속의 말씀과 성령에 매여 살아가는 바울은 같은 상황 속에서도 주님이 "로마에서 복음을 증거하라." 하신 말씀과 사명이 있기에 죽음에 대한 공포나 두려움이 없다. 오히려 사람들 가운데 자신의 말을 듣지 않고 그레데를 떠나온 것에 대한 아쉬움을 표한다.

2

그리고 배에 함께한 자들에게 바울은 안심하라 하며 위로와 격려를 한다. 아무도 생명에는 손상이 없고 배만 파선된다는 예지의 말씀이다. 바울의 위로와 격려의 근거는 인간 지식이나 경험에서 나온 것이 아니라 하나님의 말씀에 근거한 것이다. 바울이 속하고 섬기는 하나님의 사자가 어제 밤 바울의 곁에 서서 모두가 구조될 것이라는 약속의 말씀을 주셨기 때문이다. "바울아 두려워하지 말라 네가 가이사 앞에 서야 하겠고 또 하나님께서 너와 함께 항해하는 자를 다 내게 주셨다"(행 27:24). 인생의 흑암과 광풍 속에서 죽음의 공포와 두려움을 느낄 때, 진정한 위로는 오직 사망 권세와 죽음을 이기신 예수 그리스도와 구원의 주체이신 하나님께서 주시는 말씀 밖에 없다.

바울 자신이 안심하는 근거도, 타인을 위로할 수 있는 근거도 하나님께서 주신 생명의 말씀이다. 또한 바울이 사람들을 위로하며 담대하게 선포할 수 있는 것도 자신이 신뢰하는 '하나님의 약속의 말씀대로 되리라'는 굳은 믿음 때문이다. 그리고 구체적으로 "우리가 반드시 한 섬에 걸리리라."(행 27:26) 예언한다. 공동체의 위기 가운데 필요한 것은 다수의 의견이나 경험이 아니라 하나님께 속하여 그분과 동행하며 그의 뜻과 인도하심을 분별하는 한 사람의 영적 통찰력이다. 역사의 주관자되시는 하나님께서 이루시는 구원의 섭리는 세상의 지식과 경험으로는 알 수 없다. 오로지 성령님께서 하나님의 약속의 말씀을 조명하시어 분별하게 하는 자만이 알 수 있다.

나의 기도 • • •
약속의 말씀과 성령에 매여 세상을 위로하며 살아가게 하소서!

하나님께 축사하고

사도행전 27:27-38

34-37 음식 먹기를 권하노니 이것이 너희의 구원을 위하는 것이요 너희 중 머리카락 하나도 잃을 자가 없으리라 하고 떡을 가져다가 모든 사람 앞에서 하나님께 축사하고 떼어 먹기를 시작하매 그들도 다 안심하고 받아 먹으니 배에 있는 우리의 수는 전부 이백칠십육 명이더라

배가 강풍에 떠밀려 2주 동안이나 아드리아 해를 표류하고 있다. 아드리아 해는 말타 섬과 이탈리아와 그리스, 그레데 사이에 있는 바다다. 자정쯤 되어 선원들이 육지 가까이 이른 줄 짐작하고 물의 깊이를 재어보고 고물에서 닻을 내리고 날이 새기를 고대한다. 끝까지 배를 지키고 배에 탄 사람들을 지켜야 할 선원들이 자기들만 살고자 하여 배를 버리고 도망하려고 눈을 속여 거룻배를 내린다. 그 사실을 안 바울은 백부장 율리오와 군인들에게 조언한다. "이 사람들이 배에 있지 아니하면, 너희가 구원을 얻지 못하리라." 예언이 아닌 위기에 상황에 대한 정확한 판단이다. 만일 선원들이 도망하면 배를 정박시킬 수 없기 때문이다.

백부장 율리오는 바울의 조언을 듣고 군인들에게 밧줄을 끊어 거룻배를 버리게 한다. 유라굴라 광풍을 겪은 후 백부장은 바울의 권위를 인정하고 따른다. 생사를 건 2주간의 소망 없는 어둠 속의 표류가 그들을 겸손케 하였고, 천지만물을 다스리고 통치하시는 하나님과 동행하는 바울의 충고를 듣는 것이 모두가 사는 길임을 알게 만들었다. 또한 바울은 사람들에게 음식 먹기를 권하며 위로한다. "이것이 너희의 구원을 위하는 것이요 너희 중 머리카락 하나도 잃을 자가 없으리라." 바울의 안전에 대한 확신에 찬 이야기는 하나님의 말씀에 근거한 믿음의 고백이다. 하나님께서 함께 항해하는 자들을 바울에게 주셨다 하셨기에 바울은 그들을 보살피고 목양한다.

소망 없이 망망대해를 떠돌던 배에 선장이 아닌 하나님의 사람 바울을 통해 평안이 깃든다. 우리 삶에 가장 큰 위험은 하나님이 말씀을 분별하지 못하는 것이요, 하나님의 말씀이 아닌 사람을 더 신뢰하는 것이다. 하나님의 인도하심과 보호하심을 모르고 살아가는 것은 향방을 모르고 표류하는 배와 같이 위험하다. 바울은 떡을 가져다가 모든 사람 앞에서 하나님께 감사(축사)하고 떼어 먹기를 시작한다. 폭풍 가운데서 구원을 감사하고, 모든 위험으로 부터 구원하실 것을 믿고 감사하며 식사한다. 초대 교회는 자신을 구조된 공동체로 보았다. 배에 있는 276명의 생명 공동체는 남은 곡식을 바다에 던지고 하나님의 구조하심만 기다린다.

나의 기도 • • •
하나님의 말씀에 근거한 믿음의 고백으로 살아가게 하소서!

멜리데(Malta) 28-1

바울을 구원하려 하여

사도행전 27:39-44

42-44 군인들은 죄수가 헤엄쳐서 도망할까 하여 그들을 죽이는 것이 좋다 하였으나 백
부장이 바울을 구원하려 하여 그들의 뜻을 막고 헤엄칠 줄 아는 사람들을 명하여 물에
뛰어내려 먼저 육지에 나가게 하고 그 남은 사람들은 널조각 혹은 배 물건에 의지하여
나가게 하니 마침내 사람들이 다 상륙하여 구조되니라

동이 트자 시야가 열린다. 배는 어느 땅인지 알 수 없으나 해변에서 멀
지 않은 곳에 모래항만이 있는데, 거기에 배를 댈 수 있나를 의논한다. 떠
내려 가지 않기 위해 내렸던 닻을 매단 밧줄을 끊고, 키를 풀어 늦추고 돛
을 달고 바람에 맞추어 배를 해안으로 몰아간다. 바울의 예견처럼 선원들
이 있었기에 가능했다. 두 바다를 만들어내는 지역, 즉 모래톱을 지나다
배는 좌초되었고 고물이 파도에 부서지고 말았다. 군인들은 죄수가 헤엄
쳐서 도망하면 책임이 있기에 먼저 죄수들을 죽이려 한다. 자신의 목숨을
위하여 타인을 제물 삼는 이기적인 행동이자 배가 위험에 처해 있을 때
용기를 주고 두려움에 있던 자신들을 위로했던 바울까지도 자기 안일을
위해 죽이려 한다.

배은망덕한 사람의 배신은 너무 가혹하다. 자신들을 구해준 생명의 은인이지만 자신들이 살았다 생각할 때는 무참히 죽이려 한다. 이것이 인간이 가지고 있는 죄성 즉 자기 자신이 기준이 되어 살아가는 인간군상의 일면이다. 그러나 바울과 율리오의 관계가 죄수들을 구해낸다. 백부장 율리오는 바울을 죽이고 싶지 않아서 헤엄칠 수 있는 사람은 먼저 뭍에 오르라고 명한다. 물론 군인들은 먼저 배를 떠났을 것이다. 그리고 남은 사람들은 널조각 혹은 배 물건에 의지하여 다 상륙하여 구조된다. 크레타를 떠난 지 약 17일 만에 멜리데(Malta)섬에 발을 디뎠다. 배에 탑승했던 276명 모두 "너희 중에 머리카락 하나도 잃을 자가 없으리라." 한 바울의 예언이 성취되었다.

"바울아 두려워 말라"하시며 바울을 위로하셨던 하나님, 또 하나님의 위로로 두려움을 극복하고 배안의 사람들을 위로하고 안심시켰던 바울의 예언대로 배 안의 모든 사람들을 단 한 생명도 버리시지 않고 구출해 주셨다. 살아가는 동안 여러가지 위기와 위험에 처한다. 위기의 순간마다 두려움에 떨고 있는 우리 자신의 나약한 모습을 볼 때가 있다. 두려움은 불신앙으로부터 온다. 그 두려움을 극복하는 길은 상황의 변화나 용기가 아니라 하나님의 위로이다. 하나님의 위로가 두려움을 경외함으로 바꾼다. 인간 감정에서 나오는 위로는 동정에 불과하다. 진정한 위로는 하나님을 경외하는 자가 모든 상황과 환경을 하나님이 다스리고 통치하신다는 믿음에서 시작된다.

나의 기도 • • •
모든 상황과 환경을 하나님이 다스리고 통치하심을 믿게 하소서!

멜리데(Malta) 28-2

조금도 상함이 없더라

사도행전 28:1-6

4-6 원주민들이 이 짐승이 그 손에 매달려 있음을 보고 서로 말하되 진실로 이 사람은 살인한 자로다 바다에서는 구조를 받았으나 공의가 그를 살지 못하게 함이로다 하더니 바울이 그 짐승을 불에 떨어 버리매 조금도 상함이 없더라 그들은 그가 붓든지 혹은 갑자기 쓰러져 죽을 줄로 기다렸다가 오래 기다려도 그에게 아무 이상이 없음을 보고 돌이켜 생각하여 말하되 그를 신이라 하더라

멜리데(Malta)는 출항했던 그레타(Crete)로부터 약 800km 떨어진 이탈리아 시실리 섬 남쪽에 있는 작은 섬이다. 지중해에 있는 작은 섬이지만 유럽과 아프리카를 잇는 해상교통의 요충지이기도 하다. 광풍에 떠밀려 방향을 잃어 알지 못하고 흘러왔지만 그곳은 지리적으로 바울이 가려하는 로마를 가기 위해 꼭 거쳐야 하는 곳이다. 우리가 인생을 살아가면서 때로는 향방을 잃고 방황하며 떠돌기도 하지만 우리의 아버지 하나님께서는 섭리를 통하여 우리의 여정을 인도하시고 보호하신다. 세상 사람들의 눈에는 우연 혹은 운이 좋았다고 생각하는 것이, 하나님의 자녀인 우리에게는 역사를 주관하시는 하나님의 큰 손이 역사하셨음을 확신할 수 있는 일인 것이다.

비가 내리고 날이 춥지만 원주민들이 구조된 자들을 특별히 동정하여 불을 피워 영접한다. 바울이 땔감을 모아 한 묶음을 거두어 불에 넣으니 뜨거움으로 독사가 나와 그의 손을 물었다. 원주민들은 이를 공의에 의한 복수로 여기고, 바울이 바다에서는 구조 받았으나 살인자라서 신에게 벌 받았다 여겼다. 어느 곳, 어느 세대를 막론하고 천벌을 믿는 세계관이 있다. 이교도들은 죄 있는 자들은 반드시 신의 징벌에 의해 불행과 죽음을 당한다고 생각했기에 재난과 질병 혹은 가난 등을 죄의 결과로 여긴다. 성도들조차도 내가 행한대로 받는다는 '인과응보'에 근거한 신앙생활을 하는 자도 있다. 그러나 바울이 뱀에 물린 사건은 하나님의 영광을 드러내기 위함이었다.

바울이 아무 해도 입지 않은 채 뱀을 털어버리자 원주민들은 생각을 바꿔 바울이 신이라고 판단한다. 바울이 뱀에 물린 사건을 무죄를 입증하는 증거로 해석한다. 특히 바다는 신들이 죄 있는 자를 찾아내 처벌하는 장소였다. 그런데 바울이 바다와 뱀으로부터 목숨을 구하자 신으로 여긴다. 갑자기 죄인이 신이 되는 순간이다. 죽음이 공포이고 두려움인 세상에서는 죽음을 형벌로 여긴다. 또 그 죽음을 초월한 자를 신으로 생각한다. 즉 세상의 신은 죽음으로 징벌하는 공포와 두려움의 신이다. 그러나 우리가 믿는 예수님은 사망 권세 이기시고 부활하시어 죽음에서 우리를 구원하신 사랑의 하나님이다. 우리가 믿는 하나님은 두려움이 아닌 경외와 경배의 대상이다.

나의 기도 • • •
사망과 권세 이기시고 부활하신 예수님으로 죽음을 초월하게 하소서!

가장 높은 사람 보블리오

사도행전 28:7-10

7-9 이 섬에서 가장 높은 사람 보블리오라 하는 이가 그 근처에 토지가 있는지라 그가
우리를 영접하여 사흘이나 친절히 머물게 하더니 보블리오의 부친이 열병과 이질에 걸
려 누워 있거늘 바울이 들어가서 기도하고 그에게 안수하여 낫게 하매 이러므로 섬 가
운데 다른 병든 사람들이 와서 고침을 받고

'보블리오'(Publius)는 로마 이름이기 때문에 여기서 언급되고 있는 사
람은 섬 사람이 아니라 로마 시민이 아닌가 하는 생각을 한다. 왜냐하면
헬라인들과 다른 외국인들은 라틴어로 이름을 사용하지 않기 때문이다.
또 '이 섬에 제일 높은 사람'이라 부르고 있는 것도 로마의 유력인사 가운
데 한 사람이라는 가능성을 높여 준다. 즉 아무도 재물에 있어서 그를 능
가할 사람이 없다는 이야기다. 바울 일행은 보블리오의 영접을 받는다.
그는 자신의 토지에 사흘이나 친절히 머물 수 있도록 선의를 베푼다. 난
파선에서 목숨을 건진 자들에게 보블리오의 선의는 큰 위로와 도움이 되
었으며 그 만남을 통하여 하나님은 사람의 능력으로는 할 수 없는 큰 일
을 행하신다.

보블리오가 사흘간 바울 일행에게 베푼 환대는 보블리오의 병든 아버지를 위한 바울의 안수 기도로 이어졌고, 기도와 안수로 열병과 이질이 나았다. 바울이 환자를 위하여 기도한 것은 바울이 기적을 일으킨 것이 아니라 하나님께서 바울의 기도를 들어 주셨기 때문이다. 즉 기도한 자가 병자를 고친 것이 아니라 그 기도를 들으신 이가 고쳐주신 것이다. 또 안수란 엄숙한 봉헌(presentation)에 불과한 것이다. 바울은 자신의 손으로 그 노인을 하나님께 올려 드림으로써 겸손히 하나님께 그의 생명에 대하여 간구를 한 것이다. 이 모범은 은사를 받은 자들이 하나님과 사람 앞에서 어떻게 행동해야 하는지를 보여준다. 영광은 오로지 하나님께만 돌려야 한다는 교훈을 준다.

바울이 보블리오의 부친을 치료했다는 소문이 퍼지자 섬 가운데 다른 병자들이 몰려들었다. 바울은 그들을 외면하지 않고 기도해 주었고, 고침을 받아 일행이 떠날 때 항해에 필요한 물과 양식 그리고 여러 가지 물건을 주며 감사를 표했다. 하나님의 능력이 그 섬 가운데 나타났고 하나님의 영광이 드러났다. 그러나 그들이 영적인 은혜를 입었음에도 불구하고, 그들이 예수를 영접했다는 이야기에 대하여는 성경이 침묵하고 있다. 바울 또한 스스로 다시 죄수의 신분으로 배에 오른다. 멜리데 섬에서 영적 능력을 드러내며 하나님의 사도임을 증명한 바울이 그 능력으로 자신의 안위를 취하지 않고, 죄수 신분 그대로 로마로 향하는 것은 하나님의 뜻이 무엇인지 잘 알기 때문이다.

나의 기도 • • •
하나님의 능력을 드려내며 하나님의 영광 가운데 살아가게 하소서!

보디올(Puteoli) 29-1

로마로 가니라

사도행전 28:11-14

13-14 거기서 둘러가서 레기온에 이르러 하루를 지낸 후 남풍이 일어나므로 이튿날 보
디올에 이르러 거기서 형제들을 만나 그들의 청함을 받아 이레를 함께 머무니라 그래
서 우리는 이와 같이 로마로 가니라

바닷길이 다시 열릴 때까지 멜리데에서 3개월을 지낸 후, '디오스구로'
라는 이름이 붙은 또 다른 알렉산드리아 배에 올랐다. 뱃머리에는 제우스
의 두 아들이자 선원들이 인도자요 보호자로 숭배하는 카스토르와 폴룩
스가 새겨져 있었다. 카스토르와 폴룩스는 제우스와 레다의 자손으로 헬
라어로 그들을 '디오스구로'라고 불렀다. 즉 '제우스의 아들들'이라는 뜻
이다. 이들은 12궁의 제 3궁인 쌍둥이 좌(Gemini)이다. 오래 전부터 이 둘
은 바다의 신으로 여겨졌으며, 오늘의 '니콜라스', '클레멘트'와 같은 이
름의 기원이다. 그래서 알렉산드리아 선원들은 배에 바다의 신인 카스토
르와 폴룩스의 상징을 달아 안전한 항해를 기원하며 그 신들을 숭배했다.

멜리데를 떠나 시칠리아 동쪽 해안에 있는 수라구사까지 짧게 항해를 하고 거기서 사흘을 머물렀다. 그런 후 이탈리아로 향했는데, 먼저 레기온에 이르러 하루를 지낸 후 다음 날 남풍에 의지하여 보디올에 닿았다. 나폴리 만에 있는 보디올은 이탈리아 서부 해안의 빼어난 항구로 여러 섬에서 오가는 선박의 주요 정박지였다. 특히 보디올은 이집트를 비롯해 멀리서 오는 여행자들의 주요 도착지였다. 번성하는 그리스 공동체가 있었고 아시아와도 밀접하게 연결된 보디올은 동방의 상품과 사상이 들어오는 관문이었다. 다른 종교도 보디올에서 수도 로마로 확산되었다. BC 105년부터 사라피스 신전이 있었고, 로마에는 AD 79년 이후 세워진다.

바울 일행은 이방신의 도시 보디올에서 성도들의 공동체를 만났다. 그 공동체의 기원은 정확히 알 수 없지만 아시아나 시리아에서 상인들과 함께 무역풍을 타고 온 자들이다. 바울 일행은 보디올에서 로마에 이르기 위해서는 험하기로 유명한 비아 콤파니아(via Compania)를 따라 비아 아피아와 합류하는 지점까지 가야하고, 거기서 로마까지 북쪽으로 200여 km를 더 걸어야 했다. 그런데 그곳에서 보디올 형제들의 청함을 받아 일주일간 함께 머무르며 힘을 비축할 수 있었다. 앞서 행하시는 하나님께서는 복음의 씨앗을 흩어 뿌려 열매 맺게 하여 예비하시고, 바울 일행을 위로하고 섬기게 하심으로 그들이 말씀을 따라 가는 길을 격려하신다.

나의 기도 • • •
앞서 행하시는 하나님께서 예비하신 길을 따라 살아가게 하소서!

하나님께 감사하고

사도행전 28:15-16

15-16 그 곳 형제들이 우리 소식을 듣고 압비오 광장과 트레이스 타베르네까지 맞으러 오니 바울이 그들을 보고 하나님께 감사하고 담대한 마음을 얻으니라 우리가 로마에 들어가니 바울에게는 자기를 지키는 한 군인과 함께 따로 있게 허락하더라

바울이 병사들에게 에워싸여 로마에 입성할 때는 기독교가 로마에 들어온 지 30년의 세월이 흐른 때였다. 브리스길라와 아굴라가 AD 49년에 그리스도인들과 함께 로마에서 추방되었으니 로마에 교회는 그 이전에 세워졌을 것이다. 예수님 승천 후 예루살렘에 오순절을 지키기 위하여 로마로부터 왔던 유대인들이 성령강림을 경험하고 돌아온 자들로부터 시작되었을 것이다. 로마에는 유대인이 오래 전부터 거주했다. 로마의 유대인 숫자가 급속히 늘어난 것은 BC 65년 폼페이우스가 예루살렘을 손에 넣고, 수천 명의 유대인들을 노예로 잡아 왔던 때부터였다. 바울이 로마에 도착한 때 이미 4-5개 회당이 있었고, 2만 명 이상의 유대인들이 살고 있었다고 한다.

바울이 로마 근처에 도착했다는 소식이 전해졌고 형제들은 바울 일행을 압비오 광장과 트레이스 마을(트레스 타베르네)에서 만났다. 압비오 광장은 로마에서 60여 km 떨어져 있다. 트레이스 마을까지는 16km 정도 더 가야 했다. 바울은 마침내 가이사랴를 떠난 지 약 6개월 만에 로마에 도착한다. 그토록 간절히 고대했던 로마에 바울은 사슬에 매인 죄수의 몸으로 왔다. 그러나 그가 하나님께 감사하고 담대할 수 있었던 이유는 믿음의 형제들이 반겨주었기 때문이다. 홀로 믿음을 지킨다는 것은 쉽지 않다. 같은 하나님을 섬기는 성령으로 하나된 믿음의 동지를 주셔서 함께 신앙하게 하신 것은 우리에게 주신 은혜이자 축복이다.

하나님께서는 긴 여정 속에 바울을 지키시고 인도하여 로마에 보내시고, 또한 로마에 있는 신앙의 형제들에게 마중을 하게 하심으로 바울을 격려하신다. 하나님 나라의 백성으로 같은 하늘 아버지를 섬기는 믿음의 형제들과의 만남을 통해 마음을 담대하게 하신다. 서로 처음 대면하지만 성령님의 교통 하심이 예수 그리스도 안에서 하나됨을 확인한다. 또한 만남을 통하여 행하실 하나님을 기대하며 감사한다. 제국의 수도 로마에 있지만 그 땅도 하나님이 다스리고 통치하시는 곳임을 그곳에서 믿음을 지키는 신앙의 동지들을 통하여 확신하게 하신다. 바울의 육신은 비록 사슬에 매인 죄인이지만 그는 하나님으로 인하여 담대하고 감사할 수 있다.

나의 기도 • • •
만남을 통하여 행하실 하나님을 기대하며 담대하게 살아가게 하소서!

이스라엘의 소망

사도행전 28:17-22

20-21 이러므로 너희를 보고 함께 이야기하려고 청하였으니 이스라엘의 소망으로 말미암아 내가 이 쇠사슬에 매인 바 되었노라 그들이 이르되 우리가 유대에서 네게 대한 편지도 받은 일이 없고 또 형제 중 누가 와서 네게 대하여 좋지 못한 것을 전하든지 이야기한 일도 없느니라

바울은 로마에 오기 전 로마 성도들에게 "항상 내 기도에 쉬지 않고 너희를 말하며 어떻게 하든지 이제 하나님의 뜻 안에서 너희에게로 나아갈 좋은 길 얻기를 구하노라 내가 너희 보기를 간절히 원하는 것은 어떤 신령한 은사를 너희에게 나누어 주어 너희를 견고하게 하려 함이니"(롬 1:9-11)라고 편지했다. 그 기도의 응답으로 신령한 은사를 나눌 기회를 얻었다. 바울은 로마에 도착한 지 사흘 후 유대인 중 높은 사람들을 청하여 왜 자신이 로마로 호송되어 오게 되었는지를 먼저 설명한다. 자신은 결코 이스라엘 백성이나 조상의 관습을 배척한 일이 없고, 로마인 즉 벨릭스, 베스도 총독 그리고 아그립바 왕이 심문하였지만 죽일 죄목이 없어 석방되었다고 말한다.

그러나 유대인들의 반대로 가이사에게 상소하여 로마에 왔다. 바울 자신이 민족의 배신자가 아니며, 자신이 죄인이 된 것은 '이스라엘의 소망', 즉 메시아 사상 때문에 스스로 쇠사슬에 매인 바 되어 살아왔음을 주장한다. 성령에 매여 이스라엘의 소망인 메시아가 예수님이심을 깨닫게 되었고, 그 이유로 유대인들에게 고소를 당했으며 결국 쇠사슬에 매여 로마에까지 오게 되었다고 말했다. 바울은 쇠사슬에 매여 있는 것이 아니라 하나님의 약속의 말씀과 성령에 매여 있다. 그렇기에 바울이 성령 안에서 자유할 수 있다. 이 땅의 육신은 속박되어 있을지라도 그의 영혼은 성령에 사로 잡혀, 그 분과 함께 천상의 주님을 누리는 삶을 사는 세상이 감당하지 못하는 자로 선 것이다.

모인 유대인들은 바울이 로마에 오게된 이유를 듣고, 바울에 대하여 받은 편지나 전하여 들은 말이 없기에 바울의 사상에 대하여 좀더 구체적으로 알고자 한다. 그들은 바울이 전하는 이스라엘의 소망되시는 예수 그리스도를 유대교의 한 종파로 여기고, 그 종파가 어디서든지 반대를 받고 있는 것을 이미 알고 있었기에 그 종파에 대하여 더 듣고 싶어한다. 하나님께서는 바울을 로마로 보내시고, 그가 기도하였던 것처럼 먼저 유대인들에게 하나님 나라를 증언하고, 성경을 통하여 예수 그리스도에 대한 복음을 증거할 기회를 허락하신다. 하나님은 이스라엘만의 민족 신이 아니다. 예수 그리스도도 이스라엘만의 민족의 구원자가 아니다. 그분은 만왕의 왕이시며 인류의 구원자이시다.

나의 기도 • • •
성령에 매여 이스라엘의 소망이신 예수 안에서 자유하게 하소서!

로마(Rome) 30-3
하나님의 나라를 증언하고
사도행전 28:23-24

23-24 그들이 날짜를 정하고 그가 유숙하는 집에 많이 오니 바울이 아침부터 저녁까지
강론하여 하나님의 나라를 증언하고 모세의 율법과 선지자의 말을 가지고 예수에 대하
여 권하더라 그 말을 믿는 사람도 있고 믿지 아니하는 사람도 있어

로마교회는 오순절을 지키기 위하여 예루살렘을 방문했던 유대인들
이 성령강림을 경험하고 돌아와 시작했다. 그후 AD 49년 유대인 그리스
도인들이 클라우디우스 황제에 의해 로마에서 추방되어 6년 후에 황제가
죽을 때까지 돌아오지 못했다. 그 기간 로마교회의 구성원 대부분이 AD
49년 이전에 회심한 자와 6년 사이에 들어온 이방인이며, 이들이 로마교
회를 유지했다. AD 54년에 유대인 그리스도인이 로마로 돌아왔을 때는
하나님을 경외하는 이방인들, 곧 이전에 유대 공동체에 들어왔던 이방인
들이 교회 지도자였고, 유대인이 없는 동안 교회를 지켜낸 사람들이다.
로마교회는 그런 과정을 통해 유대인, 이방인이 동등한 구성원이 되어 있
었다.

사도행전에 기술된 로마에서 바울의 마지막 행적은 구금상태였다. 바울은 포르티쿠스 카페나를 통해 로마에 들어와 프래토리움 군영으로 이송되었다. 바울은 감시병 하나와 함께 살도록 허락받았고, 도시의 북동쪽에 있는 포르티쿠스 비미날리스 근처 근위병 진영에서 가까운 곳의 셋집에 연금된 상태로 지냈다. 바울은 유대인 지도자들과 날짜를 정하여 만났고, 아침부터 저녁까지 강론하며 하나님 나라를 증언하였고 모세의 율법과 선지자의 말을 가지고 예수 그리스도를 증거하였다. 모세의 율법과 선지자의 말, 즉 구약에 약속된 메시아가 예수님이심을 증거하고, 예수님이 십자가와 부활로 완성하신 복음을 통하여 하나님 나라가 도래됨을 증거했다.

부활 후 예수님의 마지막 가르침이 그러했듯이 바울의 마지막 가르침도 하나님 나라에 귀결된다. 또한 바울이 가르치는 근거는 자신의 논리나 전통이나 경험이 아닌 오직 하나님의 말씀이었다. 그러나 장시간 강론의 결과 더러는 믿었고 더러는 거부했다. 성령님의 조명하심 없이는 하나님의 말씀을 믿음으로 받아들일 수 없기 때문이다. 하나님의 말씀이 죄인의 마음에 믿어지는 것이 은혜이다. 구약의 예언과 신약의 복음이 예수 그리스도를 믿는 믿음으로 일치된다. 하나님의 교회는 오직 하나님의 말씀에 귀 기울이고, 하나님의 말씀에 근거하여 가르치고 증거하여야 한다. 참된 기독교는 하나님의 말씀 이외의 다른 것이나 그 어떤 규범도 기준으로 삼지 않는다.

나의 기도 • • •
하나님의 말씀에 귀기울이고, 말씀에 근거하여 가르치고 증거하게 하소서!

로마(Rome) 30-4

구원이 이방인에게로

사도행전 28:25-29

27-28 이 백성들의 마음이 우둔하여져서 그 귀로는 둔하게 듣고 그 눈은 감았으니 이는 눈으로 보고 귀로 듣고 마음으로 깨달아 돌아오면 내가 고쳐 줄까 함이라 하였으니 그런즉 하나님의 이 구원이 이방인에게로 보내어진 줄 알라 그들은 그것을 들으리라 하더라

사도 바울이 전했는데도 복음을 받아들이지 못하는 것을 보며 성령이 함께하시지 않으면 인간은 끝까지 스스로 복음을 깨우칠 수 없다는 것과 복음은 전하는 자의 능력과 무관하다는 것이다. 바울은 믿지 않고 돌아가는 유대인들을 향해 성령이 이사야 선지자를 통해 유대인들에게 하신 말씀이 옳음을 확인한다. "여호와께서 이르시되 가서 이 백성에게 이르기를 너희가 듣기는 들어도 깨닫지 못할 것이요 보기는 보아도 알지 못하리라 하여 이 백성의 마음을 둔하게 하며 그들의 귀가 막히고 그들의 눈이 감기게 하라 염려하건대 그들이 눈으로 보고 귀로 듣고 마음으로 깨닫고 다시 돌아와 고침을 받을까 하노라 하시기로"(사 6:9-10).

아브라함의 자손이고 율법을 가졌으며 하나님의 선택된 민족이란 자부심을 가진 유대인들이지만 영적으로 듣지도 보지도 못한다. 그 귀로 둔하게 듣고 진리를 보지 않으려고 눈을 감은 이유는 마음이 우둔하여진 까닭이다. 하나님께서 새 영(New Spirit), 새 마음(New Heart)을 주셔야 돌이킬 수 있다고 에스겔 선지자는 예언한다. "또 새 영을 너희 속에 두고 새 마음을 너희에게 주되 너희 육신에서 굳은 마음을 제거하고 부드러운 마음을 줄 것이며 또 내 영을 너희 속에 두어 너희로 내 율례를 행하게 하리니 너희가 내 규례를 지켜 행할지라 내가 너희 조상들에게 준 땅에서 너희가 거주하면서 내 백성이 되고 나는 너희 하나님이 되리라"(겔 36:26-28).

바울은 구원의 우선권이 있었던 유대인들이 복음을 거절하였기에 '구원이 이방인들에 보내졌다.'고 선언한다. 유대인들이 배척한 그 자리에 이방인들을 놓은 것은 그들로 먼저 구원받은 이방인을 질투하여 돌아오게 하기 위함이다(신 32:21). 이사야 선지자는 하나님께 회개하고 돌아오라 외치지만 그들은 돌아오지 않았다. 성도, 교회가 된다는 것은 성령의 기름부으심을 통하여 창조주 하나님의 영광과 형상을 입은 신분과 정체성으로 회복되는 것이다. 이 땅의 신분, 자랑, 성취 등 세상의 잣대가 아닌 영원한 가치의 존재로 사는 것이다. 예수 안에서 하나님의 백성이라는 자기 인식과 하나님의 자녀로 자유와 특권 속에 있음을 아는 것이 성령이 주신 회복이다.

나의 기도 • • •
자신이 하나님의 백성이라는 자기 인식과 하나님의 자녀로 자유와 특권을 누리게 하소서!

로마(Rome) 30-5

담대하게 거침없이

사도행전 28:30-31

30-31 바울이 온 이태를 자기 셋집에 머물면서 자기에게 오는 사람을 다 영접하고 하나
님의 나라를 전파하며 주 예수 그리스도에 관한 모든 것을 담대하게 거침없이 가르치
더라

사도행전은 AD 62년 경의 기록을 끝으로 갑자기 마무리된다. 저자인
누가가 바울이 로마에 갇혀 있을 때 사도행전을 썼고 그가 바울보다 먼
저 죽었기 때문인 것으로 추론한다. 바울은 함께했던 동역자 누가를 먼저
보내고 슬픔에 빠졌을 것이다. 바울은 죽음에 대해 누가의 고향인 빌립보
성도들과 믿음의 아들 디모데에게 보낸 편지에서 전제(포도주를 부어 올리
는 제사)와 같이 부어지는 일을 언급한다(빌 2:17; 딤후 4:6). 전제는 액체를
부어 드리는 제사이기에 다른 제사와 달리 재가남지 않는다. 바울 자신도
로마에서 순교할 것을 알고 있었기에 자기 삶 전체를 주를 위하여 흔적도
남김 없이 드려지기를 다짐하며 그 말을 기록하였을 것이다. 이제 바울의
경주는 끝나고 결승선을 통과할 준비만을 남기고 있다.

바울은 전승에 의하면 로마에서 칼에 맞아 순교했다. 폭도의 폭력이 아니라 사법적 처형이다. 바울은 재판을 받으러 로마에 왔다. 그런데 셋집에 연금된 채 2년을 지내며 아무 방해도 받지 않고, 담대하게 하나님 나라를 전하고, 주 예수 그리스도에 관한 일들을 가르쳤다. 그렇게 사도행전은 거창하게 끝나지 않고 슬그머니 끝난다. 예루살렘에서는 유력 인사였지만, 로마에서는 셋방에서 죽어가는 유대인일 뿐이다. 그는 황제와의 만남을 향해 달려왔지만 그런 일은 일어나지 않았다. 이 시기에 쓴 편지는 옥중서신으로 알려진 에베소서, 골로새서, 빌립보서, 빌레몬서, 그리고 디모데전후서 가운데 하나다. 바울의 몸은 옥에 매여 있었으나 그의 영은 성령에 매여 끝까지 성도를 격려하였다.

사도행전이 전하는 바울의 마지막 행적은 거대한 신전도 화려한 왕궁도 자기소유도 아닌 초라한 셋집에서 마무리된다. 그러나 그곳에 주님이 함께하셨기에 거기가 바로 교회였고, 하나님의 다스림과 통치함이 있기에 하나님 나라였다. 성도, 교회, 하나님의 나라는 외형이나 규모, 조직 등으로 드러나는 것이 아니라 "세상 끝날까지 함께하리라." 하신 주님이 성령으로 함께하시는가, 예수 그리스도의 증인이 되어 살아가는가 또 그들의 관심과 지향점이 이 땅이 아닌 하나님 나라를 향하고 있는가를 보면 알 수 있다. 성령이 함께하시는 그리스도의 증인으로 하나님 나라를 향하여 살아가는 것이 우리의 정체성이고, 그런 우리를 통해 사도행전은 주님 다시 오시는 그날까지 계속될 것이다.

나의 기도 • • •
담대하게 거침없이 하나님 나라를 전파하며 살아가게 하소서!

지금까지 한 번도 경험하지 못했던 코로나19로 인한 팬데믹을 지나오며 많은 것이 변화하였습니다. 정치, 사회, 경제, 교육 등 많은 변화가 예견하던 4차 산업혁명을 앞당겼다고 합니다. 이러한 사회적 변화 속에 우리가 점검해 보아야 할 것은 우리의 신앙입니다. 팬데믹은 우리로 하여금 '교회란 무엇인가? 예배란 무엇인가? 믿음이란 무엇인가?' 등 본질에 대한 질문을 하게 하였습니다. 우리가 경험한 지난 3년 여의 시간은 많은 어려움과 아픔을 주었지만, 그 시간 속에서 우리로 하여금 신앙의 본질을 되돌아보게 하시는 하나님의 섭리를 발견한 시간이었습니다.

The Great Reset. 하나님의 '위대한 초기화'를 통해 그동안 왜곡되었던 우리의 신앙생활에 대하여 눈뜨게 하시고, 하나님의 말씀을 기준으로 다시 본질로 돌이키시는 하나님의 큰 손을 경험하게 하셨습니다. 교회가 건물이나 장소적 개념이 아니라 우리가 교회라는 사실을 확인하게 되었습니다. 또한 예배가 주일성수라는 개념 속에서 일주일에 한 번 드려지는 대면 의식이 아니라 우리의 삶이 예배라는 사실에 대하여 알게 되었습니다. 믿음이 나의 결정과 의지 그리고 열심으로 지켜지는 것이 아니라, 주님으로부터 시작되는 은혜임을 깨닫게 하셨습니다.

30여 년 선교사로 사역하면서 내가 하는 일이 복음인 줄 알고 뛰어왔는데, 멈추어 버린 팬데믹 기간 동안 사도행전을 묵상하면서 복음은 내가 하는 일이 아니라, 하나님께서 우리를 위하여 하신 일, 하시고 계신 일, 앞으로 하실 일임을 깨달았습니다. 하나님께서 우리 인생들을 위하여 행하시는 일이 복음입니다. 지금도 우리 안에 계신 성령님께서 우리 삶의 시간 속에서 역사하셔서 우리를 복음으로 살게 하십니다. 성령님의 역사하심에 순종으로 반응하며 살아갈 때, 우리를 통한 하나님의 뜻과 계획을 경험하게 되고, 그 일의 증인으로 살아가게 되는 줄 믿습니다.

　사도행전 묵상은 저의 사역과 삶에 많은 변화를 가져왔습니다. 필리핀 선교사로 30년 8개월의 사역을 마무리하게 하였습니다. 안식년을 하며 기도할 때마다 주신 감동이 "떠나지 말고, 약속한 것을 기다리라."는 것이었습니다. 무작정 기다리는 저 자신이 무기력해 보이기도 하였고, 스스로 폐기 처분된 것은 아닌가 하는 의구심마저 들 때도 있었습니다. 그러나 사도행전 속에서 하나님의 일은 하나님이 하시고, 그 일에 순종하는 자에게 주시는 은혜인 하나님을 경험하게 하신 것처럼, 저의 지난 사역을 통해 남겨진 것은 하나님을 경험한 것임을 알게 하셨습니다.

　많은 아쉬움이 있지만 첫 책을 말씀 속에서 하나님을 보게 하시는 묵상집으로 출간하게 하신 하나님께 감사드립니다. 제목이 『도시로 읽는 사도행전』이기에 도시 정보, 지도, 사진 등을 많이 넣고 싶었지만, 여러 가지 여건상 그렇지 못한 것이 크게 아쉬움으로 남습니다. 그래서 계획한 것은 그 땅을 밟았던 분들과 함께 국가별, 도시별로 다시 나누어 그 도시를 방문할 때 말씀을 묵상하고 도시의 흔적들을 돌아볼 수 있는 크리스천 여행 가이드북, 『말씀으로 읽는 도시 이야기』를 재정리하여 출간을 준비하고자 합니다.

팬데믹 기간 중 시작된 선물 같은 사역이 있습니다. 'SOW:School On the Way'는 비대면(Zoom)으로 5-8주 지난 2,000년 기독교 역사를 공부하고, 아웃리치로 그 땅을 밟는 프로그램이 있습니다. 또 매주일 저녁 8시 (한국 시간) 'WCDF:세계를 품은 디아스포라 선교 공동체'라는, 열방에서 사역하시는 선교사님들을 위한 중보기도와 후원을 하는 선교 모임도 비대면으로 하고 있습니다. 두 사역 모두 대면과 비대면의 경계를 넘나들면서 이루어지는 사역들입니다. 바울이 그랬던 것처럼 '거침없이 담대하게' 하나님 나라 살기를 소망합니다.

『도시로 읽는 사도행전』을 마치며
우리의 비전인 하나님 나라 회복과 도래와 완성을 위하여,
우리 시대의 사도행전이 성령님에 의하여,
우리 삶 가운데 아름답게 쓰여지기를 소망합니다.

국내서

곽면근, 『사도행전 강해 1. 2.』 대장간, 2016

박영선, 『박영선의 다시 보는 사도행전』 무근검. 2018

박윤선, 『사도행전 주석』 영음사. 1977

유상현, 『바울의 제1차 선교 여행』 대한기독서회. 2002

_____, 『바울의 제2차 선교 여행』 대한기독서회. 2006

_____, 『바울의 제3차 선교 여행』 대한기독서회. 2011

조광호, 『바울을 찾아가다 만난 지중해 섬들』 대한기독서회. 2017

한기채, 『지명을 읽으면 성경이 보인다』 위즈덤로드. 2016

한양훈, 『영성으로 깊이 읽는 사도행전』 유하. 2014

번역서

닉 페이지, 『바보들의 나라』 포이에마. 2013

벤 위더링턴 3세, 『고린도에서 보낸 일주일』 도서출판 이레서원. 2020

알리스터 맥그라스, 『기독교의 역사』 포이에마. 2013

존 스토트, 『사도행전 강해』 IVP. 2013

존 칼빈, 『신약성경주석 – 사도행전 1, 2.』 신교출판사. 1978

진 에드워즈, 『디모데의 일기』 생명의말씀사. 2017

필립 셸드레이크, 『도시의 영성』 IVP. 2018

도시로 읽는
사도행전